빛 갚고 빛 찾는
마인드로드맵 365

# 빛 갚고
# 빛 찾는

## 마인드로드맵

# 365

feat. 인생명언

✦ 홍군 지음 ✦

정신세계사

✦ 지은이 **홍군**은 편집자, 시인으로 대학 학부에서 철학과 상담심리학을 공부했고 여러 출판사에서 일했다. 다양한 관심사에 대해 늦깎이 수학 중이다.

**빛 갚고 빛 찾는 ✦ 마인드로드맵 365**
ⓒ 홍군, 2018

홍군 지은 것을 정신세계사 정주득이 2018년 11월 30일 처음 펴내다. 김우종과 서정욱이 다듬고, 변영옥이 꾸미고, 한서지업사에서 종이를, 영신사에서 인쇄와 제본을, 하지혜가 책의 관리를 맡다. 정신세계사의 등록일자는 1978년 4월 25일(제1-100호), 주소는 03040 서울시 종로구 자하문로 21 4층, 전화는 02-733-3134, 팩스는 02-733-3144, 홈페이지는 www.mindbook.co.kr , 인터넷 카페는 cafe.naver.com/mindbooky 이다.

2018년 11월 30일 펴낸 책(초판 제1쇄)

ISBN        978-89-357-0426-2  02190

이 도서의 국립중앙도서관 출판시도서목록(CIP)은 서지정보유통지원시스템 홈페이지(http://seoji.nl.go.kr)와 국가자료공동목록시스템(http://www.nl.go.kr/ kolisnet)에서 이용하실 수 있습니다.(CIP제어번호: CIP2018037168)

이 책은 빚에 허덕이고 있는 사람들이 마음을 잡고 빚에서 벗어나 인생의 빛을 찾는 데 도움을 주기 위한 것이다.

이 책을 쓴 나도 살면서 빚 때문에 이런저런 험한 꼴 많이 봤다. 그래서 이 책을 썼다.

이 책에 빚 갚는 노하우 따위는 없다. 빚을 갚기 위해 어떤 정신자세로 인생을 살아야 한다는 둥의 잔소리도 집어치웠다.

이 책에는 도움말, 그것도 무조건 직진하기 위해 기어를 넣기보다는 백미러와 사이드미러로 스스로 전후좌우를 살펴볼 수 있도록 해주는 도움말만 있다. 이 책은 영어를 쓰자면 '마인드컨트롤', 한자를 쓰자면 '조심操心'의 책이다.

1년 365일치 읽을거리가 있지만 언제든 시작하는 날이 바로 첫날이다. 곁에 두고 매일 읽을 필요도 없다. 그냥 내키는 대로, 닥치는 대로 읽고 팽개쳐도 좋다. 중요한 건 이 책도, 빚도, 돈도 아니고 당신의 인생이니까 말이다.

기업이나 금융기관 등에서 교육이나 일일 훈화, 고객서비스 차원에서 이 책의 내용을 써먹는 것은 자유다. 단, 이 책을 펴낸 출판사와 지은이에게 대가를 지불하거나 최소한 이 책을 구입해야 한다. 요즘 출판이 많이 힘들다. 그리고 나도 아직은 빚 좀 갚아야 한다.

✦ 2018년 10월 충북 중앙탑면에서 홍군 ✦

## ◆001◆

> **우리에게 닥치는 가장 중대한 문제들은, 그 일이 발생했을**
> **당시의 우리 생각 수준으로는 해결되지 않는다.**
>
> — 앨버트 아인슈타인 —

골치 아픈 문제들이 저절로 없어질 것처럼 살아가면 편하다. 내일, 혹은 다음 달, 내년쯤 되면 나아지겠거니 생각한다. 아무 노력도 하지 않고 그저 상황이 곧 바뀌려니 하는 희망을 품고 산다. 여기에 한 가지 모순이 있다. 물론 긍정적인 건 좋다. '그냥 내버려두는 거야.' '지금 이 순간에 충실하면 돼.' 이런 생각은 좋다. 하지만 한편으로 행동이 요구되는 시점에 대해 민감해질 필요도 있다는 것, 이 점을 간과해선 안 된다.

상투적인 틀에서 벗어날 수 있으려면, 긍정적인 변화를 만들어내려면, 우선 근본적인 문제점을 파악해야 한다. 또 한 가지, 나한테 무언가 해야만 할 책임이 있다는 점을 인정해야 한다. 문제점을 정확하게 집어낼 수만 있으면 새로운 차원의 인식이 생긴다. 전에는 접근할 수 없었던 정보들을 개방적으로 받아들일 수 있게 된다. 현재의 상황에 대해 더 차원 높은 사고를 할 수 있게 되는 것이다.

오늘은 빚 갚고 빛을 향해 가는 첫날. 나 자신과 다른 사람에게, 현재의 경제적 궁핍에 처하게 된 근본 원인을 인정하자. 이 궁지에서 벗어날 수 있을 만한 정보를 보다 적극적으로 찾고, 새로운 방식에 개방적인 마음을 갖기로 다짐하자.

> **오늘 책임을 피하는 것으로 내일의 책임에서 도망칠 수는 없다.**
>
> — 에이브러햄 링컨 —

자신의 빚에 대해 책임감을 느끼지 않는 사람들이 있다. 마음 한구석으로 '애초에 신용카드를 만들어준 것은 카드회사였어', '배우자가 너무 무모한 사람이야', '요즘은 다들 빚지고 살아', '부모님이 돈 관리하는 방법을 가르쳐주지 않았어'라고 생각한다.

돈을 쓴 사람이 누구이든, 그 이유가 무엇이었든 간에, 지금 빚더미에 앉게 된 것은 당신 자신의 선택이었다. 그러므로 카드회사나 배우자, 친척들, 친구들이 아니라, 당신 자신이 책임을 져야 한다. 그 짐을 당신의 것으로 받아들였을 때, 그 길이 멀게 느껴질 수도 있을 것이다. 하지만 다른 사람을 탓하면서 에너지를 낭비할 필요는 없어진다. 그 결과로 당신은 침착한 마음가짐을 얻을 수 있고, 현재 상황에 대한 적극적인 해결 방법을 모색할 수 있다.

오늘은 빚을 지게끔 했던 나 자신의 선택들을 생각해보자. 그 빚이 나의 것이며 다른 사람들 탓이 아니라는 것을 인정하자.

> 내가 가고자 했던 곳에 도달하지 못할 수 있다, 하지만 결
> 국은 내가 있고자 했던 곳에 이르게 된다.
>
> — 모리타 아키오 —

여러 가지 걱정거리가 우리의 관심을 요구한다. 기저귀와 우유병과 밤에 아이 재우는 일에 온 신경을 쏟아야 할 수도 있다. 학위를 따기 위해 야간학교에 다니느라 사교적인 생활을 대부분 제쳐두었을 수도 있다. 스스로의 한계에 도전하며 산에 오르는 훈련을 받는 경우가 있을 테고, 빚을 갚는 데 온 정신을 쏟는 사람도 있을 것이다.

최근 당신이 가장 중점을 두는 것은 무엇인가? 나의 우선순위가 목표와 조화를 이룰 때 내가 하고 있는 일에 긍정적인 기분을 가질 수 있다. 내가 원하는 것, 나에게 중요한 것을 향해 노력하자. 미리미리 사전에 대비하자. 스스로 책임을 지자. 나자신의 행복에 대해 책임감을 갖자.

오늘은 내가 가장 중요하게 여기는 것 세 가지를 우선순위대로 적어보자.

> 육체적 건강을 지키는 것은 의무다. 건강하지 못하면 강하
> 고 또렷한 마음도 유지할 수 없다.
>
> — 붓다 —

비행기 승무원들이 안전 요령을 가르칠 때, 어른 승객들이
우선 산소마스크를 착용한 다음에 아이들에게 마스크를 씌우
라고 지도한다. 내가 숨을 쉬지 못하면 자녀들도 챙길 수 없을
것이기 때문에 이것은 합리적인 방식이다.

내가 정신적, 육체적, 영적, 정서적으로 건강한 상태가 아
니라면, 나의 빚에 책임을 지고 창조적인 행동을 취할 만한 에
너지를 어떻게 얻을 수 있겠는가? 건강한 신체와 정신을 지니
면 고질병에 돈을 쏟아붓거나 병원에 들락거릴 필요도 없다.
현재의 상황에 맞춰서, 규칙적으로 식사하고 운동하고 잠자고
인간관계를 부드럽게 유지하는 것, 혼자만의 조용한 시간과 즐
길 시간도 우선순위에 배치해두자. 나 자신을 관리하는 일이
우선이다. 빚을 갚는 일 같은 것은 그다음 순위에 놓아야 한다.

오늘은 나의 건강이 우선순위에 포함되어 있는지 생각해
보자.

> **자기가 가는 길을 아는 사람에게는 세상도 길을 비켜준다.**
>
> — 생텍쥐페리 —

우선순위를 정해놓으면 마음을 결정하는 데에도 많은 도움이 된다. 친구들을 만나러 외출해야 할지 집에서 쉬어야 할지 결정할 수 없을 때, 일단 자신의 우선순위를 점검해보라. 나의 우선순위가 휴식을 취하는 거라면, 그 답은 결정이 된다. 나의 우선순위가 좀더 자주 외출하는 것이었다면, 이번에도 자연스레 결정할 수 있다.

자신의 우선순위를 적어놓으면(예를 들어 영양가 있는 음식 먹기, 운동하기, 카드빚 갚기, 용돈 줄이기, 돈 관리법 배우기, 마음의 고통 치유하기), 사고방식의 변화도 뒤따른다. 불평불만을 그치고 앞으로 나아가기 시작할 수 있다. 시련을 받아들일 수 있다. 목표를 향해 의식적으로 움직이는 행동이나, 최소한 자신이 진짜 원하는 것을 아는 것만으로도 믿을 수 없을 정도의 에너지와 힘이 넘쳐난다.

오늘은 결정해야 할 일이 있을 때 나의 우선순위를 점검해보자.

> 자신이 진실로 원하는 것을 받아들여라. 그리고 기쁨과 충
> 만한 느낌을 추구하는 걸 두려워하지 말라.
>
> ─ 잭 웰치 ─

당신의 목표는 무엇인가? 앞으로 1년 혹은 5년이나 10년 후에, 진심으로 하고 싶은 일이나 갖고 싶은 것을 생각하기 위해 한 시간이라도 투자해본 적이 있는가? 내일을 창조하는 대신 내일을 걱정하는 데 엄청난 시간과 에너지를 낭비하고 있는 것이 과연 잘하는 짓일까?

당신이 우선적으로 중요시하는 부분이 분명히 있을 것이다. '몸과 마음 보살피기', '더 좋은 부모가 되기', '빚 갚기', '내 집 마련' 등등. 빚 갚는 것이 우선순위에 포함되어 있다면, 5년 안에 빚에서 놓여나는 것을 목표로 세울 수 있다. 그 목표를 달성하기 위해서 몇 가지 행동 단계를 적어보자. 재테크에 관련된 책을 읽는다, 무료 강연회에 참석한다, 지출 내역서를 작성한다, 소비 계획서를 만들어본다, 빚진 사람들을 지원해주는 모임에 나간다, 나쁜 습관에 대한 치료를 받는다, 경제적 조언을 해주는 상담소에 찾아간다 등등. 행동할 방법들을 찾아보자. 사실 거창한 행동이 요구되는 것도 아니다. 전화번호부에서 필요한 번호를 찾거나 지출 내역서를 기록할 만한 합리적 방법을 찾아보는 것처럼 아주 사소한 행동에서부터 시작하면 된다.

오늘은 미래를 계획함으로써 미래를 창조할 수 있다는 걸 알자.

> 행복으로 가는 길은 스스로에게 높은 기준을 부여하고 다
> 른 사람에게는 평범한 기대치를 갖는 것이다.
>
> — 세네카 —

커다란 목표와 계획을 세워놓았다. 앞으로 나아갈 준비가
되었다는 느낌도 든다. 그런데 혹시 아직도 다른 사람에게 의
지하고 있지는 않은가? '누구누구가 이렇게 저렇게만 해주면
부업을 찾아볼 수 있을 텐데.' 다시 말해서, 다른 사람이 나의
스케줄에 따라 나의 시스템 안에 들어와 움직여주길 기대하는
것이다. 다른 사람들이 나의 욕구를 이해해주리라 기대한다.
심지어 그들이 내 마음까지 읽어주기를 바라기도 한다!

나의 기대치는 직접적으로 마음의 평정과 관련돼 있다. 다
른 사람에 대한 기대치가 높을수록 실망감은 더 커진다. 그렇
다고 자신의 꿈을 잊어버리는 것도 아니다. 여전히 큰 꿈을 지
니고 있으면서 다른 사람들에게 지원받기를 바라고 있다. 그런
생각으로는 실망하게 될 위험만 높아질 뿐이다. 나의 기대치와
다른 사람의 행동이 일치될 수 없다는 것을 알아야 한다. 내 힘
으로 다른 사람들을 바꿀 수 없음을 인정하자. 우아하게 현실
을 받아들이고 그 지점에서부터 앞으로 움직이자.

오늘은 나의 기대치로부터 다른 사람들을 풀어주자. 그렇
게 내 마음의 평화를 찾자.

> 처음에는 인간이 습관을 만들고, 그다음에는 습관이 인간
> 을 만든다. 나쁜 습관들을 정복하라, 그렇지 않으면 결국
> 그 습관들이 당신을 정복할 것이다.
>
> — 지그문트 프로이트 —

정신이 산만해질 때 겪는 단계들이 있다. 눈앞의 일에 신경 쓰는 대신, 불평할 만한 사람이나 불만거리를 찾아 헤매고 사람들에게 내 생각을 알리는 데 집착한다. 괴로운 것이 많다. 은행가가 둔해빠진 얼간이다. 길에서 날 들이받은 운전사가 뻔뻔하고 무례하기 그지없다. 의사가 내 말에 귀 기울여주지 않는다.

하지만 어떤 수단을 쓰든 제자리로 돌아오기 마련이다. 다른 사람에게 상처 입히는 데 에너지를 낭비하고픈 유혹에서 벗어나야 한다. 입장을 바꿔놓고 나 자신이 당하면 어떤 느낌일까 상상해보자. 하늘의 '위대한 힘'에게 용서를 구하고 내가 피해 입혔던 사람들에게도 은밀하게 용서를 구하자. 명예롭게 행동하는 습관을 만들어보자.

오늘은 좋은 것만 생각하고 좋은 내용만 말하자.

> **난 한 달에 1달러도 저축하지 못하는 사람이었다.**
> — 워런 버핏 —

당신이 충동적 소비 성향이 아니라 해도 마음대로 돈을 쓰지 못하는 게 속상할 수도 있다. 빚을 진 상황이기 때문에 웬만하면 돈을 쓰지 않는다. 배우자가 도박을 끊고 사는 동안, 당신은 창고정리 하는 데만 골라가며 쇼핑하거나 점심을 감자칩만으로 때운다. 직업상 새 옷을 사야 하는데도 쇼핑몰에서 빈손으로 빠져나오거나, 아이들과 친구들에게 줄 선물만 들고 나온다.

나 자신을 위해 돈을 쓰지 못할 때, 그것은 실용성을 넘어서서 박탈감에까지 이를 수가 있다. 여기서 박탈감이란 내가 좋은 것, 새것을 가질 만한 자격이 없다고 생각한다는 뜻이다.

균형 감각이 중요하다. 우선순위를 살펴보자. 무언가 구입할 필요가 있고 우선순위에 들어 있다면, 소비 계획에 그것을 포함시켜라.

오늘 나는 줄 자격이 있으며 받을 자격도 있다고 스스로에게 말해주자.

> 돈이면 안 되는 게 없다… 하지만 내 돈들은 언제나 "잘 가"
> 라는 인사만 한다.
>
> — 무명씨 —

월급을 받기도 전에 있는 돈을 다 써버린다. 모든 돈을 청구서에 쏟아 넣어야 한다. 다음 달 월급날까지 어떻게 견뎌낼지, 과연 견뎌낼 수 있을지 알 수가 없다. 계획을 세워본다. 또다른 빚으로 그 빚을 갚는다. 아무 소용이 없다는 느낌이다. 나 자신에게 무언가 근사하게 한턱 쓰고 싶어진다. 오늘은 금요일이야, 또는 오늘은 월급날이야. 외식하러 가자, 피자를 주문하자. 나는 그럴 자격이 있다.

나 자신에게 미안한 감정이 생기기 시작하면 그런 생각에 도전장을 던져라. 생각하고 또 생각하라. 충동을 넘어설 수 있게끔 생각하라. 물론 난 즐길 자격이 있다. 하지만 나 자신을 대접해주는 게 꼭 돈을 써야 한다는 건 아니어도 된다. 땡전 한 푼 들이지 않고도 나 자신을 근사하게 대접할 수 있는 방법들이 백만 가지는 된다.

오늘은 혼자서 혹은 다른 사람과 같이, 나 자신을 대접할 수 있는 간단한 방법들을 궁리해보자. 뜨거운 목욕, 공원 산책하기, 규칙적인 운동 등등. 나 자신에게 상을 줄 뿐만 아니라 스스로를 계발할 수도 있는 그런 근사한 대접들을 생각해보자.

## 신중함은 존경받을 만한 멈춤이다.

**— 윌리엄 셰익스피어 —**

신문이나 책, 인터넷 사이트에는 유익한 정보와 절약에 관한 조언들이 가득 차 있다. 집에서 배우는 꽃꽂이에서부터 7년 내에 담보 설정을 해지하는 방법까지 모든 종류의 정보들을 찾을 수 있다. 절약하는 방법에 신중할 필요가 있다. 과소비 성향에서 모은 돈을 모두 저축하는 성향으로 이동할 때, 충동적인 행동에서 집착적인 행동으로 나아갈 가능성이 있다.

항상 돈이 덜 드는 선택을 하는 것은 좋다. 하지만 그것을 고려할 때 나에게 올바른 느낌이 드는 것을 골라라. 그것이 나의 생활에 최대한의 효과를 나타내줄 것인가를 생각하라. 내가 최선의 선택을 할 수 있다고 스스로 믿어주자. 시도와 실수를 거쳐가면서 가장 적당하고 균형 잡힌 나의 생활 스타일을 찾아나갈 수 있다.

오늘은 나에게 알맞은 절약 방법을 찾아서, 완벽을 위해서가 아니라 발전을 위해 노력하자.

> 이상을 세워라. 그 꿈을 꽉 붙잡아라. 그렇게 할 수 없으면
> 공장이나 책상 앞으로 돌아가라.
>
> — 블라디미르 일리치 레닌 —

이제 목표와 우선순위들과 행동 단계들을 다 결정했다. 전속력으로 움직일 준비가 되었으며 활력이 샘솟는 것을 느낀다. 그런데 우리의 타성이 고개를 들면서 새로운 생각들이 마음속으로 끼어든다. 내가 정말로 이 일을 바라는 것일까? 골치 아픈 문제가 생기면 어쩌지? 이 목표를 이루고 나면 앞으로 기대할 게 아무것도 없어지지 않을까?

이렇게 김이 빠지는 생각들을 갖고서는 어디에도 갈 수가 없다. 이런 생각들은 방해거리를 찾아대는 자아(ego)의 움직임이다. 그 의구심들을 인정해준 다음에 재빨리 옆으로 밀쳐두자. 완벽한 확신을 갖고 앞으로 나아가라, 투사처럼. 그 목표가 여전히 올바르다는 느낌이라면, 계속해서 전진해나가자. 내가 믿는 바대로 행동하는 것이 나를 올바른 길로 이끌어준다.

오늘은 나의 목표를 믿자.

> 나에게 또 한 번의 생이 주어진다면, 좀더 많이 실수하려
> 고 노력하리라. 긴장을 풀어보리라. 유연해지리라. 좀더
> 바보스러워지리라. 심각하게 생각할 것이 거의 없다는 걸
> 알리라… 이른 봄에 맨발로 나서서 늦가을까지 그렇게 남
> 아 있으리라. 좀더 많이 학교 수업을 빼먹으리라. 좀더 많
> 이 회전목마를 타보리라. 데이지 꽃 향기를 더 많이 맡아
> 보리라.
>
> — 샘 월튼 —

빛이 있음을 인정하고 그 주위의 상황도 진지하게 받아들
인다. 그 빛과, 내가 해야 할 일들에 대한 생각들이 마음속의
소음으로 지속된다. 더 이상 콧노래를 부를 수 없다. 마음속 소
음이 생활의 일부가 되어, 나의 감각과 태도들을 점점 무뎌지
게 한다.

나의 빛과 주변 상황들은 내가 웃든지 찌푸리든지 간에 그
곳에 존재할 것이다. 눈앞에 다가오는 즐거움들을 받아들이자.
아름다운 햇살, 꽃잎에 매달린 이슬, 따뜻한 포옹. 데이지 꽃
향기를 맡아볼 만큼만이라도 괴로움을 잊어보자.

오늘은 이 세상에 시련보다 아름다움이 더 많다는 것에 감
사하자.

**정직은 지혜라는 책의 제1장이다.**

— 토머스 제퍼슨 —

어떤 사람은 돈 문제가 자신의 것이 아니라고 부인한다. 다른 사람이나, 불운, 건강, 경제 상황, 혹은 세상까지 탓하고 싶다. 난 희생양이야, 친구들에게 불평을 늘어놓는다. 진실을 외면해버린다.

정직이란 강력한 힘이다. 개인과 인간관계를 앞으로 진전시킨다. 정직은 진실이기 때문에, 속임수로 오해받지 않는다. 정직은 존경심과 자부심과 강한 정신력을 낳는다. 정직을 행함으로써, 세상 사람들에게 내가 희생양이 아니라는 것을 알릴 수 있다. 변화할 수 있는 나의 힘을 인정하라. 가장 진솔하고 깊이 있는 생각과 느낌들을 드러낼 만큼 마음이 편안해지면, 내 속에서 자부심과 자신감이라는 감탄스런 자질을 발견하게 된다. 정직해질 때 나는 진화한다. 그 진화 속에 인생의 불가사의와 흥분거리가 담겨 있다.

오늘은 나의 돈 문제에 대해서 나 자신과 다른 사람에게 정직해지자.

**단순한 변화와 더 좋은 방향으로의 변화는 전혀 다른 일이다.**

― 독일 속담 ―

예산이라는 말을 들으면 대개의 사람들은 움찔한다. 예산이
란 긴축과 저축의 뜻을 내포하고 있으며, 박탈감까지 주입될 수
있기 때문에 더 심각하다. 예산에 따라 돈을 저축하는 것은 다이
어트로 살을 빼는 것과 같다. 다이어트를 하기 시작하면, 내가
좋아하는 음식이나 영양가 있는 식사를 나 자신으로부터 박탈
하게 된다. 예산에 따를 때에도 문화를 경험하거나 친구들과 식
사하고 싶다는 등의 기본적 욕구들을 나 자신에게서 박탈해버
린다. 게다가 대부분의 다이어트와 예산은 실패로 끝이 난다.

틀에 짜여져서 꼭 지켜야만 하는 예산보다는, 융통성 있는
소비 계획을 선택하는 것이 낫다. 소비 계획에 나의 기본 욕구
들을 제시해서 가장 먼저 그것들을 충족시켜주자. 빚을 갚는
것보다 더 우선적으로. 나 자신과 나의 가족을 보살피자. 그러
한 기본 욕구를 충족시켜주면 소비 계획을 지키면서도 풍요로
움을 느낄 수 있다.

오늘은 소비 계획을 작성하는 데(또는 수정하는 데) 도움을
청할 만한 두세 사람의 이름을 적어보자.

> 산다는 것은 변화하는 것이다, 완벽해진다는 것은 자주 변
> 화하는 것이다.
>
> — 폴 뉴먼 —

우리는 돈이 흐르는 곳을 알지도 못한 채로 돈을 쓴다. 월급이 다 없어지긴 했는데, 어디로 가버린 걸까? 소비 계획은 내 돈이 흐르는 곳을 확인하고, 나의 소비 패턴을 정확히 알아내기 위한 적극적인 방법이다. 소비 계획을 작성해보면 식사비에서부터 저축에 이르기까지 개개인의 기본 욕구가 어느 곳에 집중되어 있는지 알아차릴 수 있다.

실제적인 소비 계획을 세우기 전에, 이상적인 소비 계획의 윤곽을 그려보자. 제한선은 없다. 시장에 가서 내가 정말로 돈을 쓰고 싶은 곳이 어딘지 적어보라. 그리고 6주 동안 수입과 지출이 흐르는 곳을 확인해보라. 그럼 각각의 범주 — 저축, 개인 용돈, 탁아 비용, 오락비, 의료비, 선물비, 휴가비 등등에 소비하는 방식이 드러날 것이다. 그것을 근거로 나의 소비 패턴과 기본 욕구를 조화 있게 맞춰볼 수 있다. 한 곳에 필요 이상으로 많은 돈을 소비하지는 않는가? 기본 욕구가 충족되지 않는 부분은 어디인가? 나의 신체적, 정서적, 정신적, 영적 욕구는 무엇인가?

오늘부터 매일매일 지출과 수입을 적어보자.

> **꿈을 향해 자신 있게 나아가라. 스스로 상상하던 인생을 살아라.**
>
> — 헨리 데이비드 소로 —

소비 계획을 충실히 지켜나가면 우리에게 지불 능력이 생긴다. 지불 능력은 빚을 갚아나가면서, 새로 지출할 일이 생겼을 때 현금으로 지불할 수 있는 상태를 말한다. 크든 작든 간에 구입할 필요가 있는 것들을 계획하라. 빚을 갚는 것보다는 우선적으로 그 물건을 위해 돈을 저축하라. 필요한 물건을 살 때 더 이상 빚지지 말고 현금으로 계산하라.

그러면 큰 안도감이 찾아든다. 이 새로운 소비와 저축 패턴이 우리에게 자신감을 불어넣을 수 있다. 더 이상 빚지지 않고서도 기본적 욕구를 해결할 수 있고, 나름대로의 인생을 살아갈 수가 있다. 앞으로 돈이 모자랄까 봐 걱정스럽거나, 혹은 나 자신을 먼저 생각하는 게 죄스러울지도 모른다. 하지만 적당한 시기가 되면 자신감이 승리할 것이다.

오늘은 정직한 소비 계획에 근거해 생겨난 지불 능력이 엄청난 안도감을 가져다준다는 점을 명심하자.

> 아주 조금밖에 할 수 없기 때문에 아무것도 안 한다면 그것
> 은 실수 중에서 가장 큰 실수이다. 지금 당장 할 수 있는 일
> 을 하라.
>
> – 카를 마르크스 –

소비 계획을 세웠다. 최소한 몇 년간 지속되어야 할 지불 스케줄을 잡고, 앞으로 몇 년간은 요금 청구서에 파묻히지도 않을 작정이다. 빚 갚는 것을 하나의 도전으로 바라본다. 전진해간다는 생각을 하면 흥분감이 느껴지기도 한다. 현재의 혼란에서 벗어날 가능성이 보인다. 그런데 갑자기 절망감이 스멀스멀 기어들어 의욕적인 생각에 그림자를 드리운다. 의심이 생긴다. 앞으로 더 빚을 지지 말아야 한다는 것은 너무나 분명하다. 그렇다면 2년, 3년, 5년, 혹은 7년, 아니면 평생 동안 이런 소비 계획에 맞춰 살아야 한단 말인가? 어떻게 평생 이런 식으로 살 수 있을까?

오늘 하루만 생각하라. 내일 무슨 일이 벌어질지 아는 사람은 아무도 없다. 현재 가질 수 없는 것에 신경 쓰지 말고, 얻을 수 있는 것에 정신을 집중하자. 줄어드는 빚, 성취감, 자랑스러움, 자부심, 이런 것들 말이다.

오늘은 나의 소비 계획대로 따르자.

> **미국인의 절반 정도는 모든 걸 알고 있는 척한다.**
>
> — 버락 오바마 —

상상했던 것보다 더 많은 월급을 주는 직장을 잡았을 수 있다. 큰돈을 유산으로 받았거나 복권에 당첨되었을 수도 있다. 매년 이 정도의 돈을 벌게 되면, 이만큼의 현금을 손에 쥔다면, 모든 것이 잘될 거라고 생각했다. 행복해질 거라고 생각했다. 그런데 많이 벌면 벌수록 더 쓰게 된다는 사실을 곧 알게 된다. 여전히 행복하지도 않다. 도대체 이유가 무엇일까?

당신의 욕구가 항상 경제적 자금 상태보다 더 커지기만 한다면, 문제의 근본을 파고들 필요가 있다. 꽤 많은 돈을 벌고 있는데도 지출이 비례적으로 증가한다면, 돈에 대한 사고방식에 의문을 던져야 한다. 당신의 소비 패턴과 정서적, 육체적, 정신적인 당신의 욕구에 대해서 질문해봐야 한다. 과연 당신은 모든 걸 알고 있는가?

오늘은 내가 빚진 상태에 있는 걸 좋아하는 건 아닌지 스스로에게 물어보자.

> 다른 사람들이 성공했다고 말할 때까지는 당신이 성공했
> 는지 알 수 없다. 당신의 계획이 진실하다면 그 성공이 하
> 늘까지 닿을 것이다.
>
> — 에밀리 디킨슨 —

처음으로 신용카드 쓰기를 멈추었을 때, 진짜 심각한 경제
적 압박에 처하게 될 수도 있다. 심적인 부담감을 극복할 시간
이 없었다. 아직 소비 계획을 제대로 수행하지도 못했다. 또한
이렇다 할 만한 저축도 하지 못했다.

어떤 경우에라도 또 다른 선택의 여지는 있는 법이다. 자
신을 충분히 믿고, 꼼꼼히 생각할 수 있도록 침착함을 되찾아
라. 그러면 초조해지는 마음이 가라앉으면서 창조적인 해결 방
법이 생각나기 시작할 것이다. 은행에 저축이 쌓이고 현실적인
소비 계획을 세우기도 전에 말이다.

나 자신에게 몇 가지 질문을 해보자. 이 물건이 꼭 필요한
것인가? 구입을 미룰 수는 없는 것일까? 덜 비싼 물건을 찾을
수 있을까? 처분할 만한 재산이 있는가? 내 물건 중에서 팔 만
한 것이 있을까? 담보를 제공하고 친구에게 돈을 빌릴 수 있을
까? 저축한 돈에서 빼낼 수 있을까?

오늘은 빚지지 않고 선택할 만한 사항들을 기록해보자.

> **받아들일 여유가 없는 모험이 있다. 그리고 받아들이지 않을 여유가 없는 모험도 있다.**
>
> — 피터 드러커 —

빠르게 빚을 청산할 수 있는 가장 확실한 방법 중 하나가, 초과 비용과 낭비를 줄이고 허영적인 소비를 줄여서 그 돈을 빚 갚는 데 쓰는 것이다. 한 군데에서 몇십만 원을 저축하는 건 힘든 일이다. 하지만 의외로 작은 비용들을 줄임으로써 50만 원 이상 저축하는 것은 쉽다. 예를 들어 3천 원짜리 커피 한 잔을 자판기 커피로 대치하면 어떨까? 유명한 브랜드 말고 중저가 브랜드의 옷을 살 수는 없을까? 좀더 값싼 샴푸와 로션을 사용하면 어떨까? 이따금씩 직장에 도시락을 싸갖고 다니면 어떨까?

비용을 줄이는 것이 아무것도 없이 살아야 한다는 뜻은 아니다. 실험을 해보자. 매일매일 커피숍에 들르는 대신 일주일에 한 번이나 한 달에 한 번만 맛 좋은 커피를 마실 수도 있다. 원하는 일을 조금씩 즐기면서 일주일에 1만 원을 저축할 수 있다는 데 감사를 느끼자. 스스로에게 융통성을 부여하자. 그 돈을 봉투나 상자에 차곡차곡 모아두었다가 나중에 빚을 갚는 데 활용할 수 있다.

오늘은 1년에 50만 원이나 100만 원을 저축할 수 있는 사소한 방법들을 찾아보자.

> **덤벼드는 빚을 어떻게 막을 것인가? 신용카드를 다 없애버려라.**
>
> — 무명씨 —

요즘은 한 사람당 대여섯 개의 신용카드를 지니고 있다. 더 많이 갖고 있는 사람도 있다. 그 대금들을 지불하느라 정신이 없다. 여기서 끌어다가 저기를 막고, 각각의 카드에 얼마의 빚이 있는지, 카드마다 몇 퍼센트의 이자를 물어야 하는지, 언제가 지불 날짜인지 기억하려 애써야 한다.

이제 하나의 카드만 갖는 것을 목표로 삼자. 충동적인 소비 성향을 갖고 있거나 도박을 즐기는 사람이라면 신용카드를 완전히 없애버리는 것도 좋다. 신용카드를 사용하고 싶은 유혹과 더 빚을 지게 되는 상황을 피하기 위해 하나만 남기고 (아니면 모두 다) 전부 잘라 버리자. 이자율이 가장 낮은 카드 하나만 소유하고 있다가 긴급한 경우에만 사용하기로 하자. 신용카드 회사에 전화해서 카드 사용한도를 낮춰달라고 말하는 것도 괜찮은 방법이다.

오늘은 지갑을 깨끗이 정리하자.

> **우월성은 위대한 마음의 목표가 아니라 그 결과이다.**
>
> — 짐 콜린스 —

빚에는 담보를 설정한 빚과 무담보의 빚이 있다. 담보 설정한 빚이란 대금을 다 치르지 못할 경우 몰수당할 수밖에 없는 물건을 저당 잡히고 돈을 빌린 경우로, 집이나 자동차 등이 담보에 포함될 수 있다. 무담보의 빚은 신용카드 빚이나, 부모님께 빌린 돈, 지불하지 않은 청구서들, 즉 담보 없이 신용카드를 사용하거나 현금을 빌려 쓴 경우이다.

담보 설정한 빚과 담보 없이 진 빚에는 분명한 차이가 있다. 담보가 설정된 빚은 대개의 경우 피할 도리가 없다. 그 빚을 생활비의 일부로(수입의 한도 내에서 생활해야 하는 건 물론이다) 계산해서 꼬박꼬박 갚아나가야 한다. 대개의 사람들이 담보 설정된 빚을 우선적으로 갚아나가기 때문에, 그것은 믿을 만한 신용의 근거가 될 수도 있다.

오늘은 담보 설정한 빚을 생활의 일부로 받아들이자.

> **당신의 지금 위치는, 원하는 것을 손에 넣기 위해 지불한 대가이다.**
>
> — 브라이언 트레이시 —

대개의 사람들은 일정 기간 동안 한 가지 혹은 여러 가지에 집착하게 된다. 그 기간이 며칠이나 일주일이 될 수도 있고, 몇 년씩 이어지기도 한다. 빚을 진 상태에서, 여유 없는 것을 갖고자 집착하거나, 과거의 소비 행태에 집착하거나, 빚만 지지 않았더라면 가질 수 있었던 것들에 집착하는 경우도 있다.

만약 그렇다면, 자신의 가치 기준에 질문을 던져볼 필요가 있다. 내가 원하거나 가질 수 없는 것에 대한 집착은, 돈 자체를 가치 있게 여긴다기보다 돈으로 살 수 있는 것에 가치를 둔다는 의미이다. 그것은 사실 돈을 완전히 무시하는 처사이다. 그 대신 그 돈으로 할 수 있는 것들에 관심을 가져보자. 돈이 점점 불어날 수 있다는 것에 가치를 두고, 새 컴퓨터보다 돈에 더 감사하자. 그럼 돈이 나에게 얼마나 유용할 수 있는지 보이기 시작할 것이다.

오늘은 나의 관심을 물건에서 돈 쪽으로 움직여보자.

## ✦ 025 ✦

사람들은 자신이 양극단을 창출할 수 있다는 걸 인정하지
않는다. 5분 동안 숨을 들이쉬기만 하면서 살기 위해 애를
쓴다.

— 마이클 조던 —

모든 사람에게는 좋은 면과 그다지 좋지 않은 면들이 동시
에 존재한다. 예를 들어, 관대하고 친절한 마음의 소유자일 수
는 있지만, 다른 한편으로는 남들한테 다 퍼주다가 가족의 경
제 상황을 위험에 빠뜨릴 수도 있다.

결점에만 자꾸 초점이 집중되는 사람이라면 그것을 아직
받아들이지 못했기 때문이다. 종이 위에 자기 성격의 결함들을
적어보자. 그리고 그 목록을 여러 번 읽어보자. 좋든 싫든 간
에, 그것이 나의 모습이라는 점을 인정해야 한다. 일단 자신을
완벽하게 받아들이면, 변화의 문이 열리기 시작한다. 그때가
되어야만 숨을 내쉴 수 있다.

오늘은 나의 부정적 성격 중 하나를 규명해서 인정해보자.

> 빚쟁이는 노예 주인보다도 더 지독하다. 노예 주인은 그 사람만을 소유하지만, 빚쟁이는 상대의 위엄까지 소유하며 거기에 명령을 내린다.
>
> ― 빅토르 위고 ―

돈을 지니고 그것을 잘 관리하는 사람에게는 돈이 급속도로 불어난다. 그런데 빚진 상태의 사람에게는 급속도로 줄어드는 것이 또한 돈이다. 신용 상태가 나쁘거나 빚이 많은 사람들에게는 불이익이 많다. 가장 먼저 이자율이 높아진다. 청구서들과 씨름하며 연체료와 이자를 지불하기 위해 안간힘을 써야한다. 대출을 받을 수 없고 낮은 이자의 신용카드도 발급되지 않는다. 빚쟁이들에게 쉴 새 없이 시달린다. 마음먹은 것과는 달리, 더 깊이 빚에 빠져 들어갈 뿐 헤어나올 수가 없을 것만 같다. 덫에 걸려버린 느낌이 든다. 화가 난다. 머리를 굴려보려고 애쓰지만 일시적인 해결책이나 거절밖에 남는 것이 없다.

장애물을 나 자신에 대한 공격으로 생각하지 말고 하나의 처벌로 받아들이자. 그것이 내 힘으로 통제할 수 없는 시스템의 일부라는 걸 인정하자. 그래야만 더 이상 패배할 수밖에 없는 싸움에 에너지를 낭비하지 않을 수 있다.

오늘은 인간으로서 나의 가치가 세상의 모든 돈보다 더 우월하다는 것을 기억하자.

# ✦ 027 ✦

> 인생은 간단한 방정식이 아니다. 돈에 대해서도, 우리는
> 공통적인 통화通貨를 갖고 있지만 각기 다른 정서적 통화를
> 지닌다.
>
> — 나츠메 소세키 —

인간관계를 돈독히 하기로 결정했을 때 우리는 정서적, 육체적, 정신적으로 그 관계에 신경을 쓴다. 하지만 경제적인 관계에 대해서 진지하게 생각하거나 토론하는 사람들은 많지 않다. 돈 관리 방법에 대해서 혼자 결정을 내리거나, 모든 것이 잘 되어갈 것이라고 짐작만 할 뿐이다. 심지어 돈에 대해 언급하는 것을 미안해하기까지 한다. 그런 것을 아주 사소한 부분이라고 믿는다.

하지만 다시 한번 생각해보자. 돈에 관련된 정서적 갈등이 인간관계로까지 번져가는 경우가 허다하다. 언쟁을 벌이고, 원망하고, 상대방을 속이기도 한다. 이런 감정들이 모두 인간관계의 불균형과 돈에 대한 두려움과 오해에서 비롯될 수 있으며, 가장 이상적인 커플에게조차 행복을 손상시킬 수 있다. 나와 친한 사람이 어떤 돈 개념을 지녔는지 아는 것도 중요하다. 내 파트너의 '정서적 통화'가 무엇인지 알기 위해 시간을 들일 필요가 있다.

오늘은 내 파트너의 돈 개념에 대해서 충분히 이해하고 있다고 단언하지 말자.

> 주어지는 것은 금방 빼앗길 수도 있다. 아무것도 기대하지
> 말 것이며, 무언가 주어졌을 때 그것을 빌린 선물로 생각
> 해야 한다.
>
> ― 맥스웰 몰츠 ―

돈을 안전의 근원으로 생각하는 사람들이 있다. 문제를 해결할 수 있는 방편, 걱정 없는 미래의 보장책으로 생각한다. 정성껏 저축하며 어리석은 낭비를 하지 않으려 애쓴다. 빚을 지지 않으려고 열심히 노력하며 살다가 어느 순간 빚진 상태에 빠져들기라도 하면, 불안하고 두렵고 씁쓸한 느낌이 밀려든다.

돈을 안전한 보장책이나 궁극적인 해결책으로 생각하지 말자. 돈을 적극적인 에너지로 바라보는 방법을 배우자. 그 에너지에 너무 매달리지 말고 나의 모든 욕구가 충족될 것이라고 믿는다면, 돈은 필요할 때 내게로 찾아온다. 부자에게든 가난한 사람에게든, 어떤 일이라도 일어날 수 있는 법이다. 돈이 있으면 미래에 대해 걱정할 필요가 없을 거라고 믿고 있을 수도 있다. 하지만 다른 한편으로 생각하면, 빚을 지고 있는 지금 더이상 돈이 없어질까 봐 불안해할 필요가 없다. 말하자면 안전에 대한 강박관념에서 자유로워지는 것이다.

오늘은 하늘의 '위대한 힘'에게 나의 신념을 강화시켜달라고 부탁하자. 안전을 추구하지 않을수록 더욱 안전한 느낌을 갖게 된다는 것을 알자.

**우리는 어둠이 아니라 빛을 향해서 성장한다.**

— 막심 고리키 —

어떤 사람은 절대 돈을 빌리지 않기로 작정을 한다. 다른 사람에게 빚졌다는 느낌을 갖고 싶지 않다. 돈이 있는 것은 자유를 의미한다. 그래서 어쩔 수 없는 상황 — 해고, 이혼, 배우자와의 사별, 은퇴, 병원비 등등 — 때문에 빚을 지게 된 경우, 자신의 자유가 없어졌다고 생각한다. 하고 싶은 일을 하거나, 가고 싶은 곳에 가거나, 즐길 수 있는 기회를 누릴 자유가 없어졌다고 낙담한다. 그러면 돈은 신나는 경험을 위한 인생의 티켓이 아니라 오히려 인생의 감옥이 된다.

대개의 사람들은 결국 빚의 감옥에서 풀려나게 되어 있다. 그 시기가 올 때까지는 자유라는 감각이 마음먹기에 달렸다는 것을 알자. 걱정이나 증오, 원망, 기대감에서 자유로워지고 나면 당신은 지금 있는 이 자리에서 자유롭다.

오늘은 내 마음속에서 자유로운 감각을 찾아보자.

> 당신은 돈과 관계를 맺고 있다. 인생의 다른 관계들과 마
> 찬가지로, 이 관계 또한 성공시키기 위해 노력할 필요가
> 있다.
>
> — 헨리 포드 —

인간관계와 마찬가지로 돈도 우리의 인생에서 필수 불가결한 부분이다. 돈 문제를 다루는 첫 단계 중 하나는, 돈과 같이 살아나가는 나름대로의 독특한 방법을 확립하는 것이다. 자신을 구두쇠로 규정짓는 사람도 있을 테고 충동적인 소비자, 노름꾼, 과소비자, 경제적인 파탄자 등으로 규정할 수도 있을 것이다.

돈을 바라보는 방식, 돈을 갖고 행동하는 방식, 돈으로부터 기대하는 것, 이런 것들이 돈과의 관계를 결정지으며, 궁극적으로는 얼마나 많은 돈을 갖게 될지도 결정한다. 돈과의 관계가 마음에 들지 않는 경우, 무엇이 마음에 들지 않는지 스스로에게 물어보자. 그곳에서 자신의 행동을 바라보자. 무엇을 변화시킬 수 있을까? 만약 돈과의 관계에서 속상한 게 있다면, 엄청난 빚의 무게 때문에 불편한 지경이라면, 돈으로 행동하는 방식을 어떻게 변화시켜야 할까? 지금의 방식에서 변화해야 할 필요가 있다.

오늘은 돈과 나의 관계를 개선시키기 위해 노력해야 한다는 점을 인정하자.

**세상에서 가장 이해하기 힘든 것은 소득세이다.**

— 앨버트 아인슈타인 —

많은 사람들은 조세법에 대해서 잘 알지 못하기 때문에 불안해한다. 남편 혹은 아내가 그런 일에 능숙하리라 믿고 그 사람에게 맡겨버린다. 배우자는 자신이 다 처리하겠다고, 아무 걱정 하지 말라고 말한다.

하지만 그 배우자가 세금을 잘못 계산하고 있는 것 같은 생각이 들면, 당신은 세금을 분리 청구하고픈 마음이 들 수도 있다. 당장은 신경을 좀더 써야 하겠지만 체납 세금에 대한 책임을 지지 않기 위해 세금을 구분하고 싶을 것이다. 조세법은 매년 바뀌곤 한다. 세금을 지불해본 적이 없고 세금 신고서를 작성하는 데 자신이 없는 사람이라면, 비용이 좀 들더라도 전문가에게 의뢰하는 것도 한 방법이다.

오늘은 나의 경제적 미래를 보호하자.

**여호와는 나의 목자시니 내가 부족함이 없으리로다.**

— 시편 23편 —

인생은 모순이다. 현재에 반응하지 말고 미리 앞서서 반응해야 한다고들 충고한다. 스스로의 삶에 책임을 다하며 이 세상에서 풍요로움을 창출해야 한다고 말하면서도, 한편으로는 우리보다 더 '위대한 힘'이 주재하시기 때문에 긴장할 필요가 없다고도 한다.

'위대한 힘'의 의지를 따르는 것이 자신의 인생을 살지 말아야 한다거나 책임감을 버려도 된다는 뜻은 아니다. 내면의 목소리에 귀를 기울임으로써 우리의 인생에서 예정돼 있는 경험의 기회를 받아들이라는 뜻이다. 결과에 집착하지 말고 원하는 바를 따라가라. 상황이 우리의 뜻대로 되지 않으면 그 나름의 이유가 있기 때문이며, 좀더 좋은 일이 길모퉁이에서 기다리고 있을 것임을 명심하자.

오늘은 고요하게 기도를 드리자. '신이시여, 내 힘으로 바꿀 수 없는 일을 받아들일 수 있도록 도와주소서, 내가 변화시킬 수 있는 일을 감당할 수 있도록 용기를 주소서. 그 두 가지의 차이를 알 수 있는 지혜를 허락하소서.'

**나는 새로운 철학을 개발했다… 하루하루가 끔찍할 뿐이다.**

— 찰리 브라운 —

우리는 가끔 앞으로 진행될 상황에 대해서 엄격한 기대치를 설정한다. 계속 기다리며 희망을 가져보지만 아무것도 변하지 않는다. 너무나 간절히 원하는 일이 있는데 아무 일도 일어나지 않는다. 간단한 목표와 꿈들조차 왜 이뤄지지 않는 것인지 알 수가 없다. 상황이 특별한 방식으로 진행되어야 한다고 믿을 때, 그것이 계획대로 진행되지 않을 때, 우리는 인생의 더 경쾌한 면들을 놓칠 수 있다. 잠에서 깨어나는 게 끔찍하고, 청구서를 지불하는 것도, 빚쟁이에게 독촉 전화 받는 것도, 가족과의 갈등도 모두 끔찍하기만 하다. 인생이 너무 지루하고 평범하거나 아니면 미치도록 짜증스럽다.

당신의 목표가 예정된 거라면 이루어질 것임을 알자. 마음속에 목표를 간직하라. 하지만 꼭 그렇게 되어야만 한다고 생각하는 대신, 불확실성에 초점을 맞춰라. 목표에 이르게 되는 방법의 불가사의, 좀더 좋은 일이 생길 수도 있는 신비를 생각해보라. 모든 것을 안다면 인생이 얼마나 예측 가능하고 따분할 것인가. 어떤 가능성에도 마음을 열고 앞으로 다가오는 기회를 붙잡아라. 그러면 인생에 흥분이 생긴다. 인생에서 무슨 일인가 벌어지기 시작한다.

오늘은 미래의 불확실성을 생각하며 미소 짓자.

**긴장을 풀자. 신이 알아서 하신다.**

— 데이비드 오길비 —

때때로 너무 간절히 원하는 것이 있을 때, 우리는 그것을 손에 넣을 방법을 생각하며 모든 시간과 에너지를 사용한다. 현재 상태가 불공평하며 스스로 이 상황이 진전되어야 할 방법을 알고 있다고 믿는다. 아이들 양육비는 전 배우자가 대야만 한다. 치료를 끝내고 나면 원래의 직장으로 돌아가야만 한다. 더 많은 월급을 받아야만 한다. 그 대출금 신청에서 꼭 통과해야만 한다. 이런 것들은 이성적인 요구들이다. 하지만 그것을 이루기 위해 얼마나 열심히 얼마나 오랫동안 노력하든지 간에, 결국 시작했던 곳으로 돌아와 똑같은 비통함과 분노에 휩싸일 수도 있다.

원하는 것에 다가가려는 시도가 계속 실패를 거듭할 경우, 그것은 어쩌면 동그란 구멍에 네모난 못을 박으려 하기 때문일지도 모른다. 목표와 야망과 신념이 필요하다. 하지만 또한 승복해야 하는 시기를 알 필요도 있다.

우리의 목표에 대해서 올바른 느낌이 드는지 생각해보자. 만약 그렇다면 그 목표를 마음에 새겨라. 하지만 세세한 것까지 집착하지는 말자. '위대한 힘'이 알아서 하시도록 맡겨두자. 우리를 위해 더 좋은 계획이 준비되어 있는지도 모를 일이다. 포기하는 것이 아니다, 그저 승복할 뿐이다.

오늘은 모든 가능성에 내 마음을 열어놓자.

**힘 있는 사람은 모든 면에서 성장한다, 자기 자신만 제외하고.**

– 윈스턴 처칠 –

빚더미에 빠져 있는 사람은 항상 돈 빌리는 것을 괜찮은 투자라고 생각한다. 인생을 전진시킬 수도 있고 사업을 일으킬 수도 있다. 그것이 부여하는 힘의 느낌이 좋다. 돈을 쓰고 투자하면서 혹은 돈을 빌리면서 책임을 다한다는 느낌이 생기는 걸 좋아한다. 행동을 취하고 모험을 받아들이는 것이라 믿는다. 더 심각한 빚을 지게 되면, 그 돈은 문제가 안 되며 모든 게 잘될 거라고 스스로에게 확신시킨다.

그런 사람에게 돈은 단순한 힘의 상징일 뿐이다. 내부로부터 우러나오는 진정한 힘을 믿는 대신 돈이 주는 상징만을 믿었던 것이다.

오늘은 돈 한 푼 없이 가난하게 사는 인생을 상상하면서, 내 마음의 힘과 강인함을 느껴보자.

이 세상에 따뜻한 심장을 가진 사람은 많을수록 좋고 뜨거운 머리를 지닌 사람은 적을수록 좋다.

― 신창재 ―

갑자기 가족이나 친구들이 너무나 이해해주지 않아서 답답해질 때가 있다. 그들은 나의 생활방식을 비판하고 나의 행동에 대해서 이러쿵저러쿵 판단하며, 나에게 빌려준 돈 때문에 휴가도 다녀오지 못했노라고 화를 낸다. 나 자신을 방어하고 반박하고픈 충동이 일어난다. 이 사람들은 내가 최선을 다하고 있다는 걸 모르는 걸까? 부정적인 것 말고 좀더 긍정적인 면을 보아줄 수는 없을까? 하지만 그들의 태도에 대해서 한마디 하면 상황은 더 악화될 뿐이다.

비판적인 사람들을 설득하는 것은 나의 몫이 아니라는 것을 생각하자. 똑같은 사람이 되지 않도록, 그들과의 언쟁을 자제하자. 더 이상 빚지지 않기 위해서 최선을 다하는 것으로 족하다. 언쟁을 시작하는 대신, 우아하게 그들의 느낌이 그들만의 것임을 인정하자. 사랑과 용서가 생겨나도록 애정 어린 생각만으로 반응을 보이자.

나의 행동이나 상황에 대해 부정적인 반응에 당면할 때마다 우아하게 행동하자.

> **겸손은 배움을 초대한다.**
>
> — 구본무 —

당신이 만약 도박 성향이나 충동적인 소비 성향에서 벗어나고 있는 중이라면, 친구나 신용카드 회사나 고리대금업자에게 빌린 돈을 갚아나가야만 할 것이다. 감당할 수 없을 만한 빚을 졌더라도 매달 꼬박꼬박 갚아나가야 할 것이다. 그 행동의 결과를 피할 만한 손쉬운 방법, 즉 파산을 면하기 위해 열심히 충고를 받아들여라.

빚진 돈을 갚아나가면서, 당신이 가한 피해를 기억하며 끊임없이 겸손해져라. 성의를 다해서 그 돈에 대한 책임감을 가져야 한다. 당신의 금전 관계를 학대하지 말 것이며 남용하지도 말아야 한다.

오늘은 내가 진 빚에 대해서 겸손하게 머리를 숙이자.

> 기회란 대개의 사람들이 알아보지 못하도록 힘든 일로 변
> 장해서 찾아오는 경우가 많다.
>
> — 데일 카네기 —

낮은 곳을 경험하지 않고서는 인생의 높은 곳에 도달할 수 없다는 말을 많이들 한다. 예를 들어, 우리가 느끼는 기쁨의 정도는 그 전에 느꼈던 고통의 정도와 밀접하게 연관되어 있다. 우리가 벌어들이는 돈의 양에 대해서도 이런 개념이 성립된다. 초라한 가난뱅이로 태어나서 엄청난 부를 이루고 죽어간 기업가나 음악가들이 있지 않은가.

경험의 깊이가 충만한 인생을 결정짓는다. 빚에 빠져 있는 상태를 하나의 기회로서 받아들이자. 지금이 인생의 전환점, 부자가 될 수 있는 바로 그 지점이라는 것을 믿자.

오늘은 인생에 저마다 때가 있다는 것을 생각하며 희망을 갖자.

> 모든 사람에게는 빚을 지게 되는 시기가 찾아올 수 있다. 하
> 지만 인생의 다른 목표들과 결부되는 빚만이 가치가 있다.
>
> — 워런 버핏 —

빚에는 필요한 빚이 있고, 불필요한 빚이 있다. 그 두 가지
의 차이를 깨닫는 것이 중요하다. '괜찮은 빚'이란 우리에게 중
요하게 여겨지는 목표를 이루기 위해 돈을 빌리는 경우이다.
학자금을 그 예로 들 수 있을 것이다. 또한 엄청난 치료비를 물
어야 하는 것처럼, 합리적인 선택의 여지가 없을 때 돈을 빌리
는 것이나, 담보를 설정한 빚도 종종 괜찮은 빚이 될 수 있다.

불필요한 빚이란 아무 생각 없이(앞으로의 결과를 생각지 않고)
옷을 사거나 물건을 사거나 외식하거나 유흥을 즐기기 위해서
빌리는 돈이다. 불필요한 빚을 졌던 과거의 행동에 대해서는
일단 용서해주자. 그리고 오늘 불필요한 빚이 무엇인지 깨달아
보자.

오늘은 나의 우선순위를 마음에 새기자.

비극은 당신이 다른 사람을 속였을 때가 아니라, 당신이
자신을 속였을 때 일어난다.

― 스티븐 코비 ―

사람들은 각자 빚에 대한 개인적 편견을 갖고 있다. 급여를
가불해달라고 할 때 그것은 빚이 아니라고 생각한다. 어차피
앞으로 일해서 그 돈을 벌게 될 테니까. 점심을 사 먹으려고 친
구에게 5천 원을 빌릴 때는 어떨까? 다른 비용을 메꾸기 위해
서 집세를 한 달쯤 미루는 것은? 한두 장의 청구서를 미뤄놓는
것은? 잔고가 없다는 걸 알면서도 신용카드를 사용하는 것은?

위의 경우는 모두 빚이다. 모두 빚을 지는 행동들이다. 당
신의 행동을 한번 살펴보자. 당신의 생각에 귀를 기울여보자.
사실 당신은 책임감을 내던지고 이런저런 핑곗거리를 만들었
던 것일 뿐이다. 스스로 빚을 지라고 속삭이고 있었다. 당신 자
신을 속이고 있었다!

오늘은 빚을 빚 자체로 인식하자.

**행동하거나, 아니면 행동하지 말라. 연습 삼아 해보는 시
도는 없다.**

— 필립 코틀러 —

경제적 상황을 개선시키기 위해서 행동을 바꾸는 것은 하
나의 숙제나 다름없다. 새로운 원칙에 따라 잘 살고 있는지 정
기적으로 확인해볼 필요가 있다. 그런 원칙은 잊어버리기가 너
무 쉽기 때문이다.

매일매일 점검해야 할 항목을 만들어두라. 간단한 질문부
터 시작하는 게 좋다. 1) 지출한 내용을 다 적어두었던가? 2) 소
비 계획대로 잘 지켰는가? 3) 계획에 없는 물건을 사지는 않았
나? 4) 최근에 다른 사람을 도와준 적이 있었나? 5) 저축하는 액
수가 적당한가? 6) 돈을 빌려 쓰지는 않았던가? 7) 나를 지원해
주는 사람들과 연락했던가? 8) 돈보다 인간관계에 더 가치를 두
고 있는가?

오늘은 돈에 관한 내 행동을 점검할 만한 목록표를 작성하자.

> 공인公人을 가장 부패시키는 것은 에고$^{ego}$다. 거울을 바라보
> 면 진짜 문제에서 집중력이 분산되어버린다.
>
> — 에릭 에릭슨 —

우리는 빚을 지고 있는 상태에 일종의 위안을 느끼기도 한
다. 어차피 자신이 잘 알고 있으며 익숙한 상황이기 때문이다.
약간의 빚을 갚을 기회가 생겨도 빚을 갚지 않는다. 보너스를
타거나 월급이 오르거나 높은 급료의 일자리를 잡았는데도, 그
여윳돈은 흔적도 없이 사라지는 것 같다. 돈이 많아졌다는 것
조차 알아차리지 못한다. 애매하고 혼란스런 생각에만 빠져 있
느라 앞으로 전진하지 못한다.

빚을 진 상태에 있는 것이 어떤 느낌인지, 스스로에게 질문
을 던져보자. 지금의 상태가 마음 편한가? 이 상태를 물질적인
세상에 대항하는 방법이라고 생각하는가? 빚을 진 것이 완벽하
지 않은 인간임을 세상에 드러내는 방법인 줄로 생각하는가?
돈을 많이 쓰는 것으로 나의 존재를 확인하려 애쓰는 건 아닐
까? 나의 자아가 발전을 가로막고 있지는 않은가? 만약 자아의
방해를 받고 있다면, 그 이유는 무엇일까?

오늘은 빚이 없는 인생을 상상했을 때 어떤 불편한 감정들
이 찾아드는지 밝혀보자.

> 모든 걸 다 해주는 사람은 자신이 사랑하는 사람에게 가장
> 큰 적이 된다.
>
> — 피란델로 —

누군가를 구제해주는 것은 알코올 중독자에게 계속 술을 제공해주는 것과 다를 바 없다. 중독자들은 자신에게 향하는 사랑과 연민을 이용한다. 그들은 보살펴줄 사람이 있다는 것을 알고 있다. 그들에게 돈을 준다 해도, 그 돈을 되돌려 받을 수 있을지, 앞으로 또다시 도와주어야 할지 알 수 없는 일이다.

당신이 배우자나 동업자, 자녀, 부모님, 형제자매, 도박하는 친구, 약물 중독자, 알코올 중독자, 충동적 소비 성향자 때문에 빚을 진 상태라면, 특별히 더 강해져야 한다. 정신을 똑바로 차려야 한다. 돈에 관해서 단호한 규칙들을 정해놓고 그 규칙을 지키기 위해 지나치리만큼 집착할 필요가 있다. 그 상대가 또다시 도움을 청해올 때 구제해주길 거절한다면, 그는 점점 더 밑바닥으로 떨어질 것이다. 그를 그냥 놓아두는 것이 그 사람을 위해 현명한 일이다. 그 사람이 밑바닥까지 경험한 후에 스스로 전진해서 회복의 의지를 마음에 담아야 한다.

오늘은 항상 의지하려고만 하는 상대의 행동을 변화시키려 들지 말고, 나 자신이 변해야 함을 알자.

## 돈을 사랑함이 일만 악의 뿌리가 되나니
— 디모데전서 6장 10절 —

성경의 이 구절은 가끔 '돈이 모든 악의 뿌리다'로 잘못 인용되기도 한다. 하지만 여기서 문제점은 돈이 아니다. 돈은 목적에 이르는 수단일 뿐이다. 선하지도 않고 악하지도 않다. 악한 것은 바로, 우리가 돈을 탐낼 때, 돈을 자기 존재의 일부로 삼을 때, 그 돈 때문에 자신을 통제할 수 없을 때이다. 그렇게되면 인생의 다른 측면들 — 특히 인간관계 — 도 고통을 받는다. 돈에 대한 사랑은 기쁨과 사랑을 넓혀주지 못한다. 좌절과 원망과 분노를 일으킬 뿐이다. 돈을 사랑하는 경우, 돈을 갖고있으면 점점 더 탐욕스러워질 수 있다. 돈이 없으면 절망과 좌절에 빠질 수도 있다.

돈은 필요한 것이다. 돈을 버는 것은 좋은 일이다. 하지만그 돈이 우주의 중심은 아니라는 걸 알아야 한다. 자신의 가치기준들을 생각해보자. 완전히 파산한다면 어떤 느낌일까. 친구나 가족 한 명 없이 외톨이가 되었을 때와 파산했을 때의 느낌을 비교해보라. 분명한 차이가 느껴질 것이다.

오늘은 사람들에게 내 사랑을 전하자. 내 인생의 중요한 사람들에게는 솔직하게, 모르는 사람들에게는 마음속으로.

## ◆ 045 ◆

> 정각의 시종이 울릴 때마다 인생은 종교적이 된다. 새로운
> 빛이 보일 때, 깊은 감탄을 느낄 때, 보다 넓은 시야를 얻었
> 을 때, 더 숭고한 목적이 생겼을 때, 어떤 과제를 완수해냈
> 을 때 말이다.
>
> — 애덤 스미스 —

　인생이 너무 안정되었거나 혹은 너무 정신이 없을 때, 우리
는 어이없을 정도로 눈앞에 가진 것들에 감탄하지 못하는 경우
가 있다. 예를 들어, 몇 년간 같은 배우자와 살아왔으면서 깊은
대화도 없이 몇 주일을 흘려보낸다. 수년씩이나 같은 직장에서
일해왔으면서 직장 동료에 대해 더 관심을 가지려 애쓰지 않는
다. 몇 년씩이나 같은 집에서 살았으면서도 근처 공원에 가보
지 않았거나 이웃 사람들과 인사를 나누지 않는다.

　어느 날 하루, 혹은 일주일 정도 지금의 생활에서 벗어나면
어떨지 상상해보라. 무엇을 할까? 무슨 말을 하게 될까? 골치
아픈 돈 문제들에 대해서 어떤 느낌이 들까? 나의 감정들을 누
구와 공유할 수 있을까? 애초에 이 동네로 이사 온 이유가 무엇
이었는가? 배우자의 눈에서 미처 알아차리지 못했던 것을 보았
는가? 자신이 친밀한 인간관계와 단순한 경험에 대해서 얼마나
강렬한 욕구를 갖고 있는지 놀라게 될 것이다. 돈 위에 인간관
계를 올려놓자.

　오늘은 한 사람에게 마음을 털어놓으며 약해지자.

> **분노는 멋진 순간들을 훔쳐가는 도둑이다.**
> — 니체 —

빚 때문에 자기 자신이나 다른 사람에게 화를 내는 것은 우리를 꼼짝 못하게 묶어놓는다. 자신이 스스로 놓은 덫에 걸려 있다는 것조차 의식하지 못한다. 사랑과 용서를 경험하지 않는 한 그 덫에서 벗어날 방법은 없다. 진심으로 용서할 때에야 우리는 분노에서 자유로워질 수 있다.

몹시 힘든 날이면 예전의 원망과 분노의 느낌으로 돌아가기 쉽다. 사랑의 힘으로 움직이고 지탱해야만 위대한 일들이 벌어진다는 것을 자신에게 일깨워주자.

오늘은 마음을 열어, 나 자신과 다른 사람들에 대해서 좋은 생각만 하자.

**믿음이 보이지 않는 것의 증거인 것처럼, 눈에 보이는 것은 믿음의 전형이다.**

― 조지 워싱턴 ―

어떤 집단에서는 '신'이라는 단어를 사용하는 것조차 금기시한다. 다른 집단에서는 '위대한 힘'이라는 단어를 생각만 해도 움츠러든다. 그 둘 다 학교 교과서에서 배우는 것이 아니다. 특정 집단의 기분을 건드리지 않으면서 우리가 믿는 것을 얘기할 수 있는 방법은 무엇일까?

많은 사람에게는, 신이 종교와 연결되어 있기 때문에 '위대한 힘'이라는 단어도 영적으로 사용될 수 있을 것 같다. 영적인 것이 꼭 종교적일 필요는 없지만, 영적인 동시에 종교적인 것일 수도 있으므로, '위대한 힘'이라는 단어는 더 넓은 집단을 포괄한다고 할 수 있다. 그들의 근원을 위대한 힘으로 일컫는 사람들도 많다. 그것을 사랑, 힘, 보호의 근원으로 부른다 해서 신을 믿지 않는다는 뜻은 아니다. '위대한 힘'이 신과 동일시될 수도 있을 것이다. 그것은 종교적인 신이 될 수도 있고, 모든 사람 혹은 종교를 갖지 않은 사람에게는 인간보다 더 위대한 힘을 뜻하는 것이 될 수도 있을 것이다.

오늘은 다른 사람에게 규명하는 방법보다 나의 믿음이 더 중요하다는 걸 믿자.

> **무엇보다도, 나 자신에게 진실해져라.**
> — 윌리엄 셰익스피어 —

당신의 집은 아름다운 가구와 근사한 식기, 예술작품, 대형 화면의 텔레비전, 최신 컴퓨터로 가득 차 있을지도 모른다. 옷장은 유행하는 패션으로 터질 듯하며 신발과 보석들도 풍성하게 갖춰져 있을지도 모른다. 눈에 보이는 것들이 마음에 들긴 하는데, 웬일인지 기분은 그리 좋지가 않다. 불쾌한 감정을 소지품과 연결시켜 생각하지 않을 수도 있지만, 더 자세히 들여다보면 거짓으로 살고 있다는 걸 깨닫게 된다. 우리가 보는 것은 그야말로 보이는 것일 뿐이다. 진짜 우리의 것이 아니다. 사실 우리에겐 그럴 여유가 없다. 우리 자신과 나머지 세상에 거짓말하며 살고 있는 것이다.

거짓으로 살아가는 건 버거운 짐이다. 신용카드로 물건을 사들이면서, 그 짐을 짊어지고 거짓으로 살아가는 데 너무 익숙해져버려서, 그 느낌을 식별할 수조차 없는 것이 현실인 것이다.

오늘은 신용카드로 구입한 물건이 사실은 무리한 행동이었음을 나 자신과 다른 사람에게 인정하자. 그렇게 해서 약간의 짐을 내려놓자.

> 공평하다는 것은 나 자신과 마찬가지로 다른 사람에게도
> 똑같은 기회와 권리를 주는 것이다.
>
> — W. 휘트먼 —

　습관적으로 인내심 많고 이해심 많은 베이비시터에게 한두 주씩 급료 지급을 늦추는 사람들이 있다. 두어 달 전에 점심식사 하러 나갔다가 직장 동료에게 빌린 5천 원을 여전히 갚지 않은 사람도 있을 수 있다. 이웃 사람이 대신 부담했던 골프 비용을 갚아주었던가? 아들이 깨뜨린 유리창 값을 물어주었던가? 형제자매에게 빌린 500만 원은 어떤가? 돌려줄 계획을 잡아놓고 있는가?

　비공식적인 빚은 보통 이자가 붙지 않는다. 무시해도 될 만한 빚으로 생각하곤 한다. 우리에게 돈을 빌려준 사람도 흔히 그 빚을 재촉하지 않는다. 괜스레 감정 상하기 싫거나 아니면 그것을 잊어버렸을 수도 있다. 하지만 이러한 빚도 다 빚이다. 친구들과 가족을 존중하여 돈을 갚아주어야 할 필요가 있다. 그러한 빚을 중요하지 않은 것처럼 생각하지 말자. 예의를 갖추어 빚을 갚아야 한다. 그럼 마음이 편안해지는 걸 느낄 수 있을 것이다.

　오늘은 모든 빚을 공평하게 대우하자.

## ·✦·050·✦·

인생이란 당신이 다른 계획을 세우느라 정신이 없을 때 일
어나는 일이다.

— 존 레넌 —

밤낮으로 빚에 얽매여 있을 때, 우리는 몽롱한 상태에서 살
아간다. 무엇이 오고 가는지 알지 못한다. 우리의 인생을 스쳐
보내면서 그 인생에 참여하지 않는다. 그저 반응만 보일 뿐이
다. 반응하는 방법만을 갖고 있을 뿐이다.

스트레스와 의심으로 가득한 나날도 우리의 인생에서 하루
하루를 차지하는 일부분이다. 그것을 더 많이 경험할수록, 그
경험으로 더 많이 배울수록, 즐거운 시간은 더 빨리 찾아온다.

오늘은 미리 대처할 수 있도록 기반을 다지자.

### ✦ 051 ✦

> **행동하지 않으면, 두려움이 우리를 배신자로 만든다.**
>
> — 레온 트로츠키 —

어떤 사람은 쓸데없는 두려움을 지닌 채로 인생을 살아간다. 그 결과 최소한의 생존을 위해 필요한 곳이 아니면 절대 돈을 쓰지 않는다. 작은 즐거움을 위해 돈을 쓰는 것조차 겁을 낸다. 고통스러워하기까지 한다. 누군가 큰돈을 던져주며 자신만을 위해서 그 돈을 쓰라고 한다면 아마 무엇을 해야 할지도 모를 것이다. 즐거움을 잊고 산다. 자신을 보살피는 방법도 잊어버린다. 그럼 박탈감과 궁핍함만을 느끼게 된다.

나 스스로는 책임감이 강하며 (어쩌면 지나치게) 성실한 것이라고 생각한다. 올바른 일을 하는 것으로 믿는다. 하지만 현실적으로 보면, 그것은 나 자신에게 돈의 흐름을 가로막고 있는 행동이다. 내어주지 않으면 얻는 것도 없다. 두려움을 기초로 한 행동은 마음에서 우러나오는 것이 아니다. 감정과 불확실성이 섞여 있는 자아에서 발생하는 것이다. 나 자신을 위해 올바른 선택을 하기 위해서는, 내면의 조용하고 작은 목소리에 귀 기울일 필요가 있다. 두려움은 그 목소리를 묻어버리는 성질을 지녔으니까.

오늘은 어렸을 때 가졌던 하나의 기쁨이나 꿈을 기억해보자. 그리고 내 인생에 다시 그것을 끌어낼 방법을 찾아보자.

> 지각은 강하고 시각은 약하다. 가까이에 있는 것처럼 멀리
> 있는 것을 바라보며 가까운 것을 먼 시각으로 바라보는 것
> 이 중요하다.
>
> — 미야모토 무사시 —

훈련으로 자기 자신을 박탈해버리는 사람들이 있다. 식사를 거르기로 결정하거나, 돈이 모일 때까지는 휴가를 가지 않는다. 너무 오랫동안 빚진 상태로 지내와서 자신을 보살피는 방법을 잊어버렸기 때문에 자신을 박탈하는 사람들도 있다. 밤에 외출 한 번 하지 않고 몇 달을 보내거나, 영양가 있는 음식에 돈을 쓰지 않고 10년 전에 입던 헌 옷만을 입고 다닌다. 스스로는 그것이 검소하고 절약하는 생활이라고 생각한다. 하지만 사실은 인생의 단순한 즐거움들을 놓치고 있는 경우이다.

훈련과 박탈 사이에는 미세한 경계선이 있다. 나 자신을 위해 돈을 쓰지 못할 때, 혹은 사지 못하는 것에 집착하며 생활하는 사람 모두에게 인생은 하염없이 스쳐 지나가고 있다. 균형 감각을 찾기 위해 노력해야 한다. 굳이 주말마다 외출하거나 새 옷으로 옷장을 가득 채울 필요는 없을 것이다. 하지만 내 돈으로 산 것들이 주는 기쁨과 즐거움의 감각을 잊어버렸을 때, 그 시기를 알아차릴 필요는 있다.

오늘은 균형 감각을 찾아보자.

> **취미는 사용하지 않으면 불안해질 수도 있는 재능을 발휘
> 하는 것이다. 성공을 위해 노력할 필요 없이 활동할 거리
> 를 제공해준다.**
>
> ─ 미하일 칙센트미하이 ─

　수년 동안 과소비하고 도박하고 술을 마시고 약물에 중독
되어 지내왔다. 쇼핑몰과 카지노, 술집, 혹은 길모퉁이에서 대
부분의 시간을 보냈다. 중독적인 욕구를 유지해 나가기 위해
돈 될 만한 구석을 찾아다니며 더 많은 시간을 보냈다. 중독된
습관의 치료에는 많은 시간이 요구된다. 그러므로 그것을 포기
할 만한 힘과 용기를 찾아냈을 때, 새로 생긴 시간을 다른 것으
로 대치할 만한 방법들이 있어야 한다.

　창조적으로 생각해보자. 과거의 흥밋거리들을 떠올려보라.
지금 내 마음을 끌어들일 만한 활동들을 생각해보라. 나의 회
복을 도와줄 만한 친구와 단체의 목록을 챙겨 갖고 다녀라. 예
전의 행태로 돌아가는 대신 지금 할 수 있는 50가지 일들을 적
어보라. 처음에는 새로운 행동들이 지루하게 느껴질 수도 있
다. 그래도 한번 시도해보라. 새롭고 긍정적인 행동으로 나의
시간을 가득 채우자.

　오늘은 때가 되면 나의 새로운 생활에 감사하게 되리라는
것을 알자.

> 모든 행동은 그와 똑같이 반사되는 에너지의 힘을 일으킨
> 다. 뿌린 대로 거둬들이는 법. 다른 사람에게 행복과 성공
> 을 가져다줄 수 있도록 행동했다면, 우리 업보의 결실은
> 행복과 성공이다. 카르마의 법칙은 이 우주에서 피해갈 수
> 있는 빚이 없다는 것을 말해준다.
>
> — 디팩 초프라 —

모든 사람은 뿌리는 대로 거둔다. 증오과 속임수의 씨를 뿌렸다면, 그와 똑같은 것을 거두기 위해 계획한 것이나 마찬가지다. 카르마적인 빚은 우리의 생각과 행동대로 똑같이 값을 치르게 된다는 의미이다.

현재의 상황에 반응하는 방법, 사람들을 대접하는 방법을 의식적으로 선택하라. 다른 사람이 우리에게 하길 바라는 그대로 행동하라.

오늘은 모든 사람을 존중하여 대접하자.

> 자아는 우리의 관심을 요구하며 끊임없이 잘못된 것에 초점을 맞추려 한다. 자아는 우리를 보호해주지 않는다. 우리가 제자리에 붙잡아두는 방법을 알지 못하면 도리어 우리를 지배하려 든다.
>
> — 아리스토텔레스 —

누군가 자기중심적이라고 생각되면 우리는 그 사람을 제 1의 요주의 인물로 바라보곤 한다. 자아가 강해질수록 진실한 욕구에 대한 보살핌이 줄어드는 것은 사실이다. 자아는 우리가 인생을 경험하면서 만들어낸 성격의 일부이다. 우리 스스로 너무 약해지지 않도록 보호하기 위해서 만들어놓은 방어막이다. 하지만 자아에 너무 많은 힘을 실어주면 결국 그것이 우리를 지배하게 된다.

현 상황을 모면하기 위해서만 무언가 하기로 결정한 적이 몇 번이나 되었을까? 너무 늙었다, 너무 피곤해, 너무 바보 같다, 너무 볼품없어, 이런 것은 자아가 지껄이는 말들이다. 자아가 우리를 압도하려고 애쓰는 짓이다. 자아는 우리의 진짜 모습인 영적인 내면이 강해지는 것을 바라지 않는다. 그렇게 되면 자아가 힘을 잃어버려서, 우리는 진짜 두려움과 의심에 직면해야만 할 것이기 때문이다.

자아를 잠잠하게 할 방법 한 가지는 훈련이다. 매일매일 작은 훈련을 되풀이하면서 연습해보자. 그렇게 자아를 침묵케 하고 나면 내면의 조용하고 작은 소리가 들리기 시작할 것이다.

오늘은 매일 연습할 만한 훈련을 선택해보자. 이불 개기, 몇 킬로미터씩 걷기, 지출 내용 기록하기 등등.

> **성공한 남자가 되려고 애쓰지 말고, 가치 있는 인간이 되기
> 위해 애써라.**
>
> — 윈스턴 처칠 —

빚이나 중독적인 성향에 너무 깊이 빠진 사람들은 꿈을 잊어
버린다. 당면한 문제에만 거의 온 정신을 집중시키면서, 인생에
서 진실로 살아가고 싶은 방법에 대해서는 생각지 않는다. 그러
다 어느 날 문득 아무런 목표도 없고(빚을 갚는 것 말고는), 미래에
대한 꿈도 없고, 무엇을 위해 일해야 하는지도 알 수 없다는 것을
깨달으며 깨어나게 된다.

꿈을 깨닫기 위해서는 우선 가치 기준부터 검토해보는 것이
좋다. 가치 기준이란 내가 가장 존중하고 귀하게 여기는 것, 계발
하고 싶은 개인적인 특질을 말한다. 나 자신을 보살피기, 건전한
인간관계 만들기, 훈련하기, 정직한 사람 되기, 전문적인 직업의
식 갖기, 경제적인 독립 등이 모두 여기에 포함될 수 있다. 가치
기준에 맞게 살아가면 나 자신에 대해서 기분이 좋아지며, 꿈도
이룰 수 있다.

가장 중요한 가치들을 결정하고 나면 원하는 인생을 만들어가
기 시작할 수 있다. 어떤 목표가 그런 가치와 잘 어울리는지 알 수
있을 것이다. 나의 가치 기준이 나의 목표, 곧 내 꿈의 기본이 된다.

오늘은 나의 가치 기준들을 적어놓고 중요한 것부터 순서를
매기자.

> **모두가 자신의 노래를 할 수 있도록 하라.**
> — 오스카 와일드 —

좌우명은 회사에서나 가정에서도 많이들 애용한다. 우리 자신에게도 그것을 이용할 수 있다. 좌우명은 인생을 살아가고 싶은 방법을 말하는 한 문장이다. 본인의 가치관이나 철학, 인생을 살아가면서 만들어보고 싶은 종합적인 노력을 반영한다. 개인적인 좌우명은 각자 가장 중요히 여기는 것들을 일깨워준다. 지속적으로 긍정적인 영향을 미쳐 목표를 이룰 수 있게끔 한다.

나 자신의 좌우명을 잘 생각해볼 필요가 있다. 단 몇 마디 안에 나에게 가장 중요한 것을 담아보자. 가장 갖고 싶은 것(경제적 독립, 건강한 인간관계), 가장 하고 싶은 것(세계여행, 자원봉사), 되고 싶은 모습(관대하고 진실한 인간이 되기, 혹은 빚에서 벗어나기 등등)을 생각해보자.

개인적인 좌우명을 생각할 때, 죽을 때 어떤 식으로 기억되고 싶은지를 고려하자.

> **목표란 마감 시한이 있는 꿈이다.**
>
> — 마야코프스키 —

사람에게는 원하는 것을 무엇이든 꿈꿀 수 있는 권리가 있다. 하지만 원하는 인생을 만들기 위해서는 목표를 갖는 것이 바람직하다. 목표가 우리를 그 꿈으로 이끌어줄 수 있다. 목표와 행동 단계들을 적어보는 것만으로도 현실 감각이 생겨난다. 그 목표를 진심으로 믿게 된다. 행동 단계들을 밟아나가면서, 그 목표가 가능하다고 확신하게 될 것이다. 목표를 향해서 꾸준히 노력할 수 있도록 스스로에게 용기를 북돋워줄 수 있을 것이다.

나의 가치 기준들을 점검함으로써 목표를 결정하라. 각각의 가치 기준마다 적어도 하나의 목표를 제안해보라. 가치 기준 중 하나가 경제적인 독립이라면, 당신의 목표 중 하나는 빚을 정리하는 것이 될 수도 있다. 그런 다음 목표를 이루기 위하여 필요한 단계들을 순서대로 적어보라. 달력이나 수첩에 행동 단계와 마감 시간을 적어놓자. 그리고 실천에 옮기자.

오늘은 최소한 세 가지 목표를 적어보자.

> **대발견을 위한 항해는 새로운 풍경 찾기가 아니라 새로운 시야 갖기다.**
>
> — 마르셀 프루스트 —

언젠가 강원도 여행을 갔지만 밀린 월세와 막막한 생계 걱정에 여행 내내 도무지 얼굴을 펴지 못했던 적이 있다. 그때 생각했다. '몸은 강원도에 있지만 마음은 헬 서울에 있으니 무슨 힐링이 되겠니, 바보야!'

어느 날 갑자기 지금의 모든 몸부림에서 벗어나고 싶을 때가 있다. 도망치고 싶다. 다른 곳에서 살면 이곳의 문제들이 다 사라질 것으로 상상한다. 다른 나라로 건너갈 수만 있다면 모든 상황이 나아질 것이라 생각한다.

이러한 '지리학적 치료'를 상상하는 사람은 소속감을 느끼지 못하기 때문일지 모른다. 자신의 자리를 찾아보고픈 소망이 마음속으로는 간절하다. 중요한 사람으로 인정받고 싶어한다. 현재의 사회에서 실패했다는 느낌이 들 때, 모든 것이 자신을 짓누르는 것 같을 때, 사람들이 자신에게 아무 반응도 없다고 생각할 때, 우리는 다른 곳으로 움직이고픈 충동을 경험한다.

상황이 힘들어질 때마다 이사를 다닌 사람이라면, 과연 무엇으로부터 도망치고 있는지 스스로에게 물어볼 필요가 있다. 바다를 건너 이동할 수는 있지만, 우리 자신에게서 도망칠 수는 없는 일이다. 어떤 사람이나 환경에서 도망치려는 것이 아니라, 느끼고 싶지 않은 감정에서 도망치려는 것이 진실이다. 아무리 여러 번 주변의 얼굴과 풍경을 바꾼다 해도, 스스로 똑바로 문제점을 직시할 때까지 변하는 것은 없을 것이다.

오늘은 내가 이곳에 속해 있음을 믿자.

대담해져라. 그리하면 막강한 대군의 도움을 받는 것이나
다름없다.

— 스티븐 킹 —

오랫동안 책임감 있게 경제 활동을 해왔던 사람이 있는가
하면, 또 어떤 이들은 언제나 그 책임을 대신해줄 사람이 있었
기 때문에 책임감을 내팽개치고 살았던 사람도 있다. 그런데
질병, 죽음, 이혼, 중독 상태 등 어떤 이유로든 간에, 갑자기 나
자신이 경제적인 리더 역할을 해야 할 경우에 처할 수 있다. 처
음으로 혹은 정말 오래간만에 자신이 가족의 돈에 관하여 지시
해야 한다는 것을 발견하게 된다. 물론 이것이 두렵게 느껴질
수는 있다. 앞으로 언제, 무슨 일이 닥칠지 어떻게 알겠는가?
지금 남아 있는 돈이 얼마나 될까? 어떻게 한 달을 견뎌나갈 수
있을까? 빈틈없는 예산안을 만들어야 할까? 은행 잔고를 확인
해야 할까?

누구든 가끔씩은 지도해야 할 위치에 서게 된다. 그리고 그
곳에서 재능과 결점과 진실을 발견할 수 있다. 두렵지만 짜릿
하고, 피곤하지만 의욕이 생기는 일이다. 한 번에 한 걸음씩만
나아가자. 실수할 수도 있다. 하지만 그 실수로 배울 수 있다.

오늘은 나 자신을 지도자로 생각하자.

> **우리 모두 상처 입을 수 있음을, 우리 모두 실패할 수 있음을, 누구든 이따금씩 실패하게 됨을 받아들여라.**
>
> — 알베르트 슈바이처 —

당신이 충동적 소비 성향이나 중독 성향 혹은 질병 등으로 치료받고 있는 중이라면, 가족의 다른 구성원이 일시적으로(영원히가 아니라면) 가정의 경제력을 감당해야만 할 것이다. 당신이 항상 가족의 경제를 책임져왔다가 용돈을 받아야 하는 처지가 되었다면 무기력하고 속상한 기분에 빠질 수도 있을 것이다.

하지만 다른 사람에게 경제력을 넘겨주는 편이 낫다는 사실을 받아들이는 것도 당신의 책임감을 증명하는 일부분이 될 수 있다. 시간을 갖고 돈과의 새로운 관계에 적응하자. 더 이상 빚과 소비 습관에 짓눌려 지내지 않아도 되는 자유를 즐겨보라. 그 시간과 에너지를 이용해서 긴장을 풀고 자신의 상처를 치유해보자.

오늘은 나를 따라가는 사람으로 생각하자.

**가장 큰 거짓말쟁이는 나 자신의 중독 습관이다.**

— 도쿠가와 이에야스 —

매주 똑같은 복권 숫자에 운을 걸어본다. 그 복권을 사지 않았을 때 그 숫자가 당첨된다면 도저히 참을 수 없을 것이기에 이젠 그만둘 수도 없다. 하지만 행운은 별로 따라주지 않는다! 가끔 몇천 원이 생길 때도 있지만 당첨될 확률이 희박하다는 것을 스스로 잘 알고 있다. 그러면서도 행운이 찾아올 거라는 데 집착한다. 언젠가 당첨될 거라는 희망을 갖고 있으면 기분이 좋아지지만, 복권을 사지 않으리라 생각하면 불행한 느낌이 든다. 혹시라도 그 숫자가 당첨될지도 모르니까 계속 사들이면 아직 기회는 남아 있다는 것이다.

당신은 그것이 최선의 논리라고 생각하겠지만, 그 최선의 논리가 점점 더 당신을 빚구덩이로 끌어들인다. 생각을 바꿀 필요가 있다. 복권 사기를 그만두라. 당첨 결과를 들여다보는 것도 그만두자. 텔레비전에 그런 내용이 나오면 얼른 다른 곳으로 자리를 피하라. 그럼 곧 그 숫자에 대해서도 잊어버리게 될 것이다.

오늘은 복권이 머니 게임인지 아니면 마인드 게임인지 나 자신에게 물어보자.

> **인간은 선하면서도 악하다, 인간은 약하면서도 강하다, 인
> 간은 현명하면서도 어리석다. 나 또한 마찬가지다.**
>
> — J. R. R. 톨킨 —

카지노를 빠져나올 때마다 사람들은 똑같은 죄책감과 수
치심과 공허감에 사로잡힌다. 소비 계획에 포함되어 있지 않
거나 경제적 여유가 없는 여행을 훌쩍 다녀오기도 한다. 미어
터질 것 같은 옷장에 또다시 새 옷을 걸어놓는다. 그 경험을 할
당시는 즐거웠을지라도, 이내 너무 많은 돈을 써버렸다는 걱정
과 불안감이 되돌아오고 만다. 매번 똑같은 생각과 똑같은 행
동을 경험하면서도, 웬일인지 매번 결과가 다를 것이라고 예상
한다. 이번만은 달라질 거라는 이상한 희망을 품고 있다.

나의 소비 패턴을 곰곰이 생각해보자. 초기에 그 패턴을 규
명해서 바로잡을 필요가 있다. 그런 행동이 반복될 경우 무슨
일이 벌어질지 잘 알고 있다는 점을 인정하자. 그리고 다른 행
동, 즉 정반대의 행동을 하자. 또한 '위대한 힘'에게 나를 이끌
어달라고 기도하자.

오늘은 불건전한 소비 패턴에 따르고 싶어지면, 평소에 하
던 것과 정반대가 되는 행동을 고려해보자.

## ⋅◦064◦⋅

> 집착은 환상이 만들어낸 거짓이다. 초연해져야만 현실 감
> 각에 도달할 수 있다.
>
> — 메리 셸리 —

초연함, 그냥 내버려두는 것은 '위대한 힘'의 의지를 우리
삶에 흐르도록 허락하는 것이다. 욕망이 있을 때 우리는 곧장
그것에 관심을 집중시키는 경향이 있다. 기도하고 명상하며 그
관심을 풀어줘라. 그런 다음 긴장을 풀고 하루하루를 즐겨라.
모든 일이 되어가야 하는 대로 될 것임을 받아들여라. '위대한
힘'이 알아서 처리할 것이라 믿고 초연해져라.

이런 확신을 가지면, 자신과 다른 사람에게 더 많은 문제를
일으키지 않을 수 있다. '위대한 힘'이 할 일을 할 것이기 때문에
결과에 대해서도 경직된 해석을 하지 않게 된다. 우리에게 닥치
는 어떤 경험에도 마음을 열어놓아야 한다. 원하던 결과가 나타
나지 않더라도, 괜찮다고 생각하는 여유를 갖자. '위대한 힘'이
우리를 위해 더 나은 계획을 지녔으리라 믿자. 불확실성에 마음
을 열어놓고, 그 불확실성에서 위로와 기쁨을 찾아보자.

오늘은 나의 꿈들에 대해서 마지막 결말을 그리지 말자. 초
안만 잡아놓고, 생길 수도 있는 변화에 열린 마음을 갖자.

> 진정한 믿음은 믿음을 능가한다. 믿음으로 결정되지 않는 진
> 실, 하지만 믿음을 결정하는 그것을 믿는 것이다.
>
> — 아우구스티누스 —

배우자의 도박, 과소비나 술주정을 멈추게 해달라고 기도하지만, 일시적인 효과만 나타날 뿐이다. 행복한 결혼 생활을 하게 해달라고 기도하지만, 거의 매일 싸움만 벌인다. 이게 다 뭐야, 스스로 질문하게 된다. 정작 필요로 할 때 그 '위대한 힘'이라는 것은 대체 어디에 있단 말인가? 왜 내 기도를 듣고 대답해주지 않는 것인가?

그 '위대한 힘'은 우리에게 진실을 보여주고 가르쳐주려 한다. 자식을 사랑하는 부모는 아이가 원한다고 해서 도로 한가운데에 어린아이를 내버려두지 않는다. 위험한 도로에서 행복하게 노는 것보다 안전한 집 뒷마당에서 불행하게 노는 것이 더 낫다는 것을 알기 때문에, 발길질해대며 울부짖는 아이를 집으로 데리고 돌아간다.

우리의 '위대한 힘'도 마찬가지다. 그는 우리의 상황을 우리가 좋아할지에 대해 걱정하지 않는다. 우리 내면에 행복해질 방법이 있음을 알고 있다. 그는 우리의 감정에 대해서 책임감을 느낄 이유도 없다. 그저 우리에게 진실을 가르치려 노력한다. 그 진실을 거부하기 때문에, 우리에게 중독적이고 불필요한 고통이 오는 것이다.

오늘은 '위대한 힘'이 응답하지 않는다고 원망하기보다, 스스로 진실을 찾아보자.

**변화만이 발전을 가져온다.**

— 니콜라이 부하린 —

당신을 조종하고 비난하고 판단하고 비판하고 또 당신을 배신하는 사람들이 있을 수 있다. 때때로 이러한 가해가 분명히 드러나기도 하고, 때로는 교묘하게 위장되기도 한다. 이런 유형의 사람들은 당신에게 그야말로 해로운 인물들이다. 그 사람들로 인한 스트레스가 신체적인 피해까지 일으켜 감기, 궤양, 위경련, 암, 혹은 심장병까지 걸리게 되는 경우도 있다. 감정적으로는 더 이상 감정이란 게 없는 것처럼 느껴진다. 모든 느낌들이 마비되어 버린다. 그럼 살아남기 위해서 당신은 뒤로 물러나 고립될 수밖에 없다. 당신에게 가장 부정적인 영향을 미치는 장본인이 사랑과 도움을 기대했던 바로 그 사람들 — 배우자, 부모, 형제자매, 자녀들이라면 문제는 더욱 심각해진다.

가장 중요한 것은 당신 자신을 보살피는 일이다. 분명하고 솔직하게, 직접적으로 당신 인생의 독소들에게 그들의 행동 때문에 당신이 어떤 기분에 빠져버렸는지 알려줘라. 그들이 변하려 하지 않으면 당신이 변하라. 당신의 대응 양식을 변화시켜라. 그 관계를 끝내는 것도 심각하게 고려해볼 만하다. 그들과의 관계를 끝장낸 후 시간이 지나면, 크나큰 자유와 안도감을 느낄 수 있을 것이다.

오늘은 해로운 인물과 멀어짐으로써 진짜 나의 모습을 누릴 수 있다는 걸 믿자.

## ✦ 067 ✦

**나 자신에 대한 연민이 그 무엇보다 강력한 치료책이다.**

— 무함마드 루미 —

빚 문제에 대해서 스스로 어떻게 반응하고 있는가? 어떻게 해야 배우자에게 경제적 문제에 대한 관심을 유발시킬 수 있을까? 어떻게 하면 다른 결과를 얻어낼까? 스스로를 비난하며 욕할지도 모른다. 배우자에게 고함치고 소리 지를 수도 있다. 그런 반응들이 나타날 수 있지만, 대개는 필요한 반응들이 아니라는 게 문제다.

모든 사람이 명예롭고 존경스럽게, 또 많은 경우에 관대하게 반응한다고 생각해보자. 우리가 스스로를 경의와 존경으로 대하고 잘 대접해주면, 변화를 향한 가장 최적의 마음 상태가 성립된다. 자신감을 느끼며 스스로의 능력을 믿게 된다. 다른 사람에게도 똑같은 논리가 적용된다. 경의와 존경으로 대하고 아량을 베풀면, 다른 사람에게도 애정이 일어날 것이다. 그들을 변화할 수 있는 최적의 상태로 이끌 수 있다.

오늘은 연민을 보이자.

빛 갚고 빛 찾는 ✦ 마인드로드맵 365   Feat. 인생명언

> 앞으로 올 24시간은 기존의 다른 시간들과 다르다. 우리는
> 어제와 똑같은 인물이 아니다.
>
> — 알베르 카뮈 —

우리는 대개 하루의 일상을 속속들이 알고 있으며 그 규칙
대로 움직인다. 무슨 일을 하는지 거의 의식하지도 못한 채 이
리저리 뛰어다닌다. 그 생활 속에서 새로운 하루가 제공하는
신비는 어디론가 사라지고 만다.

뜻밖의 일을 기대해보자. 우리는 하루 일상이 흘러가는 방
식(규칙)을 안다고 생각하지만 사실은 그렇지 않다. 무슨 일이
든 일어날 수 있다. 1분, 아니 단 1초 만에도 인생의 변화가 일
어날 수 있다. 때로는 커다란 일, 때로는 자그마한 일들이 벌어
진다. 이야기를 전개시키기 위해 하나하나의 대사가 필요한 드
라마 각본처럼, 우리의 하루하루에도 성장과 놀라움의 기회가
존재한다.

오늘은 기적을 기대해보자.

> **인생에서 가장 힘든 일은 건널 수 있는 다리와 끊어진 다리를 구별하는 것이다.**
>
> — 버트런드 러셀 —

새로운 행동을 시작할 때, 우리는 낯선 지대로 돌입하게 된다. 다음 단계를 알지 못할뿐더러 익숙하지 않은 역할을 감당하는 것이 편하지가 않다. 결정하려 애쓰는 것은 분명 스트레스를 동반하며, 새로운 도전에 맞서려는 시도 자체가 엄청난 두려움일 수 있다.

앞을 바라보자. 예를 들어 지금 세 들어 있는 집을 구입한다면, 자신의 인생에 책임지고 있는 사람처럼, 자신의 이익을 가장 잘 알고 있는 사람처럼, 앞으로 전진하는 사람처럼 느껴지며, 그런 식으로 자신을 바라볼 수 있을 것이다. 계속 세 들어 산다면, 집을 살 여유가 없다는 점에 신음하고 낙담하면서 무기력하게 자신을 바라보게 될지도 모른다. 자신이 원하는 미래를 염두에 두자.

오늘은 내가 원하는 미래를 향해 나아가고 있는 것인지 생각하자.

> **우리가 사랑하는 곳이 곧 집이다.**
>
> — 플로렌스 나이팅게일 —

지금 일시적인 방랑 상태에 있다면 정착하고 싶은 마음이 생기지 않을 수도 있다. 새로운 도시로 발령이 났거나, 얼마 전에 이혼을 했거나, 처음으로 시골 혹은 도시 생활을 경험하는 중이거나 등등 조만간 그곳을 떠날 수도 있는 상황이라면, 집을 장만하고 싶지 않을 것이다. 그럼 그냥 빌려 쓰는 쪽을 선택하게 된다.

집을 빌려 쓰는 것이 많은 사람에게 합리적인 판단일 수 있다. 하지만 적어도 5년 정도 한곳에 머물러 살 생각이라면, 단독주택이나 아파트를 사고 싶은 마음이 생긴다. 생활하는 집으로서만 의미 있는 게 아니라 투자의 의미도 지닌 집인 것이다. 처음으로 집을 사거나, 혼자서 아이를 키우는 입장이거나, 소득 수준이 낮은 경우라면, 정부가 운영하는 대출 프로그램을 알아보는 것도 현명한 방법이다.

오늘은 집을 빌리는 것과 소유하는 것의 이득을 가늠해보자. 그리고 나에게 맞는 대출 프로그램이 있는지 알아보자.

## ◦ 071 ◦

**진실로 안다는 것은 자신의 무지無知의 정도를 아는 것이다.**

― 공자 ―

당신이 만약 이별이나 이혼을 생각하고 있는 중이라면, 경제적 미래에 대해서 현명한 판단을 내릴 수 있도록 혼란스런 감정을 배제할 필요가 있다. 예를 들어, 이혼 절차를 밟아가는 동안 배우자 때문에 빚진 돈을 계속 물어야 하는 상황이라면, 되도록 그 과정을 빠르게 처리하는 편이 낫다.

법은 종류도 많고 참으로 다양하다. 집을 박차고 나오거나 이혼 서류에 도장을 찍기 전에, 당신의 상황에 적용될 수 있는 법률을 확인해둬라. 경제적으로 그 행동이 당신 자신에게 어떤 결과를 유도할 것인지 정확히 인식할 필요가 있다.

오늘은 나의 경제적 미래를 생각하는 것이 중요하다는 사실을 알자. 감정적인 혼란 상태일 때는 특히 더 중요하다.

빛 잡고 빛 찾는 ◆ 마인드로드맵 365　Feat. 인생명언

> 충고는 하늘에서 내리는 눈과 같다. 부드럽게 내릴수록 더
> 오래 머무르며 더 깊이 마음속에 스며든다.
>
> — 새뮤얼 테일러 콜리지 —

이혼하려 할 때 사람들은 앞으로 어떻게 되든 상관없다고 말하기도 한다. 단지 그 관계에서 벗어나고 싶을 뿐이다. 지금 당장 말이다. 무언가를 요구하거나, 혹은 배우자의 요구 사항에 따라주지 않으면 신체적 위험이 닥칠까 봐 두려워질지 모른다. 돈 한 푼 없이 법정에서 끌려나오게 될까 봐 겁이 날 수도 있다. 아니면 반대로 그 배우자를 빈털터리로 만들기 위해 이혼하고 싶을 수도 있다.

우선 안전을 마음에 새기고 전쟁터를 고를 필요가 있다. 상황이 심각하다면, 두려움과 분노, 혹은 혼란을 느낄 수도 있을 것이다. 이 순간 중요한 것이 무엇인지 알아야 한다. 하지만 그와 동시에 자신의 미래에도 관심을 기울여야 한다. 공평한 결정, 자신에게 최선이 되는 결정을 내려야 한다. 친구나 전문가(상담원, 변호사, 회계사) 등과 의논한 후에 싸움터(법정)로 나아가는 것이 유익하다. 그 점을 아는 것이 현명하다.

오늘은 충고와 조언에 귀를 기울이자.

나의 신이여, 나의 왕이여, 당신에게 보이는 모든 것으로
나를 가르치소서, 그리고 당신을 위해 일할 수 있도록 나
의 모든 행동을 가르치소서.

— 마르틴 루터 —

무의식적으로 다른 사람이 자신에게 행복을 가져다주기
를, 다른 사람이 자신의 꿈을 현실로 이루어주기를, 자신에 대
한 느낌을 좋게 만들어주기를 기대하면서 인생을 살아가는 사
람들이 있다. 무엇 하나 잘 되어가는 일이 없는 것 같으면, 외
부적인 지원이 없었다고 원망한다. 자신이 진지한 관계를 이루
지 못했거나, 직장을 좋아하지 않았거나, 사업에 투자할 돈이
없었다는 것은 생각지도 않고.

시각을 바꾸면, 내가 나 자신의 행복과 꿈과 느낌들을 책임
진다는 것을 믿고 또 알고 있을 때 힘이 샘솟는다. 애초에 존재
하지 않았거나 믿을 수도 없었던 다른 사람에게 더 이상 짐을
지울 필요가 없다. 지금까지는 그 힘을 다른 사람에게 내주었
지만, 이제 돌려받을 때가 되었다. 이제 나 자신이 선택하고 그
선택에 책임감을 갖고, 나의 의견을 가치 있게 여기고, 나의 지
성을 존중해야 할 때가 되었다.

오늘은 경제적으로나 다른 면으로나 내가 모든 일을 해낼
수 있다는 믿음을 갖자.

> **관계는 그 안에 속한 사람보다 더 건전하지 못하다.**
>
> — 마르쿠스 아우렐리우스 —

나쁜 습관(술, 도박, 약물 중독, 과소비) 때문에 질려서 어떤 사람 곁을 떠났으면서 똑같은 습관을 지닌 다른 사람에게로 되돌아가는 사람들이 있다. 그러면서 왜 여전히 예전의 실수에서 깨우치지 못했을까를 알 수 없어한다.

불행한 경험을 통하여 배우고 성장하지 못한 사람은 항상 배워야 할 필요가 있는 것을 가르쳐줄 사람을 찾아다니게 된다. 힘겨운 방식으로 그 교훈을 배우려고 스스로 선택한다고나 할까. 이전의 그 사람을 비난하고 원망하고 불평하는 대신, 나 자신의 행동을 살펴보라. 왜 그런 타입의 사람들에게 이끌리는가? 나에게 어떤 부족한 부분을 느끼기 때문일까? 그 사람이 채워주길 바랐던 나의 공백은 무엇이었을까?

그 공백을 깨달아 그곳을 자신에 대한 사랑으로 가득 채워라. 다른 사람에게 채워주길 바라는 공백이 없어졌으면, 하나의 인간으로 완벽해졌다는 느낌이 드는 지점에 이른 것이다. 그런 후에는 상대방 또한 온전하게 자신을 바라볼 줄 아는 사람에게 마음이 끌리게 된다.

주고받는 능력을 지니고서 사람을 만나자. 물론 여전히 배워야 할 교훈들이 있을 테지만, 예전처럼 힘든 방식은 아닐 것이다. 애정 깊은 관계의 위로를 받으며 배우게 될 것이다.

오늘은 이혼이나 이별을 경험한 후 새로운 관계를 맺기 전에 최소한 1, 2년 정도 기다리는 것이 가치 있음을 알자.

> **채무자의 감옥은 없다.**
>
> — 데일 카네기 —

빚을 졌을 때 멜로드라마 한 편을 쓰려는 사람들이 있다. 세상의 종말이 닥친 것처럼 생각하고 행동하는 사람들이 바로 그렇다. 친구나 가족이 절대 다시는 자기를 받아주지 않을 것이고 영원히 수치심에 살아가야 할 것 같은 절망에 빠진다.

당신은 빚쟁이한테 고소를 당할 수도 있고 고리대금업자가 당신의 팔 하나를 부러뜨릴 수도 있고, 터무니없이 높은 이자를 감당해야 할지도 모른다. 하지만 빚을 갚지 않았다고 해서 평생 감옥에 갇혔다가 죽는 경우는 없다. 세상이 떠들썩하게 불명예를 짊어질 필요도 없다. 사실, 빚을 진 상태는 예외라기보다는 평범에 더 가깝다.

오늘은 빚을 진 것이 세상의 종말이 아님을 받아들이자.

> 어떤 상황에 놓이더라도 삶에 대한 태도만큼은 스스로 선
> 택할 수 있는 자유에 속한다.
>
> — 빅터 프랭클 —

　살아가면서 작은 우연의 일치를 경험하는 순간들이 있다. 차가 고장 나는 바람에 자동차 정비소에 갔는데 그곳에서 오래전 학교 동창과 마주친다거나, 누군가를 생각하고 있었는데 바로 그 사람에게 전화가 온다거나, 어떤 질문 하나가 머릿속을 괴롭히고 있었는데 바로 옆에서 혹은 버스 정류장에 서 있는 낯선 사람 입에서 그 해답이 들려오는 경우도 있다. 이러한 뜻밖의 우연은 우리를 놀라게 한다.

　인생에서 그런 뜻밖의 우연이 많은 사람일수록 더 많이 영적으로 연결된다는 것을 알아야 한다. 새삼 주의 깊게 인식하며 초연해질 수 있다. 끊임없이 질문에 해답을 구하고 필요로 하는 바로 그 순간에 함께 있어야 할 사람들과 만난다. 그보다 더 잘 계획할 수 없을 정도로 상황이 잘 풀려나간다. 이러한 뜻밖의 우연은 우주 만물의 이치로 우리가 해답을 얻고 꿈을 이루어가고 있음을 보여주는 신호이다. 그럼 인생은 신비를 풀어가는 과정이 된다.

## 길이 갑자기 굽어지는 곳에서는 짧은 보폭을 취하라.

— 틱낫한 —

'난 전혀 여윳돈이 없을 팔자인가 봐' 하고 생각될 때가 있다. 예를 들어 할인 쿠폰을 사용하고 식료품 가게에서 싸구려 물건만 고른 후에 만 원 벌었다고 자랑스러워하며 집으로 돌아온다. 그런데 우편함에 3만 원짜리 독촉장이 들어 있는 걸 발견했을 때… 일정한 돈 이상은 갖지 못할 팔자라는 느낌이 들 수도 있다. 태어날 때 '위대한 힘'이 나의 이마에 천 원짜리 한 장만 달랑 붙여주었고 평생 그 정도 돈만 만져볼 수 있을 것 같다는 생각이 들기 시작한다.

풍요는 어디에든 널려 있다. 누구든 남들과 똑같이 풍요를 누릴 자격이 있다. 원하기만 한다면 우리도 그것을 손에 넣을 수 있다. 돈에 대한 우리의 태도와 믿음, 충분한 돈이 생기지 않을 거라는 두려움들을 점검해보자. 두려움이 없다면(진심으로 매일매일 모든 면에서 우리의 필요가 충족되리라 믿는다면) 풍요가 눈 앞에 보이고 그 풍요를 직접 느끼게 될 것이다. 이것은 곧, 우리가 만들었던 장애물, 우리에게 돈이 흘러들어오는 것을 방해했던 장애물을 치우는 것이다.

오늘은 구하는 자에게 풍요가 있다는 것을 인식하고 그 자유를 느껴보자.

## ◆078◆

**밖으로 나가는 최선의 방법은 통과하는 것이다.**

— 로버트 프로스트 —

외롭고 권태롭고 의기소침해진다. 기분을 바꾸고 싶다. 기분을 북돋워줄 만한 새로운 물건을 사기로 한다. 쇼핑이나 여행을 가고 혹은 유흥비로 펑펑 돈을 써댄다. 돈이(혹은 신용카드가) 기분을 바꿔주는 물질이 된다. 하지만 술이나 마약처럼, 그 효과가 떨어지고 나면 기분도 곤두박질친다. 전에 있던 그 자리로 되돌아온다. 그 느낌들을 털어낸 것이 아니라, 일시적으로 감정을 마비시켰던 것뿐이기 때문이다.

기분을 돋우는 최선의 방법은 그 기분을 마비시키거나 묻어버리지 말고 그 감정을 받아들이는 것이다. 돌아가려 하지 말고 정면으로 통과하여, 그 감정들을 느끼는 것이다. 의지가 되는 사람들에게 얘기함으로써 걱정을 털어버릴 수도 있다. 영성의 근본으로 돌아가 자신과 다른 사람과 '위대한 힘'과의 관계를 되짚어볼 수도 있다.

오늘은 문제의 핵심을 파고들자.

> **당신이 할 수 있다고 생각하거나 할 수 없다고 생각하거나, 당신의 그 생각이 맞다.**
>
> — 핸리 포드 —

대개 그 일을 할 수 없다고 생각하면 정말로 그 일을 할 수가 없다. 그 일을 할 능력이 없어서가 아니라 자신이 할 수 없다고 생각하기 때문이다. 무언가를 생각하고 믿으면서 사람은 믿는 바대로 살아가려는 경향이 있다. 자신을 실패자로 생각한다. 아무도 날 좋아하지 않아. 난 집안의 수치야. 그런 생각을 하면 무의식적으로 그와 똑같은 위치에 자신을 가둬두는 선택을 하게 된다. 직업적으로나 경제적으로 전진하기 시작할 때면, 더 패배적인 선택을 감행하여 고의적으로 그 발전을 방해하기까지 한다.

왜 이렇게 자신을 비하하는지 생각해보자. 다른 사람들이 날 어떻게 대접하든 간에, 나는 '위대한 힘'의 창조물이다. 그 '위대한 힘'은 무언가를 이루라고 이 세상에 나를 보냈다. 내 안에 낱알만한 장점이 하나라도 있을 터이니 그 장점을 찾아보자. 크든 작든 나의 장점을 강조하자. 매일매일 내가 이 지구에 가져왔을 단 한 가지 좋은 자질을 되새겨보자. 매일매일 사랑할 만한 존재라고 나 스스로에게 말해주자.

오늘은 하늘이 보낸 존재가 바로 나라는 것을 알자.

> **전구를 발명하는 과정에서 난 천 번의 실수를 한 것이 아니라 단지 천 개의 단계를 밟았을 뿐이다.**
>
> — 토머스 에디슨 —

어떤 사람들은 변화를 두려워한다. 실패할까 봐, 상처 입을까 봐, 잘못된 일일까 봐 겁을 집어먹는다. 빚에서 벗어나기 위해 무언가 다른 행동이 필요하다는 걸 알면서도, 정확히 어떤 행동을 해야 할지 모른다. 그 두려워하는 변화가 통장을 정리해서 잔고를 확인하기로 결정하는 것 같은 작은 일일 수도 있고 혹은 배우자와 계속 살아가야 할지 결정하는 일 같은 큰 문제일 수도 있다.

발명가들이 발명을 생각하는 방식처럼 변화를 바라보자. 하나의 과정으로서 말이다. 시도와 실수를 경험하는 것으로 족하다. 무언가를 시도해본다. 그것이 효과를 나타내지 않으면 적어도 '이건 안 되는구나' 하는 것을 배우게 된다. 그럼 또 다른 방식으로 시도해보자. A지점에서 B지점으로 가기까지 한참의 시간이 걸릴 수도 있다. 하지만 그것도 괜찮다. 실수를 하고 있을 때라도, 우리는 전진하고 있는 것이다.

오늘은 완벽이 아닌 전진을 목표로 삼자.

> 이상주의는 좋다. 하지만 현실로 접근하기까지는 엄청난 대가가 따른다.
>
> — 헤르베르트 마르쿠제 —

이상적인 소비 계획을 수립한 후, 그 그림 속에 당신의 빚과 수입을 적어넣어 현실과 맞춰나가라. 기본적인 욕구에 대해서는 확실하게 충족시켜줄 필요가 있다. 그 욕구가 따뜻한 날씨를 찾아 매년 여행을 떠나고 싶은 것일 수도 있다. 이상적인 소비 계획이 바하마로 떠나는 것이라면, 현실적인 소비 계획에서는 남부 지방을 향한 도로 여행으로 축소시켜라. 현실적인 소비 계획에는 저축도 포함되어 있어야 한다. 크고 작은 물품들을 구입할 때는 모두 현금으로 지불하라. 일단 기본적인 욕구를 충족시키고 나면 빚을 갚는 데 쓸 수 있는 잔액이 드러날 것이다. 상황이 여의치 않을 경우 대출 기간을 늘려 다달이 갚아나가는 액수를 줄여달라고 채권자와 협상할 수도 있다.

만약 여유 금액이 남지 않는다면, 그 현실적인 소비 계획을 기초로 해서 월급을 올려달라고 요구해보거나 새로운 일자리를 찾아나서야 하는 해결 방안을 생각하게 될 것이다. 기본적인 욕구를 충족시키는 것이 중요한 이유는, 그것마저 만족이 되지 않으면 예전의 계획 없는 소비 패턴으로 돌아가기 쉽기 때문이다.

오늘은 더 이상 빚지지 않고도 나의 욕구를 충족시킬 수 있다는 걸 생각하며 힘을 내자.

> 다른 사람보다 부자가 되고 싶다는 생각에는 한 가지 심각
> 한 약점이 있다. 돈이 없을 때는 그것이 가치 있는 목표인
> 것만 같지만 돈을 벌고 나면 다른 것들이 얼마나 중요한지
> 알게 될 것이다. 지금껏 항상 그런 식이었다.
>
> — 로버트 케네디 —

　　많은 사람들은 돈에 대한 개념에 혼란을 느낀다. 진심으로 부자가 되는 것을 혐오하는 사람들도 있다. 그것을 탐욕과 부정직의 결과로 판단한다. 아니면 행동에 제약을 가하고 우리 대신 우리의 인생을 결정하는 소비 계획에 따라야 한다는 것에 혐오감을 느끼는 사람도 있다.

　　마음속에 최종 목표를 간직해둬라. 최종 목표는 부자가 되는 것도 아니고, 희생하는 것도 아니다. 우리 스스로(빚이 아니라) 인생의 살아가는 방식을 결정할 수 있도록 빚에서 벗어나는 것이 최종 목표이다.

　　오늘은 빚에서 벗어남으로써 힘이 생긴다는 것을 알자.

신도 이 우주도, 당신이 은행에 2천 달러 50센트 빚졌다고
해서 당신의 영혼이 2등급으로 낮아지고 권리도 박탈되었
다고 말한 적은 없다.

— 오프라 윈프리 —

빚을 갚으려 노력할 때, 우리는 신용카드 회사든 고리대금
업자든 채권자들을 위해 살아간다. 우리가 생각하는 것은 그들
에게 돈을 갚는 방법뿐이다. 남는 돈을 모조리 그들에게 갖다
바친다. 자신의 즐거움을 위해 돈을 쓰려 하면 죄책감부터 느
낀다. 채권자를 위해 혹은 집을 위해서 살아가는 동안, 우리의
인생이 휙휙 스쳐 지나가고 있다. 낮 시간을 즐기지 못하고, 밤
시간조차 뜬눈으로 지새운다.

물론 채권자에게 돈을 갚아야 할 책임과 의무가 있는 것은
사실이다. 하지만 그들에게 영혼마저 차압당한 사람처럼 행동
할 필요는 없다. 모든 행동을 할 때마다 채권자들을 염두에 둘
필요가 없다는 뜻이다.

오늘은 책임과 구속이 다르다는 점을 받아들이자.

> 나의 문제와 감정에 대한 책임을 다른 무언가에 전가시킨
> 다면 그것은 자기 스스로 변화시킬 수 있는 힘을 내주는 행
> 위와 같다. 자신의 힘으로 다룰 수 없는 무언가나 다른 누
> 구에게 자신의 행복을 의지하는 것은 자기 자신에게 무기
> 력감, 상처, 분노를 전달하는 행위이다.
>
> — 에릭 에릭슨 —

　　자신의 감정을 다른 사람의 탓으로 돌릴 때, 나는 다른 사람에게 힘을 내주고 있는 것이 된다. 사실 상처 입고, 분노하고, 슬퍼하거나 행복해하고 혹은 결핍된 느낌을 갖기로 결정했던 것은 바로 나 자신이었다. 그리고 그러한 나의 결정은 나의 마음에 근거한 것이다.

　　무언가나 누군가에 대한 나의 감정을 변화시키려면 우선 내 진짜 마음부터 살펴야 한다. 사실은 마음속으로 빚을 졌기 때문에 자신을 못난 사람이라고 믿고 있었는지도 모른다. 저녁 식사 시간에 빚쟁이들이 찾아와 괴롭힐 때, 수치심과 분노를 느끼며 그런 감정을 느끼게 한 그들에게 원망을 퍼붓는다. 하지만 스스로에게 한번 물어보라. 과연 빚을 졌다는 것이 못난 인간이라는 증거가 될까? 다른 면에서는 나도 꽤 괜찮은 사람이다. 부모로서, 배우자로서, 친구로서, 혹은 회사 직원으로서. 또한 내가 나 자신에게 기대하는 바도 남들 못지않다.

다른 누구도 아닌 나 자신이 나의 감정을 결정한다. 그 결정은 나의 마음을 기초로 한다. 그 마음이 논리적인 것인지 질문해보라. 감정을 변화시키는 힘을 다른 사람에게 내주지 말고 나 자신이 소유하자.

오늘은 내가 내 감정의 주인이 되자.

> **인터넷이 너무 거대하고 강력하고 무의미하기 때문에 어떤 사람에게는 인생의 완벽한 대체물이 되기도 한다.**
>
> – 빌 게이츠 –

인터넷은 과소비하는 사람과 도박꾼에게 완전히 새로운 지평을 열어주었다. 쉽고 편리하다. 쇼핑을 즐기든, 주식 투자를 하든, 경마에 내기를 걸든 다른 사람에게 알려질 리가 없다. 집 밖으로 나가지 않아도 되기 때문이다. 그냥 컴퓨터 전원을 켜고 로그온을 하기만 하면 된다. 그것은 중독적인 습관을 숨길 수 있는 확실한 방법이기도 하다. 물론 청구서가 도착하기 전까지만 말이다.

그런 인터넷을 실수하기 쉬운 장소로 생각하라. 예전에도 인터넷 없이 살아왔으니 지금이라고 살지 못할 이유는 없다.

오늘은 나의 인터넷 사용이 기본적인 욕구인지 실수하기 쉬운 장소에 빠져드는 것인지 판단하자.

> 비평가는 영적인 고향이 없는 생명체이다. 그리고 결코 영
> 적인 고향을 추구하지도 말아야 한다.
>
> – 안톤 체호프 –

다른 사람들이 어떻게 행동해야 하는지 어떻게 살아야 하
는지 판단하기란 아주 쉽다. 그리고 그런 생각을 할 때, 우리는
흔히 '꼭 해야만 해', '해서는 절대 안 돼' 등의 꽤나 거칠고 경직
된 단어를 사용하곤 한다. '카지노에 가지 말았어야 했어.' '반
드시 월급이 더 많은 직장을 찾아야만 해.' 다른 누구보다 또는
신보다도 자신이 옳고 그른 것을 가장 잘 알고 있는 것처럼 말
한다.

사람을 판단하기보다는 관찰하는 쪽을 택하라. 다른 사람
의 행동과 상황에 대해 언급할 수는 있다. 그 사람은 오늘 카지
노에 갔다 왔다, 그 사람은 적은 급여를 받고 있다 등등. 하지
만 우리가 무슨 자격으로 그들을 판단하겠는가? 지금의 모든
것을 예정된 것으로 믿는다면, 그 상황에 대해 대처할 사람도
바로 그 사람뿐이라는 것을 알아야 한다.

오늘은 다른 사람을 내 기준으로 판단하지 말자.

# ✦087✦

> 대답을 들음으로써 그 사람이 영리한지 알 수 있다. 질문
> 을 들음으로써 그 사람이 현명한지 알 수 있다.
>
> — 팔레스타인 격언 —

지금은 빚에서 벗어나고자 하는 것밖에 바라는 게 없다. 원하는 것을 무엇 하나 살 수 없다 해도 상관없다. 이 시점에서 바라는 것은 빚을 갚느라 허덕이지 않는 것과 낮은 이자의 신용카드를 발급받는 것, 이 혼란에서 빠져나갈 방법을 찾는 것뿐이다. 빚을 다 처리해버리고 싶다. 그것도 지금 당장 처리하고 싶다.

절망적인 심정에 빠지면, 더 깊은 빚의 수렁에 빠져드는 성급한 결론에 이를 수가 있다. 예를 들어, 연금에 넣어둔 돈을 빼 쓰고 싶은 충동을 느끼게 될지도 모른다. 약간의 불이익이나 세금 정도는 감당하리라 생각한다. 지금은 당장 빚을 갚아버리고 싶은 마음뿐이다. 그런데 결국 연금의 상당량 혹은 그 전부를 어마어마한 세금으로 내고 마는 것으로 끝나고 만다.

성급한 결론을 내리기 전에, 믿을 만한 무료 상담소나 금융 전문가를 찾아가보는 것이 현명하다. 전문가들과 함께 현재의 상황과 자신의 목표에 대해서 의논하라. 그리고 이성적으로 귀를 기울여라.

오늘은 인내심의 안내를 받자.

> '무슨 일이 벌어질 것인가'와 '진짜 무슨 일이 벌어지는가'
> 에 대한 우리의 인식은 전혀 다른 별개이다.
>
> — 무명씨 —

카지노에서 대접받는 것이 즐겁다. 그곳의 직원들이 모두 당신의 이름을 알고 있으며, 당신이 손가락만 한 번 튕겨도 곧장 굽신거리며 달려온다. 식사 할인권이 제공되고 콘서트 초대장, 호텔 무료숙박권들을 얻을 수도 있다. 그곳의 사람들이 당신을 사랑하고 관심을 기울이며 받아주는 것 같다. 당신은 그곳에 소속되어 특별한 존재가 된 것처럼 느낀다. 집에 혼자 있을 때와 다르기 때문에 그곳에서의 그런 특별한 느낌이 기분 좋다. 무언가 공허하고 텅 빈 느낌이 들 때면, 그 감정의 공백을 메우기 위해 카지노로 발길을 옮긴다.

도박꾼들이 자신의 승산을 아는 것처럼 카지노도 충동적인 도박꾼들을 잘 알고 있다. 당신의 모든 면을 파악하고 그 약점을 이용한다. 그들은 당신이 필요로 하는 것을 제공해준다, 아니 제공하는 것처럼 행동한다. 그곳에서 어떤 대접을 받든지 상관없이, 카지노 안에서나 밖에서나 당신이 똑같은 인물이라는 점을 잊지 말아야 한다.

현란한 환경에 들어섰을 때 기분이 좋아질 수는 있다. 하지만 외부적인 자극이 사라지는 즉시 내면의 혼란과 공허감은 다시 되돌아올 수밖에 없다. 영원히 당신 자신에게서 도망칠 수는 없기 때문이다.

오늘은 충동적인 도박이 내면으로부터 도망치는 방편이었음을 인정하자.

> **이성은 크기나 높이가 아니라 원칙으로 평가된다.**
>
> — 에픽테토스 —

모두들 신용카드를 지녀야 할 만한 나름대로의 이유를 갖고 있다. 신용카드를 갖고 있으면 안전한 느낌이 든다. 긴급할 때 사용할 수 있고 편리하며, 또 필요한 경우가 종종 생기기도 한다. 자동차를 빌리거나 호텔을 예약할 때 혹은 어머니의 생일파티를 위해 외식을 나갔을 때 신용카드는 필요하다. 최소한 카드가 있다는 것만으로도 안심이 된다.

하지만 대개의 사람들은 현금이 없을 때 신용카드를 사용하게 된다. 현금만 지니고 다닐 경우 현금이 없다면 더 이상 돈을 쓰지 않는다. 그러므로 신용카드를 사용하지 않는 최선의 방법은 신용카드를 하나도 갖지 않는 것이다.

당신의 사랑스런 신용카드와 헤어지는 것이 힘들 수도 있을 것이다. 그래도 한번 모험을 해보자. 안전을 보장해주는 플라스틱 조각 하나쯤 없어도 세상을 돌아다닐 수 있다. 카드 없이 지내는 시간이 길어질수록, 차츰 문제가 될 게 없다는 확신이 생길 것이다. 신용카드 없이도 우리는 살아나갈 수 있다. 카드를 모두 잘라버려라. 과감하게 버팀목에서 손을 떼어놓자.

오늘은 신용카드를 지녀야 할 이유에 대해서 핑계 대기를 그만두자.

## ◆090◆

> **믿음은 단지 마음이 소유한 생각이 아니다. 마음을 소유한 생각이다.**
>
> – 존 웨슬리 –

당신은 빚에서 벗어나겠다는 의지를 지녔다. 집을 사겠다는 의지를 지녔다. 저축을 늘리고 자선 활동도 할 생각이다. 그 이상으로 모든 것들을 하고 싶으며, 최선의 의지 또한 지니고 있다. 그런데 어째서 여전히 빚에 쪼들리며 여전히 월세를 내며 살고, 또 여전히 저축한 돈 한 푼 없고 베푸는 것을 두려워하는 것일까?

의지를 지원해주는 것은 무의식적인 마음이다. 마음 깊은 곳에서부터 한 점의 의심도 없이, 당신의 의지대로 할 수 있으며 소유할 수 있음을 믿어야 한다. 당신이 진심으로 빚에서 벗어나길 바랄 수는 있지만, 그런 일이 일어날 것으로 믿지 않는다면 대개의 경우 그 일은 일어나지 않는다. 당신이 자신의 집을 갖고 싶다고 갈망할 수는 있지만, 집을 살 수 있다고 믿지 못한다면 사지 못할 것이다.

오늘은 나의 믿음이 전진을 방해하고 있는지에 대해 생각해보자.

> 영리한 사람은 복잡한 일을 간단하게 만들 수 있다. 어리
> 석은 사람은 간단한 일도 복잡하게 만들어버린다.
>
> ─ 잭 웰치 ─

재테크 기술이나 투자에 관심이 없다고 스스로에게 중얼
거린다. 그런 것들은 너무 지루하고 제한적이고 복잡하며 시간
을 잡아먹는 일인 것 같다. 누가 무엇을 사든, 누가 무엇을 팔
든 관심이 없다. 큰돈을 버는 것은 카지노에서나 있을 수 있는
일이라고 생각한다. 음식을 주문할 때 가격을 확인해볼 마음도
없다. 돈에 관련된 것이면 무엇이든 다 복잡하고 골치 아플 뿐
이다.

자신의 소비 패턴을 파악하라는 게 돈 만드는 마법사가 되
라는 뜻은 아니다. 꼭 돈을 엄청나게 불려야 한다는 건 아니다.
굳이 주식 시장에 쫓아다니거나 경제와 투자에 관련된 책을 꼭
사서 읽어야 한다는 것도 아니다. 자기 자신, 자신의 소비 패턴
과 돈에 대한 태도를 이해하고 복리 이자에 대한 개념을 아는
것만으로 족하다. 간단하게 생각하라. 자신의 근본적인 생각을
파악하면, 자신의 행동도 이해할 수 있게 된다.

오늘부터는 상황을 복잡하게 생각하지 말자.

**이 지구상 모든 사람의 마음에는 진실한 관계에 대한 갈증
이 깃들어 있다.**

— 리처드 버튼 —

당신이 만약 정기적으로 사람 만나는 것을 피하는 성향이
라면 그것은 당신 자신의 문제를 감당하지 못했거나 내면의 텅
빈 부분을 직시하지 못했다는 신호이다. 혼자 틀어박히는 것은
도망치고 있다는 징후이다. 가족과 친구들을 만나면 그들이 나
의 경제 상태에 대해서 물어올 것만 같다. 새 옷을 입고 나가면
돈을 헤프게 썼다고 비난할 것 같다. 하지만 이런 것들은 다 핑
계일 뿐이다. 사실은 자신의 비밀을 드러내고 싶지 않은 것이
며, 당신을 가장 잘 알고 있는 사람들이 당신이 무언가 숨기고
있다는 걸 알아챌까 봐 두려워서이다. 그들이 당신에게 텅 빈
공백이 있음을 알아차리고, 당신의 진짜 본모습을 보게 될까
봐 겁이 나기 때문이다.

하지만 친구와 가족은 가장 커다란 힘이 될 수 있다. 그들
과 함께라면, 혼자 할 수 없는 일도 해낼 수 있다. 마음을 열고,
기꺼이 당신의 실수와 결점과 치부까지도 드러냄으로써 짐을
내려놓자. 그 결과는 더 강한 친밀감으로 이어질 가능성이 훨
씬 크다.

오늘은 진실을 피하지 말자. 형제자매 또는 친구에게 전화
하거나 찾아가보자.

> 창조성은 다른 방식으로 사물을 보기 위해 확립된 패턴을
> 깨뜨리는 것이다.
>
> — 에드워드 드 보노 —

모든 신경이 한곳에 쏠릴 정도로 당면한 문제에 사로잡혀 있다. 오로지 눈앞의 문제에만 모든 관심을 집중시킨다. 자기 자신의 생각에만 골몰한다. 이제 '나는' 어떻게 해야 할까? 도움을 얻으려면 '나는' 어떻게 해야 할까? 누가 '나를' 도와줄 수 있을까? 이러한 자기중심적인 생각들은 자신을 연민으로 끌어내려 점점 더 우울하게 만들 수 있다.

자기 자신에게 초점을 맞추지 마라. 문제점을 정확히 규명한 다음 창조적인 해결 방법에 초점을 맞춰라. 그렇게 함으로써 전진할 수 있다.

오늘은 문제의 해결책을 강구할 수 있다고 확신하자.

> 당신이 어떤 행동의 희생양일 때는 모든 것이 흑백의 논리
> 이다. 당신이 약탈자일 때는 백만 가지의 회색 그림자들이
> 있다.
>
> — 칼 구스타프 융 —

모든 관계를 틀에 박아놓는다. 사장은 공정해야 하고 부모는 엄해야 하고 경찰관은 강해야 한다. 다른 사람들에게 무언가를 얻어내려면 가혹해져야 한다고 생각한다. 누가 옳고 누가 그른지 보여주어야 마땅하며, 모든 것을 본연의 자리에 놓아두어야 한다고 생각한다. 자신을 희생양이라고 느끼기 때문에 더욱 권위적인 태도로 고함을 친다.

돈에 관해서, 당신이 피해의식을 느끼게 될 날들이 닥칠 수 있다. 그러면 당신은 그것을 다른 사람에게도 똑같이 퍼부어야 한다고 느낀다. 그때의 마음 상태는 '내가 아무것도 없으니까 너도 없어야 돼!'이다. 다른 사람들도 당신과 똑같이 희생자로서 빼앗겨야 마땅하다고 믿는다. 자신을 희생양으로 생각했던 것이지만, 결국 당신은 약탈자의 위치로 옮아가는 것이다.

주는 대로 똑같이 받게 된다는 것을 기억하라. 다른 사람을 잘 대접해줄수록, 당신은 더 빨리 치유될 것이며 더욱 즐거워질 것이다.

오늘은 나의 생각과 행동에 박애 정신을 불어넣자.

> 인생에는 두 가지 커다란 질문이 있다. '왜 하필 나인가?'
> 그리고 '이제 어쩌면 좋을까?'
>
> — 오프라 윈프리 —

당신이 엄청난 빚을 유발하는 사람과 함께 살고 있다면, 계속해서 자신에게 물어보게 된다. '어째서?' '늘 성실하게 살아왔는데 왜 내게 이런 일이?' 그리고 벌지도 못하는 돈을 상상하며 그 돈으로 할 수 있을 만한 일들을 생각한다. 괜찮은 직장을 잡을 수 있다면 어떨까? 지금 사는 집은 빈민가의 소굴처럼 느껴질 뿐이다. 자동차도 고물이 되어간다. 동네 사람들은 당신의 배우자가 밤마다 어디에서 시간을 보내는지 지겹게도 궁금해한다. 왜 그 사람은 항상 아침 6시에 집으로 돌아올까?

이런 종류의 생각과 질문을 경계하라. 그런 생각을 그만두지 않으면, 미쳐버리거나 싸울 수 없는 것에 맞서다가 엄청난 에너지를 소비하게 될 것이다. 저항하면 할수록 그것은 점점 집요해진다. 그것에 더욱더 힘을 실어줄 뿐이다. 그것은 중독적인 습관이며, 아름다운 것들을 모조리 파괴할 수 있다. '어쩌면 어떠하게 될 수 있었을 텐데' 하고 후회만 하지 말고 눈앞의 사실 자체를 직시하라. 현실을 살피면서 가능성을 찾아보라.

오늘은 '왜 하필 나야?'라는 질문을 그만두고 '무엇을 할까?'라고 질문하기 시작하자.

> **갈퀴로 거대한 자연을 몰아내려 애써도, 그것은 금세 되돌 아온다.**
>
> — 호라티우스 —

어느 날 당신의 소중한 사람이 찾아와 도와달라고 부탁한다. 500만 원의 빚을 졌다고 한다. 당신이 집을 저당잡혀주면, 자신은 높은 이자에서 벗어날 수 있을 테고 그 돈을 다달이 갚아 나가겠노라고 한다. 당신은 세금 공제도 받을 수 있다. 꽤나 논리적인 말처럼 들린다. 당신은 사랑하는 사람을 도와주고 싶다. 그 사람을 위해서 필요한 존재가 되고 싶다. 그들에게 돈을 빌려주고 보증을 서준다. 낮은 이자의 신용카드를 만드는 데 사인도 해준다. 그 사람이 걱정스럽기 때문에 돕기 위해 최선을 다한다.

너무나 어려운 상태이니 당신은 발등의 불부터 끄자고 생각한다. 하지만 그 불이 계속 발화되고 있음을 알 필요가 있다. 불하나를 껐다 해도, 뒤쪽의 커다란 산은 여전히 불타고 있다. 당장을 보지 말고, 당신의 노력이 스스로 빚더미 속으로 떨어지는 것뿐이라는 점을 깨닫자. 계속해서 번지는 불을 당신이 영원히 꺼줄 수는 없다. 중독 성향의 습성이 바로 그런 불과 같다.

오늘은 다른 사람의 빚까지 떠맡으려 하지 말자. 소중한 사람의 빚 문제를 대신 처리해줌으로써 그가 성장하고 터득할 기회를 방해하지 말자.

> 믿음은 볼 수 있는 것보다 더 멀리까지 영혼을 나아가게
> 한다.
>
> — 마틴 루터 킹 —

고통스럽고 절망적인 시기를 거치는 동안, '위대한 힘'이 우리를 버렸다고 느껴질지도 모른다. 공허하고 아무런 희망도 없는 느낌이다. 무슨 행동을 해도 다 실패할 것 같기 때문에 포기해버린다. 비참한 기분이다. '위대한 힘'이 어째서 내가 가장 절실하게 도움을 필요로 할 때 도와주지 않는 것인지 이해할 수가 없다.

그 '위대한 힘'은 우리를 대신해서 결정을 내려주지 않는다는 점을 기억하자. 우리가 고통을 느끼는 동안 그는 우리가 성장하고 연민을 배울 수 있도록 옆에서 함께 걷고 있다. 가장 힘든 시기에 처했을 때, 기도하고 기다려라. 믿음을 갖기 위해 최선을 다하라. 그 간단한 행동이 믿음의 증거이다. 가장 힘겨운 시간 속에서 기적들이 자라나고 있다.

오늘은 내가 예정된 곳에 와 있음을 알도록 하자.

> **언어는 조류를 일으키는 달처럼 숨겨진 힘을 발휘한다.**
> — 아르키메데스 —

　　돈 문제는 대화마다 끼어드는 습성을 지녔다. 우리가 그 상황에 대해서 숨기고 싶어한다 해도, 거의 매일 빚에 대해서 말하는 자신을 발견하게 될 것이다. '어디로 여행을 갈 여유가 있다면 좋을 텐데.' '완전 무일푼이야.' '이젠 집을 살 수도 없어.'

　　생각과 말에 상상 밖의 강력한 힘이 있다는 점을 명심하자. 생각이 우리 자신에 대한 감정과 상황을 결정하는 데 일익을 담당한다. 또한 그 생각들이 우리를 적극적인 행동 또는 게으름으로 이끌어간다. 우리의 사전에서 '불가능'이라는 단어를 지우자. 현재시제로 긍정적이고 진실한 문장들을 만들어보자. '난 빚을 갚아나가고 있다.', '나의 재정 상태가 체계를 잡아가고 있다.', '앞으로 집을 살 계획이다.' 우리의 생각과 말이 효과를 나타내기 시작할 것이다.

　　긍정적인 사고를 갖자. 나의 전진을 방해하는 생각과 말들을 파악해서 수정하자.

> 어떤 사람은 행복을 쫓아가고, 어떤 사람은 행복을 만들어
> 낸다.
>
> — 무명씨 —

대개의 사람들은 반짝이는 새 차, 새 옷, 새 컴퓨터가 있으면 행복해질 거라고 확신한다. 그런 생각에 너무나 몰입한 나머지 그런 것들이 없는 인생을 상상할 수도 없다. 그런 것을 갖지 못하면 얼마나 비참할까! 하지만 오래지 않아, 그 차는 반짝이지 않고 옷도 유행에서 뒤처지며 컴퓨터도 구식이 된다. 그런 것들과 함께 우리의 행복도 시들어간다.

행복을 우리 자신에게 맞추자, 물질적인 것보다 더 영속적인 것에. 행복해지는 최상의 방법은 우리 자신을 잘 대접하고, 완벽하다고 스스로에게 말해주고, 다른 사람에게도 행복을 나누어주는 것이다.

오늘은 다른 사람의 인생에 행복을 전해줄 수 있는 행동 한 가지를 생각해보자.

> **인생의 관찰자가 되라, 자기 자신의 관찰자가 되라.**
> — D. H. 로렌스 —

우리는 부정적인 상황에 반응하는 일정한 체계를 갖추고 있다. 빚쟁이에게 모욕을 당하면 기분이 상한다. 아이가 지갑에서 돈을 몰래 가져가면 화가 난다. 배우자에게 배신을 당하면 격분한다. 그렇게 반응하면서 우리는 감정의 격랑에 자신을 들여놓는다. 누군가 우리에게 부정적인 행동을 할 때마다, 그 행동 때문만이 아니라 우리 스스로 일으킨 기분 때문에 고통을 당한다. 게다가 그 기분은 행동의 결과보다 더 오랫동안 남아 있곤 한다.

즉각 반응하기보다는 관찰하는 쪽을 선택하자. 관찰자가 되면, 누군가 우리를 잘못 판단하거나 비참하게 만들거나, 쓸데없이 비난한다 해도 기분 나빠할 이유가 없다. 그저 그들의 행동을 알아차리고 그냥 내버려두는 것으로 그만이다. 그것은 좋은 것도 나쁜 것도 아니다. 그냥 하나의 일일 뿐이다.

오늘은 나 자신에게 물어보자. '나의 반응으로 상처 입는 사람은 과연 누구인가?'

**바닥에 누워 있으면 걸을 수 없다.**
— 플로티노스 —

　사교적으로 자신을 방어하는 것이 어떤 사람에게는 힘든 도전이 되기도 한다. 극단적으로, 자신이 자격이 있다는 느낌을 얻어내기 위해서 다른 사람들을 다그칠 수도 있다. 행동과 어울리지 않는 말을 해서 다른 사람을 바보로 만들려고 애쓸 수도 있다. 아니면 갈등이 생길 때마다 도망쳐서 숨어버리고 싶은 경우도 있다. 빚더미에 빠져 있을 때, 자부심이 낮아지고 걱정이 증폭되었을 때 중용을 찾는다는 것이 힘들어지곤 한다. 감정적으로 지나치게 예민해지고, 작은 일에도 쉽사리 흥분하며, 아무 희망도 없다는 느낌에 미온적인 반응을 보이기도 한다.

　자신의 생각을 스스로에게 주장하면, 자부심은 높아지고 걱정은 줄어든다. 주장한다는 것은 정직하고 직접적인 태도를 지니면서도 심판하는 태도를 취하지 않는다는 뜻이다. 가능하면 자신의 감정을 침착하게 표현하라. "당신이 이랬잖아"라고 말하지 말고 "난 이렇게 생각해"라고 말하라. 이런 태도에도 훈련이 필요하다. 실수를 하더라도 처음으로 돌아가 다시 연습해보면 된다.

　오늘은 어떤 싸움에서도 "당신이" 또는 "네가"라는 단어를 사용하지 말자.

> 두려움이 줄어들수록 희망은 커진다.
>
> 흐느낌이 잦아들수록 더 크게 숨을 쉴 수 있다.
>
> 말을 적게 할수록 더 많은 말이 전달된다.
>
> 증오가 적을수록 사랑은 많아진다.
>
> 이렇게 하면 아름다운 것들은 모두 나의 것이다.
>
> — 스웨덴 속담 —

자신의 빚에 대해서, 비용 절감에 대해서 물질적인 부분뿐 아니라 마음까지 적응이 되면, 자신의 믿음과 상황에 어울리는 가장 합리적인 방법을 결정해야 한다. 이 시점에서 계획을 세울 필요가 있다. 여기서 계획이란 경제적인 계획만이 아니라 인생 설계를 의미한다.

빚에서 벗어나고 긍정적인 미래를 만들어가기 위해 계획하는 것은 빚쟁이, 친구들, 친척들에게 매달 얼마의 빚을 갚아나갈 것인가를 결정하는 것 이상의 의미를 내포한다. 자신의 가치 기준을 재점검하고, 가치 있는 목표를 세우고, 목적을 가다듬는 것이 포함되어야 한다. 자신에게 그리고 남에게 베푸는 데 얼마의 돈을 쓸 것인가 결정하는 것도 포함된다. 뜻밖의 일에 대한 계획도, 경제적인 책임과 의무를 다한 후에 투자하는 것까지도 포함된다. 존경할 만한 삶을 사는 것까지도 이 인생 설계에 포함시켜라. 그렇게만 하면 좋은 일들은 저절로 찾아온다.

오늘 하루를 존경스럽게 행동함으로써 최상의 미래를 설계하자.

> **진실을 말하면, 아무것도 애써 기억할 필요가 없다.**
>
> ― 마크 트웨인 ―

빚진 사실을 비밀로 감추고 있으면 ― 배우자나 부모, 자녀, 친한 친구들에게 ― 그것은 스스로 무거운 짐을 짊어지는 것이다. 애초에 돈을 낭비했거나 돈을 잃은 것만으로도 충분히 불쾌한 기분이다. 그런데 빚에 대해서 일부 또는 전부를 숨기고 있으면 죄책감과 수치심 때문에 그 고통이 세 배는 더 커진다.

그 비밀이 드러났을 경우의 결과가 두려워서일 수도 있다. 그런 결과(일어날 수도 있고 일어나지 않을 수도 있는)를 피하려 애쓰는 와중에 다른 문제, 어쩌면 더 큰 피해와 더 큰 문제가 생길 수 있다. 가까운 사람들이 결국 그 사실을 알게 되었을 때, 속았다는 것을 알게 되었을 때, 그들은 배신감과 분노에 사로잡히게 될 것이다. 그러면 건강한 관계의 가장 기본 요소인 신뢰를 거의 모두 잃어버릴 가능성마저 생긴다.

꼬리를 말고 앉은 개처럼 끙끙거리는 대신, 정직해져라. 사죄하는 심정으로 솔직하게 그 비밀을 털어놓아라. 그럼 일단 무거운 짐은 내려놓을 수 있다.

오늘은 다른 사람에게 나의 빚에 대해 말함으로써 빚 갚기와 마음의 평화에 큰 걸음을 떼어놓는다는 것을 깨닫도록 하자.

진보란 오래된 문제들을 새로운 문제로 교환하는 것이다.

— 무명씨 —

끊임없이 이자율을 낮추는 방법, 혹은 매달 상환할 액수를 줄이는 방법에 대해서 연구한다. 집을 소유한 사람일 경우, 그 집을 팔아서 빚을 정리하고 싶은 마음이 들 수도 있다. 그러면 다달이 내야 하는 돈과 이자가 줄어들 테고 약간의 현금도 손에 쥘 수 있을 것이다. 하지만 눈앞의 현실만이 아니라 원인까지도 함께 다뤄야 한다는 점을 기억하라.

재산을 정리한 사람들 중 더 깊이 빚더미로 떨어지는 경우가 많다는 것은 무슨 뜻일까? 그 점을 마음에 새길 필요가 있다. 과감하게 재산을 정리했다면, 가능한 한 알뜰하게 소비 계획을 지켜나가야 한다. 신용카드 계좌를 모두 막아버리고 카드가 필요한 경우를 위해 직불카드 하나만 남겨놓자. 재산 정리가 약간의 안도감을 전해줄 수는 있지만, 기존의 부적절한 소비 패턴(혹은 수입)을 유지해도 된다는 뜻은 아니라는 점을 기억하자.

오늘은 재산 정리가 좀더 빚을 갚는 방향으로 나아가기 위한 수단일 뿐임을 명심하자.

> **바다에서 충돌하면 인생 전체가 파괴될 수 있다.**
> — 투키디데스 —

당신이 500만 원의 빚을 지긴 했지만, 수입이 좋은 직업을 가졌고 소비 패턴을 변화시키기만 하면 그리 심각한 일은 아닌 경우일 수도 있다. 당신은 1억 원의 빚을 안겨주는 심각한 도박 습관이나 충동적인 소비 성향, 음주나 약물 문제를 지닌 사람일 수도 있다. 아니면 고질병 때문에 치료비 청구서의 바다에서 익사하는 중일 수도 있다. 다른 사람들에게는 그 문제들이 크거나 작게 비치겠지만, 그 한가운데 있는 사람에게는 대재앙이자 파국처럼 보이기 마련이다.

빚의 액수가 크든 작든 간에, 본인은 심각하게 느낀다. 마음의 평화를 잃어버리고 행복과 희망을 포기한다. 자신을 질책하며 분노를 퍼붓기도 한다. 하지만 계획을 세워 실천해나가면 빚 자체는 큰 문제가 되지 않는다. 넓은 시야를 갖고, 이 빚 때문에 평생을 망칠 것인지 결국 극복해낼 것인지 결정하자.

오늘은 빚 문제에 대해 내 마음을 초연하게 만들자. 빚을 나의 인생만큼 중요하게 취급하지는 말자.

> **돈은 단지 우리가 계산하는 데 사용하는 것일 뿐이다.**
>
> ─ 헨리 포드 ─

집의 크기, 자동차의 모델과 가격, 텔레비전 화면의 크기, 컴퓨터의 용량, 유명 디자이너의 옷들, 이 모든 것은 세상 사람들에게 자신이 얼마나 많은 돈을 갖고 있는지 보여주는 수단이다. (하지만 그게 다 속임수일 수도 있다!) 어느 정도 그런 것들은 스스로 소유물에 가치를 두고 있음을 드러내는 것이기도 하다.

가장 큰 것, 가장 최고급만을 소유해야 하고 가장 좋은 것만 원하는 것이 당연하다고 생각하는 사람들이 있다. 하지만 생각을 바꾸면 고통도 사라진다. 많다고 해서 꼭 좋은 것은 아니다. 지나친 물건들은 에너지를 고갈시킨다. 얼마나 많은 돈을 갖고 있느냐가 아니라 내가 누구인지를 반영하는 환경에서 생활하는 것이 영혼을 만족시켜준다. 영혼을 고양시킬 수 있다. 생각의 초점을 달리하면 돈을 쓰고 싶은 욕망도 사그라든다.

오늘은 나의 환경을 재평가하자. 더 적게 갖기 위해 노력하자.

**자기 통제는 흥분과 서두름이 없는 침착한 상태이다.**

— 랠프 왈도 에머슨 —

우유나 빵이 떨어졌을 때, 사람들은 직장에서 돌아오는 길에 편의점에 들른다. 그러면 할인매장에서 사는 것보다 더 많은 돈을 지불해야 하고, 아이들에게 줄 풍선껌이나 복권 몇 장, 커피 한 잔이나 음료수 한 병을 들고 나오기 십상이다. 몇천 원만 쓸 계획이었는데, 예상했던 것보다 두 배 이상을 소비한다.

일주일에 한 번 할인매장에 가는 날을 정해놓자. 집을 나서기 전에 배를 든든히 채워두는 것도 잊으면 안 된다. 가능하다면 아이들을 데리고 가지 않는 편이 낫다. 살 품목들을 적어서 가능한 한 그 물건들만 구입하자. 다음 주까지는 할인매장에 다시 찾아가지 마라. 휴지나 빵이나 우유가 다 떨어졌다면, 창조적으로 머리를 굴려서 없으면 없는 대로 생활하려고 애쓰자. 다음 주에 쇼핑할 때 좀더 계획을 잘 세우면 된다.

오늘은 할인매장에 가는 요일을 정하고, 나의 목록대로만 살 수 있을 만한 장소를 물색해놓자.

이것이 올바른가, 더 나은가를 염두에 둘 때 어떤 행동이
든 창조적으로 나아간다.

─ 존 업다이크 ─

대개의 사람들은 먹는 데 꽤 많은 돈을 소비한다. 또한 썩
은 과일이나 야채, 먹다 남은 음식들이 매주 쓰레기통에 버려
진다. 당신이 만약 그렇다면 비용을 줄여야 할 첫 번째 항목 중
하나를 식료품비로 정하자.

냉장고의 내용물을 면밀히 기억해두었다가 그것을 사용하
기 위해 계획을 세워라. 일주일 분의 식사를 한 번에 계획할 수
도 있을 테고, 아니면 최소한 아침마다 그날 하루 먹을 음식을
정해놓자. 식사 계획을 잘 세우면, 식사 재료의 양 조절과 올바
른 쇼핑에도 도움이 된다.

오늘은 집에 있는 식재료를 창조적으로 이용하자.

> 돈으로 건강을 살 수는 없다. 하지만 건강으로 돈을 살 수
> 는 있다.
>
> — 헨리 데이비드 소로 —

하루하루가 바쁜 사람들은 점심을 대충대충 때우는 경우
가 잦다. 인스턴트식품이나 라면, 빵과 주스, 하여튼 다양하게
먹으면서도 시간을 절약할 수 있는 방법을 찾는다.

하지만 시간을 절약할 수 있다 해도 아마 그 시간은 하루에
몇 분 정도일 것이다. 나트륨과 방부제가 그득한 인스턴트식품
에 돈을 쓰는 것보다는, 건강에 좋고 비용도 절감하는 선택을
하는 편이 훨씬 이익이다. 일주일에 한 번쯤 시간을 내서 신선
한 야채와 고기로 음식을 준비하고 그 즉시 냉동실에 넣어 얼
리자. 한 끼 식사에 맞을 정도로 분류하여 그것을 점심식사로
이용하라. 우유나 주스도 보냉온병이나 작은 용기에 부어두자.
그러면 건강한 식사를 할 수 있고 돈도 절약된다.

오늘은 점심식사 계획을 세울 때 건강에 좋고 비용도 절감
할 수 있는 방법을 찾아보자.

**푼돈을 아끼려다 큰돈을 잃어버린다.**

— 앙드레 코스톨라니 —

너무 비용에 신경을 쓰다가, 그와 정반대의 행동을 하게 되는 경우가 간혹 있다. 적은 돈을 들이려다가 더 많은 돈을 쓰게 되는 것이다. 부엌 바닥을 새로 깔아야 할 때, 튼튼한 바닥재를 사기 위해 시간을 들여 저축하는 대신 시장에서 값싼 비닐 장판을 사온다. 그러면서 몇십만 원 아꼈다고 생각한다. 시간 들여서 애써 저축할 필요도 없다. 그런데 2년이 지난 뒤, 그 부엌 바닥은 구석구석이 낡아 떨어지고 의자 다리에 움푹움푹 파여 들어간다. 그러면 조만간 더 많은 돈을 들일 수밖에 없는 상황에 처한다.

항상 최고급을 사야 할 필요는 없다. 하지만 당장 조금 더 쓰는 것이 현명한 투자일 수도 있다. 물건을 구입하기 전에, 보증서와 보증인을 꼭 확인하고 꼼꼼히 생각해보라. 지금 질 좋은 물건에 돈을 들이는 게 훗날의 많은 비용을 줄이는 현명한 방법이 될 수 있다. 그 시점을 아는 지혜를 갖자.

> **다른 사람들이 '심플'하게 살 수 있도록 우리도 '심플'하게 살자.**
>
> — 엘리사벳 시튼 수녀 —

미국인의 경우, 세계 인구의 5퍼센트를 차지하지만 세계의 원료를 82퍼센트를 소비한다. 소비를 줄이고 생활을 좀더 단순화하면(예를 들어 화학세제 대신 식초로 청소를 한다든가) 돈을 절약할 수 있을 뿐 아니라 환경을 구하는 데도 도움이 된다. 일회용품이나 화학제품을 사지 않기로 결정했을 때마다, 자신이 구하고 저축하는 모든 것들을 생각해보라. 그럼 두 배로 기분이 좋아진다. 궁핍하다고 느낄 필요가 없다. 그러한 행동으로 사회에 기여하고 있는 것이다.

> 벅민스터 풀러의 계산에 따르면 세상의 부가 공평하게 분배된다면 모두 하나같이 백만장자가 될 거라고 한다. 당신 앞길의 방해물은 궁핍한 느낌, 절망, 혼돈, 세상의 주인이 될 수 없다는 무력감 같은 감정들이다.
>
> ─ 브라이언 트레이시 ─

　구불구불한 시골길 사이로 차를 달려보자. 커다란 소나무 숲을 지나고, 풍성하게 열매 맺은 과일나무들을 지나고, 색색의 꽃들과 반짝거리는 강물 옆을 지나쳐보라. 자연과 함께 있으면 그 풍요로움이 눈에 보이고 느껴진다. 무너져내린 집과 빌딩들이 늘어선 가난에 찌든 동네를 지나갈 때면 궁핍과 욕구를 보고 느끼게 된다.

　세상이 이미 우리가 필요로 하는 모든 것을 제공하고 있다는 생각부터 시작한다면, 그 풍요로움이 아주 가까운 곳에서 기다리고 있음을 알게 될 것이다. 마음만 먹으면 그 풍요가 모두 우리의 것임을 믿는 것, 그 생각에서부터 첫걸음을 옮기자. 풍요로움을 느끼기 위해 자연 속에서 혼자만의 시간을 갖자.

> 우리의 뒤에 놓인 것과 앞에 놓인 것은 우리 안에 놓인 것
> 과 비교하면 아주 사소한 문제에 지나지 않는다.
>
> — 랠프 왈도 에머슨 —

여행을 하거나 고급스런 물건을 살 수 있는 기회를 이용하지 못할 때 우리는 '빈곤감'을 느끼게 된다. 남들과 자신을 비교하게 된다. '누구누구는 저렇게 할 수 있는데 왜 나는 안 되는 거야?' 빚과 주위의 모든 문제들이 우리에게 어두운 그림자를 드리운다. 다른 사람들이 우리를 이상한 존재로 바라보는 것처럼 느껴지기도 한다.

두려움과 의심의 바다에 빠지는 대신, 스스로에게 가치 있는 인간이라고 말해주자. 지금은 그저 성장해가는 시기일 뿐이다. 자신을 믿는 법을 배우는 것만으로도 큰 성장을 이룰 수 있다. 어떤 인생이 닥치든, 우리 안에 있는 힘과 용기를 불러일으켜 그것을 뛰어넘자. 현재 있는 우리의 모습을 받아들이자. 우리는 부족함 없는 존재로 태어났다. 우리의 안을 들여다보면, 올바른 시기에 올바른 선택을 할 수 있는 힘과 용기와 지혜를 발견하게 될 것이다. '나는 능력이 있다'고 나 자신에게 되풀이해서 말하자.

> **오늘 누군가를 도우면, 내일 다른 사람이 나를 돕는다.**
>
> — 무명씨 —

집의 지붕을 새로 얹어야 한다. 카펫을 세탁해야 한다. 배수관이 새고 있다. 집의 페인트를 다시 칠해야 한다. 집에 관련된 크고 작은 문제들 때문에, 우리 지갑에서 돈이 술술 새어나갈 수 있다. 친구들이나 이웃 사람들, 친척이나 가족에게 도움을 청하면 시간과 에너지와 돈을 훨씬 절약할 수 있을 것이다. 하지만 공짜로 일해달라고 부탁하는 게 미안하다. 그런 경우, 원망을 사지 않고 서로 소원해지는 대신 결속을 다져주게 하는 방법은 무엇일까?

우리는 각자 잘하는 일이 한두 가지씩 있다. 카펫 깔기, 바느질, 주식 투자, 글쓰기, 페인트 칠하기 등. 남들에게 없는 특별한 도구를 갖추고 있을 수도 있다. 카펫 세탁 도구, 페인트 분무기 등. 어떤 일을 해야 할 때, 도와달라는 말뿐 아니라 그 보답으로 우리가 해줄 수 있는 일에 대해서도 말해주자.

> 동물은 인간과 언어의 세상에 침묵을 이끄는 생명체이다.
> 언제나 인간의 앞에 침묵을 끌어들인다. 동물들은 침묵의
> 대상對象들처럼 세상을 움직인다. 동물들의 침묵과 자연의
> 침묵이 단지 말을 하지 못하는 것일 뿐이라면 우리가 느끼
> 는 만큼 위대하고 고귀하지도 않을 것이다.
>
> — 막스 피카르 —

많은 사람들이 도시에서 생활하고 일을 한다. 혹은 사무실에서 길고 긴 하루를 보낸 후에 집으로 돌아간다. 대부분의 시간을 창문이 없거나 환기를 해주어야 하는 사무실, 그리고 길에서 보낸다. 집으로 돌아왔을 때, 어떤 사람들은 버튼 하나로 차고 문을 열어 차를 주차시키고 집 안으로 들어가기도 한다. 야외에서는 단 몇 분을 보낼 뿐이다. 이웃 사람들과 말 한마디도 나누지 않는다.

이러한 인공적인 환경에 적응했다 해도, 영원히 자연에서 떨어져 살 수는 없는 일이다. 우리는 자연의 일부분이고, 자연은 우리의 일부분이다. 자연에서 분리되면 온전한 하나로 느껴지지 않는다. 명상과 관찰을 통해 자연과 교감하면서 우리는 다시 완전한 하나가 될 수 있다. 자연 속에서, 침묵 속에서 보내는 시간은 강한 치유의 힘을 지니고 있다. 자연 속에서 침묵 속에서, 우리는 동물이 말하지 않는 이유를 알게 될 것이다.

> 길을 잃었을 때 더 빨리 움직이는 것이 인간의 오래되고 아
> 이러니한 습성이다.
>
> — 데즈먼드 모리스 —

빚은 혼돈을 가져온다. 청구서를 챙기지 않았거나 은행 계좌를 결산하지 않았기 때문에 자신에게 얼마의 돈이 있는지도 정확히 모른다. 자신의 빚이 얼마나 되는지, 그것을 다 갚으려면 어느 정도의 시간이 걸릴지도 알지 못한다. 날아드는 다음 청구서를 지불할 수 있을까 고민하느라 마음의 안정을 찾지 못한다. 불안한 상태에 빠져들어 어느 곳으로도 움직일 수가 없다.

속도를 늦추고 자기의 중심을 찾자. 이렇게 되기 위한 방법에는 여러 가지가 있다. 심호흡을 하며 몸을 쭉 뻗어보고, 햇살을 듬뿍 맞아보고, 오랫동안 산책하거나 뜨거운 물에 목욕을 하고, 아니면 자연 속에 파묻혀보는 것이다. 속도를 늦추면 모든 상황은 간단해질 수 있다.

오늘은 생활의 속도를 늦출 만한 방법 한 가지를 찾아보자.

다른 강박 충동과 마찬가지로, 충동적인 빚도 그 자체를 가속화시킨다. 행동하면 할수록 필연적으로 많은 문제가 뒤따른다. 문제가 많이 생길수록 이 새로운 문제에서 피난처를 찾기 위해 더욱더 그 행동에 빠져든다.

— 에릭 에릭슨 —

일단 빚에 빠져들고 나면, 우리는 감당할 수 없을 정도로 심각해질 때까지 그 문제를 회피하려는 행동들을 한다. 몇 가지 빚에 관련된 행태들을 규명해보자. 지불을 계속 늦추고 있는가? 서랍 속에 청구서들을 숨겨놓았는가? 지불 계좌가 마이너스 상태인가? 돈을 송금해야 할 마지막 순간이 올 때까지 기다리고 있는가? 최소한의 지불만 하고 있는가? 신용카드를 사용할 때 성공했다는 느낌이 드는가? 신용카드의 계약 조건을 거의 알지 못하는가? 수수료와 사용한도만 알고 있는가? 빚을 비밀로 덮어두었는가?

이러한 모든 행동은 빚의 악순환을 부른다. 그 순환을 깨뜨리기 위해서는, 빚이 우리 인생을 감당할 수 없게끔 만들었다는 점을 인정하자. '위대한 힘'에게 그 문제를 내보이며 인도해 달라고 부탁하자.

> **행동은 모든 사람에게 자신의 모습을 보이는 거울이다.**
>
> — 괴테 —

빚은 명사이다. 사전에도 빚을 '빚지다' 따위의 동사로 규정하지 않고 있다. 사전에 따르면, 빚은 행동이 아니라 일정한 상태이자 상황이다.

하지만 돈을 쓰는 것은 행동이다. 게다가 여유도 없는 돈을 쓰는 것은 즉시 파악되어야만 하는 행동이다. 돈을 빌려 쓰거나 빚을 질 때, 최소한 머릿속에 '빚을 지고 있다'는 말을 쓰라. 당신의 그 행동은 돈을 쓰고 있는 것이 아니다. 쇼핑하는 것이 아니다. 청구서를 외면하는 것도 아니다. 도박하는 것이 아니고, 숙취 때문에 며칠의 일당을 날리는 것도 아니다. 빚을 지고 있을 뿐이다.

**자유란 목욕과 같다. 매일매일 깨끗하게 닦아주어야 한다!**

— 빅토르 위고 —

우리는 변화를 결심할 때가 있다. 또는 상황이나 어떤 사건이 우리를 변화할 수밖에 없게끔 만드는 순간에 이르게 하기도 한다. 이 선택은 성장의 기간에 속한다. 하지만 우선적으로 고통이 따른다. 지금 있는 상태로 도저히 머물 수 없을 만큼의 고통이다. 우리의 영혼이 더 나은 방법을 찾아달라고 울부짖는다. 변화하는 것밖에 선택의 여지가 없다. 하지만 혼란이 가라앉고 나면 우리의 기억력은 가끔씩 흔들리곤 한다. 예전의 행동방식 쪽으로 은근슬쩍 미끄러질 수가 있다. 명상하는 시간도 갖지 않고, 모든 비용을 자세히 기록할 필요가 없다고 스스로에게 납득시킨다.

그 함정에서 빠져나오려면, 자신이 은근슬쩍 미끄러지고 있음을 인정하고 처음 변화를 결심했던 그 순간을 돌이켜보라. 어떤 책들을 읽었던가? 어떤 친구들과 의논했던가? 어떤 특별한 모임에 참석해야 했던가? 치료까지 받아야 했던가? '위대한 힘'과의 관계는 어떠했던가? 과거를 되짚어보자. 자극이 되는, 믿을 만하고 진실한 근원으로 매일매일 돌아감으로써 자유로운 상태를 유지하자.

지금의 상태에 이르기 위해 노력했던 일들을 기억하며 내가 이뤄낸 자유와 영적인 성장을 지켜내자.

## ✦ 120 ✦

우주는 역동적인 변화 속에서 작용한다. 주고받는 것은 우
주 에너지의 양면적인 흐름이다. 구하고자 하는 것을 기꺼
이 내줄 때, 우주의 풍요가 우리 인생으로 순환된다.

— 디팩 초프라 —

통화通貨, currency라는 단어는 라틴어 'currere'에서 유래한
것으로 '달리는 것', '흐르는 것'이라는 뜻을 지니고 있다. 물론
'돈'이라는 또 다른 의미도 있다. 돈은 교환하는 것으로 정의되
어 있다. 우리는 그것을 주고받는다. '돌고 도는 인생', '주는 대
로 받는다', '주어라 그러면 받을 것이다'라는 표현들을 들어봤
을 것이다. 그런 현상도 적잖이 경험해봤을 것이며, 때로는 놀
랍고 또 때로는 경이로웠을 것이다.

무언가 부족하다고 느껴질 때, 주기 위해 마음을 열어보라.
당신이 구하고자 하는 것을 줄 때, 적당한 시기와 장소에서 우
리가 필요로 할 때 그것이 되돌아온다는 것을 알게 될 것이다.
또한 우리에게 아무것도 부족하지 않다는 것을 깨닫게 될 것이
다. 나눠주고 싶다면 굳이 물질이나 말로 선물할 필요도 없다.
좋은 생각이나 마음속의 기도, 애정이나 시간도 충분한 선물이
될 수 있다.

> 비전은 마음속을 들여다보아야만 명료해진다. 밖을 바라보는
> 사람은 꿈을 꾼다. 안을 들여다보는 사람은 깨어난다.
>
> — 칼 구스타프 융 —

빚진 이유를 다른 사람이나 외적인 환경 탓으로 돌리는 것과 마찬가지로, 빚에서 벗어나는 방법도 외부에서 찾으려는 사람들이 있다. 누군가 또는 무언가가 찾아와서 모든 것이 바뀌기만을 기다린다. 언제나 끊임없이 기대감 속에서 생활한다. '친척 중 하나가 아이들을 규칙적으로 돌봐준다면 부업을 찾을 수 있을 텐데, 그러면 탁아 비용도 아낄 수 있을 텐데.' '엄마가 집을 팔아서 보태주면 빚을 정리할 수 있을 텐데.' '크게 한 건 걸리면 빚을 죄다 갚아야지.'

정신적으로 지원을 부탁하는 것은 힘겨운 시기를 헤쳐나가는 건강한 방법이 될 수 있다. 하지만 다른 사람이 내 문제를 대신 풀어주리라 기대하는 것은 무리하고 무모한 요구이다. 상황이 너무 불공평하다고 생각될지라도, 반짝이는 갑옷의 기사나 행운의 광맥이 찾아와주길 기다리는 것은 그만두자. 나 자신에게 믿음을 부어주자. 그리고 행동할 수 있도록 힘을 부여하는 '위대한 힘'을 믿자. 나에겐 변화를 만들어나갈 힘이 있다. 현재 내가 처한 상황을 깨닫고 그로부터 시작함으로써 다시 힘을 내자. 그러면 불공평한 상황을 변화시킬 수 있는 용기 또한 찾아낼 수 있을 것이다.

나 자신에겐 인생을 긍정적으로 변화시킬 힘이 있다.

> **때때로 해야 할 질문은, '내가 무엇을 원하는가?'가 아니라**
> **'내가 무엇을 줄 수 있을까?'가 되어야 한다.**
> — 무명씨 —

'누가 날 도와줄까?', '이 골치 아픈 상황에서 어떻게 빠져 나가야 할까?'를 생각하며 매일 아침에 잠에서 깨어나는 사람들이 있다. 의기소침해진다. 순간순간을 즐기는 대신, 미래를 걱정하거나 과거를 저주하는 것으로 시간을 보낸다. 자신의 문제에만 골몰해 있다. 절망 속에서 말없이 살아간다. 기대한 바가 채워지지 못했을 때는 또 불평불만에 싸인다.

도움을 얻는 최선의 방법은 도움을 주는 것이다. 자기 연민에서 충만한 마음가짐으로 이동하라. 도움이 필요한 다른 사람들에게 손을 뻗어보라. 나 자신은 그 정도로 절실하지 않다는 것을 느끼게 될 것이다. 나에게 무언가 내어줄 것이 있음을 알게 될 것이다. 이 단순한 행동만으로도 기쁨을 경험할 수 있다.

> **상황에 도전해가는 동안, 나는 뒤로 물러서지 않고 앞으로 전진할 것이다.**
>
> — 데일 카네기 —

불평할 일들이 참으로 많다. 산더미 같은 독촉장의 압박, 쇠약해지는 건강, 배우자의 문제, 자녀와 친척들, 자동차, 배관 공사 등등. 걱정하고 걱정하고 또 걱정한다. 그런 문제들이 마음의 평화를 깨뜨리도록 그냥 내버려둔다. 자녀나 배우자에게, 심지어 개에게도 심술궂게 대한다. 무엇 하나 제대로 되는 것이 없다. 그 이유가 무엇인지도 알 수 없다. 자신은 옳게 행동하고 있는 것 같은데, 행복으로 보상받지 못한다. 행복은 다 어디로 갔단 말인가? 왜 나에게 찾아오지 않는 걸까? 나에게 그럴 자격이 없는 것일까? 자기 연민에 빠지기 시작하면 극도로 우울해진다. 그리고 그것은 후퇴를 유발시킨다.

그 괴로움이 발전의 일부라는 것을 받아들이자. 고통이 느껴진다 해도 전진, 발전할 힘을 찾을 수 있다. 수북이 쌓인 청구서와 낡아빠진 자동차와 관련해서 내가 할 수 있는 일을 생각해보자. 지금 나 자신을 훈련시켜 새로이 출발할 시점이 된 것인지도 모른다! 전진하자는 식으로 생각하면 자동적으로 낙관주의가 자리 잡는다. 그러면 전진하는 행동은 당연히 뒤따라온다.

**역동적인 목적이 강인한 삶을 이끈다.**

— 짐 콜린스 —

어느 날 갑자기 지금 가고 있는 방향, 지금 서 있는 곳이 이상하게 느껴진다. 제대로라는 느낌이 들지 않는다. 불안하고 어리둥절하다.

인생이 혼란스럽게 느껴질 때는, 자신의 가치 기준과 우선순위를 살펴보라. 거기다가 인생에 방향을 설정해줄 수 있는 목적을 덧붙여라. 그것들을 신중히 점검하고 내면의 목소리에 귀 기울인다면, 올바른 방향으로 향하고 있다는 자신감을 찾을 수 있다. 목적을 간직함으로써 힘을 얻자.

때때로 그 목적이 엉킨 실타래를 고르게 풀어줄 수도 있다. 예를 들어 사회에 가치 기준을 둔 사람이라면, 사회와 긴밀한 유대관계를 갖고 살아가는 것에 우선순위를 매길 것이다. 그럼 사회적인 활동을 조직하는 것을 목적으로 삼을 수 있다. 빚을 해결하려는 목표에 이 목적을 결합시킨다면, 도시 전체 영업망을 통한 창고 세일을 기획하고 실행하기로 결정할 수도 있다. 사회문제와 돈 문제를 동시에 풀어나가는 것이다.

> **중요한 것은 지금 있는 장소가 아니라 움직이고 있는 방향이다.**
>
> — 스티븐 코비 —

모든 것이 제자리에 놓여 있지만 기운이 빠지고 스트레스가 쌓이기도 한다. 어떤 목표도 충분치가 않은 것 같다. 정신적, 정서적, 영적으로 마비되어 전진할 수도 없고 전진하고픈 의지도 생기지 않는다. 목표들이 전부 버겁고 매력 없이 느껴지거나 손에 닿지 않는 저 멀리에 있는 것만 같다. 해야 할 일도 너무 힘들고 피곤하다. 내가 지금 추구하는 이것을 진정으로 원하는 걸까? 목표를 이루었을 때 기쁨을 느낄 수나 있을까?

눈앞의 과제에 정신을 집중시키고 온 마음과 정신을 다하여 이 순간을 생각하자. 또한 전반적인 목표를 마음에 새겨라. 집착하지는 말자. 그냥 내가 향하고 있는 지점만을 기억하자. 그것에 믿음을 주면 그것이 우리에게 힘을 준다. 정신력은 용감한 투사이다. 성실하게 실천하며 자신의 임무에 확신과 신뢰를 불어넣어라. 오늘의 고통에서 빠져나와, 고개를 똑바로 쳐들고 미래를 향하라.

**여행의 목적지를 갖는 것은 좋다. 하지만 결국 중요한 것은 여행 그 자체이다.**

— 어슐러 르 귄 —

몇 가지 목표를 이루었는데 어째서 크나큰 기쁨이나 흥분이 느껴지지 않는 걸까? 목표를 갖고 있음으로 해서 오랫동안 힘을 유지할 수 있었다. 그런데 마침내 목표를 이루었을 때는 뒤로 물러나 앉아 다음에 무엇을 해야 할지 알 수 없어한다. 이젠 어떤 것으로 시간을 메꾸어야 할까? 목표에 이르는 과정이 힘겨웠다 해도 그것은 우리를 계속 움직이도록 해주었다. 사실 중요한 것은 결과가 아니라 과정이다. 그러므로 목적지에 도달했을 때 약간의 당혹감을 느낄 수도 있다.

우리의 인생에 더 많은 목표가 있으며 그것을 붙잡기 위해 정신적으로 준비해야 한다는 점을 기억하자. 하지만 앞으로 돌진하기 전에, 잠시 멈춰 서서 목표 지점에 도달한 순간에 보상을 해주자. 자신의 성공을 인정하고 그동안의 희생과 힘겨운 작업을 돌아보며 그 과정의 기쁨을 기억하는 시간을 갖자. 또한 지금까지 도와주었던 사람들에게 감사하자. 스스로 축하하자.

> **낙관론자는 꿈이 현실로 이루어질 것이라 기대한다. 비관
> 론자는 악몽이 이루어질 거라고 기대한다.**
>
> — 피터 톰킨스 —

피곤하고 뚱한 기분으로 잠에서 깨어나, 간신히 잠자리에
서 빠져나와 아이들 학교 갈 준비를 도와주고, 인상을 찡그린
채 일터로 나선다. 오늘도 빚과 일상에 묶인 또 하루에 지나지
않는다. 아무것도 변하지 않을 것이다. 이런 식으로 매일매일
살아갈 운명이다. 그러나 그것은 그저 하나의 방식에 지나지
않는다. 그것을 받아들이는 편이 낫다. 짜증을 낸다고 해서 더
좋아질 것은 없으니까.

비관론은 악몽을 부르고, 낙관론은 경이로움을 부른다. 나
에게 기회가 있다고 믿으면, 모든 일이 최선의 상황으로 나아
갈 거라고 믿으면, 그것은 나에게 정력을 불어넣는다. 원하는
결과를 얻기 위해 필요한 힘, 적어도 최선의 결과를 얻기 위해
필요한 정력이 생긴다. 낙관적인 마음은 긍정적인 에너지, 희
망을 끌어들인다. 다른 사람들도 나의 주위에 머물고 싶어한
다. 남들도 내가 잘되기를 바라게 된다. 낙관론자가 되자.

**진실은 말이 아니라 진실을 표현하려는 의지로 구성된다.**

— 노먼 빈센트 필 —

인간에게 동기를 부여하는 요소들이 많다. 돈, 사랑, 욕망, 명예, 정열, 무지, 평화 등등. 이 요소들의 목록은 끝없이 이어질 수 있을 것이다. 동기가 생겼을 때 사람은 흔히 긍정적인 행동을 취한다. 그런데 원하는 것을 손에 넣고 기분이 좋아질 때가 있는가 하면, 원하는 것을 손에 넣었는데도 비참한 기분에 빠질 때가 있다.

잘못일 리가 없는 올바른 행동을 취하면서도 감정적으로 우울한 상태에 빠지게 된다면, 자신의 의도를 다시 한 번 점검할 필요가 있다. 부자가 되는 것이나 빚을 갚으려는 것이 원래의 의도였거나 혹은 제대로 생각하지 않고 취한 행동이었다면, 그 행동은 우리의 인생에 부정적인 것들을 끌어들이기가 쉽다. 좋은 것만 의도하면, 그리고 그 의도가 순수하다면, 결과는 항상 행복으로 찾아온다.

> 한 사람의 인생을 완벽하고 정확하게 묘사할 수는 없다. 진정한 자서전은 몇 년 몇 월 며칠에 발생한 사건들이 아니라 마음과 감정의 상태, 생각, 미소와 눈물로 써야 한다. 인생은 날짜에 의해서가 아니라 감정으로 영혼에 새겨진다.
>
> — 헬렌 켈러 —

많은 사람들은 자신이 하는 일이나 상황과 조건에 따라서 스스로를 규정한다. 나는 주식 중개인, 상인, 전업주부, 세일즈맨, 회사원이다. 나는 은퇴했다, 고질병에 걸렸다. 나는 알코올 중독자다, 도박꾼이다, 충동적인 과소비자다, 나는 돈을 벌지 못한다 등등.

하고 있는 일이 나 자신인가, 아니면 느끼는 것이 나 자신인가? 자신에 대한 감정이 좋지 않을수록, 우리는 더욱 충동적으로 행동한다. 자신의 감정을 스스로 부정하기 때문에, 포커 게임 테이블을 찾아다니거나 더 큰 집, 더 빠른 자동차를 추구하는 것이다.

때때로 나눠주기 전에 자신의 분노나 상처를 먼저 처리해야 할 경우가 있다. 누군가에게 혹은 무언가에게 자신의 느낌을 솔직하게 표현할 수 있다는 것은, 상처받았을 때나 행복할 때 그것을 말로 표현할 수 있을 만큼 자신의 감정에 충실하며 좋게 느끼고 있다는 사실을 나타낸다. 나의 감정을 끌어안고 존중하자.

**당신 안에 계신 신(God)을 공경합니다.**

― 네팔의 인사말 ―

네팔에서 '나마스테'라는 단어는 완전한 문장 하나를 표현한다. 당신의 안에 계신 신을 인정하고 그 신이 주신 빛에 감사한다는 뜻이다. "나마스테"라는 말을 듣기 위해서는, 위대한 영웅이 될 필요도 없고 잘 알려진 유명인사가 될 필요도 없다. 지능지수가 특별히 뛰어나거나 어마어마한 부자일 필요도 없다. '나마스테'는 우리 모두에게 적용된다. 우리는 그런 명예로운 긍정을 주고받을 만한 가치를 지녔다. 우리 안에 계신 신의 힘과 용기와 지혜를 존경해야 한다. 은행 잔고나 빚의 액수가 아니라, 영적인 힘으로 나 자신이 정의된다는 것을 알아야 한다.

> 모든 사람은 변화하는 인간성에 대해서 생각한다. 하지만
> 자신의 변화에 대해서 생각하는 사람은 아무도 없다.
>
> — 톨스토이 —

시대는 변화한다. 이제 더 이상 대서양을 건너는 데 한 달씩이나 걸리지 않는다. 집에서 술을 빚을 필요도 없고 잘 맞는 옷을 구하기 위해서 재단사에게 찾아갈 필요도 없다. 기술과 신용만으로 즉시즉시 만족을 얻을 수 있다. 어떤 사람들은 더 단순했던 예전이 좋았다고 회고하기도 한다. 또 다른 사람들은 모든 것을 즉각적으로 손에 넣을 수 있는 지금 여유 시간이 더 많아졌노라고 반박한다.

한 인간으로서의 우리의 진화는 선이나 악으로 평가할 수 없다. 그저 단순한 진화일 뿐이다. 우리는 어떤 이유를 지니고서 지금 이곳에 존재한다. 오늘의 세상 돌아가는 방식을 비판하기보다는, 거울 속에 비치는 자신을 응시해보라. 아주 사소하게라도 우리가 더 좋은 쪽으로 변한다면, 그 결과는 더욱 넓게 번져나간다.

**공평해지는 것을 목표로 삼으라!**

— 마하트마 간디 —

가족의 경제적인 목표가 있는가? 집이나 자동차를 사기 위해서 혹은 가족여행을 가기 위해 계획을 세우고 있는가? 결정권을 누가 쥐고 있는가? 한 사람이 모든 상황을 지배하는가? 가족 구성원들이 비밀을 간직하는가, 아니면 털어놓고 있는가?

가족의 경제적인 환경에 대해 평가해보자. 돈에 대해서 마음 놓고 말할 수 있는 환경일 때, 상황을 잘 알고 있다고 느낄 때, 비밀이 없다는 것을 확신할 때, 할 말을 한다고 느껴질 때, 자녀가 책임 있는 행동을 배워나갈 때, 그런 가정에서는 많은 가능성과 풍요로움의 느낌이 생겨난다.

> 자녀와 대화하는 단순한 행동이 놀라운 결과를 만들 수 있
> 다. 대화는 건강한 인간관계를 이끌어주는 가장 효과적인
> 방법 중 하나이다.
>
> — 벤저민 스포크 —

부모는 자녀들에게 마약과 술의 위험성을 인식시키고, 낯선 사람을 경계해야 하며 불장난을 하지 말라고 가르친다. 이런 모든 것이 자녀들을 보호하고 싶기 때문이다. 아이들이 세상에서 살아남을 수 있도록, 스스로 올바른 선택을 할 수 있도록, 인간으로서 성공적으로 살아갈 수 있도록 하기 위해서 이런 가르침은 중요하다. 그런데 돈에 대해서는 과연 어떤 교육을 하고 있는가?

자녀는 부모가 행동하는 방식을 보면서 많은 것을 배운다. 사실 부모의 소비 패턴을 그대로 따르게 되는 경우가 대부분이다. 물론 부모가 완벽할 수는 없는 노릇이다. 하지만 자녀에게 돈 관리 기술을 가르치기 위한 방법을 강구해볼 수는 있다. 어디서부터 시작해야 할지 모른다면, 그런 내용의 강연회나 모임에 데리고 나가는 것도 좋다. 건전한 돈 관리에 대해서 아이들과 얘기 나눌 수 있는 방법을 생각해보자.

**인간이 이전 세대의 일들을 비난하는 이유는 다른 선택이 한 가지밖에 없기 때문이다.**

− 장 라신 −

부모들은 자녀의 필요를 충족시켜줘야 할 책임이 있다. 심부름을 한 대가로 용돈을 줄 수는 있지만 옷이나 장난감, 먹을 것 등을 위해서 부모가 돈을 내주어야 한다는 사실은 분명하다. 어떤 식으로든 부모는 자녀에게 돈을 주어야 한다. 어느 정도까지 그것은 부모의 책임이다. 그런데 어째서 아이들 스스로 돈 관리에 필요한 기술을 터득할 기회는 제공하지 않는가?

용돈을 주는 것은 아이들에게 돈 관리 기술을 가르치는 한 가지 방법이다. 아무 조건 없이 주는 돈의 액수를 결정하라. 어린아이에게는 돼지저금통 하나를 마련해줘라. 학교에 다니기 시작한 아이에게는 용돈의 일부를 저축할 수 있도록 은행에 데려가자. 십대의 아이에게는 옷을 살 수 있는 예산을 따로 마련해서 자신이 원하는 브랜드명이나 재질의 옷을 선택할 수 있도록 해주자. 갖고 싶은 품목 리스트를 적어서 그것을 위해 저축하게끔 유도하자. 아이들이 스스로를 믿고 자신의 행동에 책임질 수 있도록 이끌어주자.

> **책임감이란 단지 반응하는 능력을 의미한다.**
>
> — 로버트 루이스 스티븐슨 —

대개의 부모들은 아이들과 함께 백화점에 나가는 것을 끔찍하게 생각한다. "이 장난감 사주세요"라는 말을 들을 수밖에 없음을 알기 때문이다. 아이들은 부모가 많은 사람들 앞에서 호통을 치거나 말다툼하려 들지 않는다는 것을 알고 있다. 아이들은 자신이 원하는 것을 손에 넣기 위해 바로 그 점을 이용한다.

아이들과 말다툼하거나 "안 돼"라고 말하는 대신, 상냥하게 동의해주라. 그렇다. 그냥 동의해줘라. 장난감을 사주라는 뜻이 아니다. "그 인형 참 예쁘구나", "그 장난감 정말 멋지구나" 하고 동의해준 다음 아이에게 소비 계획에 포함시키라고 말하라. 그 물품을 원하는 품목에 포함시켜서 용돈을 저축하라고 제안하라. 그 물건이 너무 비싸거나 사줄 마음이 있다면, 어느 정도 돈이 모였을 때 반값을 내주겠노라고 제안할 수도 있을 것이다. 아이들에게 선택권을 넘겨 스스로 결정하도록 하자.

**두려움은 지혜의 시작이다.**

— 미겔 데 우나무노 —

신용카드를 다 없애버리기로 결정했다면 이제 현금을 지니고 다녀야 한다. 그런데 대개의 사람들은 현금 지니는 것을 두려워한다. 소매치기라도 당하면 어쩌나, 지갑을 잃어버리면 어쩌나, 주머니가 찢어지면 어쩌나.

소매치기당하거나 지갑을 잃어버리는 것은 늘 일어나는 일이 아니다. 그 두려움(현금을 지니고 다니는 낯선 상황)을 극복하기 위해서 실험을 해보라. 며칠 동안 외출할 때마다 다른 액수의 현금을 들고 나서라. 그러면 어느 정도의 현금을 지닐 때 가장 마음이 편안해지는지 파악할 수 있을 것이다.

> **할 만한 것을 아는 것이 기술이다.**
> — 새뮤얼 스마일스 —

살아가면서 약간의 불편함만 생겨도 우리는 물질적인 해결책을 모색하려 든다. 집 안에 가구들을 들여놓으면 근사하지 않을까? 그것 없이 살아야 할 이유가 없지 않은가? 그러면 그것을 사야 한다고, 그것도 당장 사야 한다고 결정한다. 반사적인 소비는 결과를 생각지 않고 소비하는 행동이다. 그저 긍정적인 결과들만을 본다. 가구를 사면 얼마나 즐거울까, 집 안이 얼마나 멋지게 보일까. 신용카드로 사는 것 또한 거의 항상 반사적인 소비이다. 가정의 경제에 미칠 장기간의 충격을 생각하기보다 당장 눈앞의 만족을 추구하는 것이다.

소비하는 즐거움 대신, 원하는 것을 위해 저축하고 돈을 버는 과정에서 즐거움을 찾아보라. 반사적으로 사들였을 때 그 물건들을 보면서 사실은 마음에 들지 않는 경우도 많을 것이다. 참고 기다리면서, 진짜로 자신이 필요로 하고 원하는 것이 무엇인지 파악해보자.

계획에 없는 구매를 하기 전에 최소한 24시간 정도 기다리자.

> **허영은 이성을 무너뜨리는 모래사막이다.**
> — 찰스 린드버그 —

나이가 들어가면서 어느 순간, 신체의 변화를 알아차리며 두려움에 빠질 때가 있다. 갑자기 주름살이 늘어난 것 같고, 살이 처지고 흰머리가 생겨나고 배가 불룩해지고 피부도 거칠어진 것 같다. 이혼을 했거나 애인과 사귀는 중이거나 직업상 더 젊어 보여야 하는 경우라면 특히 더 두려울 것이다. 그러면 이런 현상을 막기 위해서 무슨 짓이든 해야 한다고 생각한다. 성형외과에 들락거리며 상담하고 값비싼 노화 방지 화장품을 사들인다.

아름다움이 우선순위 중 하나일 수는 있다. 아름다워지려는 욕구를 만족시켜주는 것이야 좋지만, 경제적인 상황도 고려해야 하지 않겠는가. 물건을 사거나 날짜를 잡기 전에 우선 꼼꼼하게 생각하자. 아름다움을 위한 보다 덜 소비적인 방법을 찾아보고, 내면의 아름다움에 관심을 집중하자.

**나는 나의 불완전성을 내 존재의 핵심으로 본다.**

— 아나톨 프랑스 —

미인들이 등장하는 광고를 보거나, 더 젊은 사람 혹은 당연히 더 젊을 수밖에 없는 사람들과 자신을 비교하게 되면, 몹시도 우울해지고 절망에 빠지는 경우가 있다.

하지만 불만을 갖게 되는 진짜 이유는 자신의 자부심에 문제가 있기 때문이다. 자신에게 진실을 말해줘라. 우리는 이런 식으로 만들어졌다. 이 자체로 사랑스럽다. 우리가 자신을 받아들이면 다른 사람들도 그것을 감지할 수 있다. 우리가 자신의 모습에 만족해한다는 것을 알 때, 다른 사람들도 똑같이 반응한다.

외모에 대한 느낌은 더 큰 자부심을 찾아내고 내면의 아름다움을 깨닫는 방법이 될 수도 있다. 다른 사람들이 신체적인 외모를 이유로 우리를 경멸하거나 판단한다면, 그들 자신의 자부심에 문제가 있다는 것만 알면 된다. 완벽한 척하는 것보다 완벽하지 못한 자신을 겸손하게 인정함으로써 더욱 아름답고 독특해진다는 것을 알자.

> 강줄기를 막으면 물이 고인다. 흐르는 물이 아름답다. 그
> 것은 수로가 된다.
>
> — 영국 속담 —

우리의 생각은 기본적으로 세 가지 단계에서 일어난다. 가장 밑바닥에서 일어나는 생각은 부정적, 혹은 낭비적인 생각들이다. 다음 단계는 현실적인 생각들이다. 오늘 통장을 정리해야 한다, 식료품을 사야 한다, 고객에게 전화를 해야 한다 등등. 가장 높은 단계는 긍정적인 생각들이다. 긍정적인 결과를 향해 관심과 의지를 돌리는 것이다.

빚에 대해서 생각할 때 긍정적인 단계에서 생각하자. 어떻게 행동하면 상황을 변화시킬 수 있을까? 수입을 늘릴 수 있는 방법은 무엇일까? 어떻게 하면 문제를 단순화할 수 있을까? 긍정적인 생각들은 우리를 앞으로 움직이게 한다. 부정적인 생각에 우물거리고 있으면 부정적인 상태에 머무를 뿐이다.

오늘은 부정적인 생각이 들 때마다 다음 단계의 생각으로 나아가자고 스스로에게 말해주자.

> 사람들이 날 부러워할 때면, 난 제발 참아달라고 부탁하고
> 싶다. 나에게도 힘든 일들이 있다.
> — 바브라 스트라이샌드 —

행복해 보이는 사람들, 인생이 잘 되어가는 것 같거나, 성공하고 재능 있는 사람들을 볼 때면, 우리는 그런 사람처럼 되고 싶어한다. 혹은 그들이 가진 것을 나도 가졌으면 하고 바란다. 하지만 언제나 다른 사람의 떡이 더 커 보이는 법이다.

부러움을 느낄 때 우리는 공백을 채우기 위해서 바라보고 있는 것이다. 외면적인 것이 눈속임일 수도 있음을 기억하자. 때때로 완벽하다고 느끼는 사람도 있겠지만 항상 완벽을 느끼는 사람은 없다. 우리는 누구나 불완전하다. 완벽할 수 없는 것이 바로 인간이다. 우리는 그저 진보하기 위해 여기에 있을 뿐이다.

> **기회란 준비된 마음에만 호의를 베푼다.**
>
> — 루이 파스퇴르 —

예비비와 앞으로 들어가야 할 비용을 위해 통장을 각기 분리시켜놓으면 돈의 흐름을 쉽게 파악할 수 있다. 소비 계획을 기초로 해서 휴가, 의복, 오락 등의 다양한 경비에 어느 정도 액수의 소비가 가능한지 알 수 있을 것이다. 또한 예비비에 들어가야 할 돈의 액수도 계산해볼 수 있다. 자동차 보험료, 세금, 선물 비용, 집 수선 비용, 병원비 등등. 자동차 유지비와 수선비, 세탁기를 새로 사기 위해 필요한 비용도 미리 계획해두어야 한다.

그 액수를 합산하여 열두 달로 쪼개면, 매달 각각의 통장에 얼마의 돈을 넣어야 하는지 알게 된다. 소비 내역서를 상세하게 기록해가면서 분리된 통장들에 포함되어 있는 잔액도 꾸준히 계산하라. 기록을 돈 관리의 기본으로 생각하자. 나만의 지출 목록을 만들어보자.

> **패배는 최악의 실패가 아니다, 시도하지 않는 것이 진짜 실패이다.**
>
> — 우디 앨런 —

생활비와 예비비를 계산하는 것뿐만 아니라, 중대한 우발적 사건에 들어갈 비용도 미리 준비할 필요가 있다. 일자리를 잃어버리거나, 수술을 받아야 하거나, 부모님을 간호하기 위해 직장을 그만두어야 하거나, 지하실에 물이 차거나, 자동차 사고가 생기거나 등등, 피할 수 없는 중대한 사건들이 언제든 일어날 수 있다.

먼 앞날까지 생각하고 싶지 않을 수도 있다. 일어나지 않을지도 모르는 일들까지 걱정할 필요가 있을까? 오늘 지불할 청구서 문제만 해도 골치가 지끈거린다. 그런데 왜 굳이 새로운 문제들까지 상상해야 하는가?

미리 준비하지 않으면 그런 예상치 못한 경비들은 또다시 우리를 빚으로 끌어들일 수밖에 없다. 언제 무슨 일이 일어날지 예측할 수는 없지만, 긴급 상황을 위해 경제적으로 최선을 다해 준비할 필요가 있다. 중대한 우발적 사건을 대비하여 특별한 통장, 즉 특별한 기금을 마련해두자. 이 통장에 얼마만큼의 돈을 넣어둘까 하는 결정이야 사람마다 다르겠지만, 금융 전문가들은 대개 3개월 내지 6개월치 정도의 수입을 저축해두도록 권고한다. 큰 사건만 안 일어난다면, 저축한 만큼 우리는 앞서 나가는 것이다. 뜻밖의 일에 대비하는 것이 앞서 나가는 것이다.

두려움과 의심은 말로 표현할 때 훨씬 줄어든다.

— 무명씨 —

매일의 지출 경비를 양심적으로 기록하고 있다. 경제적으로 건전한 결정을 할 수 있을 정도로 돈에 대한 의식이 높아졌다. 비용을 줄이는 방법과 더 많은 돈을 벌기 위한 방법을 창조적으로 찾아다닌다. 6개월 동안 단 하루도 카지노에 가거나 직장에 빠진 적이 없다. 스스로 아주 잘 해나가고 있다는 느낌이다.

그런데 예전의 행동으로 돌아가고픈 충동과 욕구가 여전히 치밀어 오른다. 사실 도박이나 쇼핑이 몇 년 동안의 생활방식이었으므로 하룻밤 사이에 확 바뀌기는 힘든 일이다.

우울해지거나 과소비하고픈 충동이 생길 때면 의지가 되는 사람에게 전화를 하자. 그 사람에게 전화해서 하고 싶은 행동에 대해서 털어놓아라. 생각을 표현하는 것만으로도 그 충동은 현저히 약해질 수 있다. 머릿속으로 되풀이해서 생각만 할 게 아니라, 그 생각을 입 밖으로 내보내라. 수치스러운 일을 숨기는 것과 수치스럽더라도 약함을 드러내는 것 사이에는 분명한 차이가 있다.

예전의 생활방식으로 돌아가고 싶다면 누군가에게 전화를 하자.

> 사람의 판단이 항상 옳지는 않다. 맞을 확률과 틀릴 확률
> 은 반반이다.
>
> — 스티브 잡스 —

　다른 사람의 나쁜 습관으로 인해 경제적으로나 심적으로
파산 상태에 이른 사람들은 그 어떤 것 하나만은 절대 안 된다
고 판단하곤 한다. 자신의 인생이 그 이유 때문에 황폐해졌으
므로 도박이나 음주를 사악한 것으로 규정짓는다. 그리고 그런
행동을 하는 사람 자체를 심판하기 시작한다.

　하지만 한 가지 기억할 것은 사교상 술을 마시거나 카드놀
이를 하는 사람들도 있다는 점이다. 그런 사람들은 한두 잔의
술을 마시고, 미리 마음먹은 액수의 돈으로 게임을 하다가 다
잃고 나면 그 자리를 떠난다. 그들은 단지 즐거운 시간을 갖는
것이다. 휴식을 취하고 오락을 즐기는 것뿐이다. 나쁜 습관이
수많은 인생에 혼란을 불러일으킨다 해도, 세상에는 '비중독자'
들이 더 많다.

　오늘은 내가 안다고 생각하는 사실만으로 다른 사람을 판
단하지 말자.

> 두려움 다음으로 가장 낭비적인 감정은 자신이나 다른 사람에게로 향하는 원망과 관련된 감정들이다.
>
> — 지그 지글러 —

도박의 결과에 너무 격분한 나머지, 금지주의자적인 태도를 취하는 사람들이 있다. 카지노나 복권 자체가 세상에서 다 사라져야 한다고 믿어 의심치 않는다.

그런데 카지노와 복권 창구를 줄여가는 것이 가치 있는 일이라 해도, 이미 그 습관에 빠진 사람에게는 별 도움이 되지 않는다. 사회 체제를 비난하기보다 중독된 사람들의 영혼을 개선시키는 데 관심을 갖자. 그 중독된 사람들에게 정서적, 영적인 도움이 필요하다는 점을 생각하자. 카지노를 없애려 한다면, 도박에 중독된 사람은 불법적인 도박장을 찾아가거나 아니면 다른 식으로 마약이나 자살 쪽으로 방향을 돌릴지도 모른다. 사람들이 각기 스스로 선택한다는 점을 인정하자.

> 우리는 감히 생각할 수 없는 것들까지 생각해야 한다. 빠
> 르게 변하는 세상에 맞설 수 있는 모든 선택과 가능성들을
> 탐험해나가야 한다.
>
> — 앨빈 토플러 —

당신이 만약 도박이나 과소비, 술, 마약 등에 중독된 사람과 함께 생활하는 사람이라면, 무얼 어찌해야 할지 당황스러울수도 있다. 그 중독의 결과로 엄청난 빚더미에 올라앉았지만, 배우자에 대한 감정은 여전하다. 결혼 생활을 끝내고 싶지 않다. 어떻게든 계속 그 사람과 같이 살고 싶다. 하지만 결혼 생활을 유지하면서 이 경제적 난관에서 빠져나갈 수 있는 방법은무엇일까?

배우자가 여전히 중독적인 습관 때문에 빚을 지고 있다면당신은 경제적으로 극한의 궁핍에 처할 수가 있다. 하지만 결혼 생활을 끝내는 것만이 유일한 방법은 아니다. 합법적인 방법을 찾을 필요가 있다. 서류상으로만 이혼했을 뿐 여전히 부부로서 살아가는 사람들도 있다. 이것도 경제적인 궁핍으로부터 자신을 보호하는 한 가지 방법이다. 사람마다 선택은 다르겠지만. 물론 합법적인 범위 내에서 찾을 수 있는 방법이 또 있을 것이다. 도박과 알코올 중독 때문에 무너진 가정을 도와주는 기관에 찾아가는 것도 고려해볼 만하다. 내가 경제적으로견딜 만한 한계선이 어디인지 생각해보자.

> **이 세상에서 어떤 이유로든, 인생은 당신에게 빚을 지고 있다.**
>
> — 켄 블렌차드 —

직장에서 아주 근사한 일이 있었다, 직장에서 안 좋은 일이 있었다. 시험에 합격했다, 시험에 떨어졌다. 시합에서 이겼다, 시합에서 졌다. 아이들과 함께 즐거운 하루를 보냈다, 아이들과 힘든 하루를 보냈다. 배우자가 출장을 갔다, 배우자가 집으로 돌아왔다. 우리는 어떤 이유로든 돈 쓸 구실을 만들어낸다. 돈을 쓸 자격이 있다고 믿는다. 인생이 우리에게 빚을 졌으니 그걸 보상받아야 한다고 생각한다.

우리는 분명 보상받거나 축하받을 만한 자격이 있다. 하지만 보상이나 축하 같은 단어는 특별한 경우를 두고 하는 말이다. 그리고 특별한 일은 매일 일어나는 것이 아니다. 살아가면서 작은 장애물이나 성공을 깨닫는 것도 좋지만, 그 중요성에 비례하여 보상과 축하를 선택하자. 위기에 처했을 때 등을 두드려 용기를 북돋워준다거나 '위대한 힘'에게 감사의 기도를 올리는 것도 하나의 선택 방법이다. 나에겐 책임 있는 행동에 주어지는 보상을 받을 만한 자격이 있다.

> 돈을 갖고 가치 없는 시간을 보내는 것보다 돈 없이 뜻깊은
> 시간을 보내는 게 더 낫다.
>
> — 무명씨 —

혼란 상태에서 빠져나와 꾸준히 돈을 갚아나가고 자신의 행동에 기분이 좋아진다면, 이제 질적인 삶을 살아갈 시기가 되었다. 빈털터리일지라도 그것은 문제가 되지 않는다. 자신을 믿고 미래에 확신을 가져라. 자신의 선택을 기분 좋게 받아들여라.

경제적인 풍요를 얻어가는 지점에 이르렀다면, 자신의 행동과 영적인 면을 점검해보자. 돈만 있다고 즐거워지는 것은 아니며 그 무엇보다 인간관계를 우선시해야 한다는 점을 기억하자. 즐거운 시간은 질적인 인간관계, 그리고 자신과 자신의 행동에 대한 즐거운 기분으로 구성된다. 양이 아니라 질을 추구하자.

> 거짓으로 진실을 가리지 말 것이며, 고의로 진실을 숨기지
> 도 말라.
>
> — 꾸란 —

'언젠가는 모든 일이 잘 풀릴 거야.' 이런 마음 상태로, 부업을 하고 가능한 한 경비를 줄이면서 망각 속에서 생활해나간다. 현실을 바라보지 않는다. 현실이 너무 고통스럽기 때문이다. 자신이나 사랑하는 사람의 중독적인 습관이 영원히 계속되리라곤 생각하고 싶지 않다. 그 사람이 변할 것이라고 생각한다, 언젠가는. 그래서 희망을 품고 기다려보지만, 그 언젠가는 결코 오지 않는다.

사람과 상황을 진실한 현실로서 바라보아야만, 그 언젠가가 데굴데굴 구르기 시작할 것이다. 그것이 상상하던 장밋빛 그림처럼 되지 않을지도 모른다. 하지만 최소한 기다리기만 하면 모든 일이 잘될 거라는 마음의 속박에서는 벗어날 수 있다. 우리는 기다리는 것보다 더 많은 할 일이 있다. 중독적인 행동을 사실 자체로, 그 장본인도 통제할 수 없는 습관으로 바라보아야 한다. 중독 상태가 변하지 않을 거라는 점을 받아들일 때 우리는 변할 수 있다. 우리가 변하면 그 언젠가가 다가오기 시작할 것이다. 진실 속에서 자유를 찾자.

> **우선 꿈을 꾸지 않으면 아무 일도 일어나지 않는다.**
> ― 셰릴 샌드버그 ―

자신의 미래를 생각할 때 어떤 그림이 떠오르는가? 지금보다 모든 것이 잘 풀려나가는가, 아니면 여전히 똑같은 돈 문제로 몸부림치고 있는가? 진실로 원하는 것을 꿈꾸고 있는가, 아니면 원한다고 생각되는 것을 꿈꾸고 있는가? 전체적인 그림이 보이는가, 아니면 그 일부분만 보일 뿐인가? 그 꿈들이 자신의 목표와 맞아떨어지는가?

오늘 나의 행동은 내일 나의 살아가는 방식에 영향을 미친다. 자신이 원하는 것을 안다면, 진정한 마음의 소리에 귀 기울이고, 목표를 적어보고, 행동할 때마다 그 목표를 마음에 새기고자 한다면 자신의 꿈을 목표로 설정하라. 소망을 목표로 바꾸고 그 목표를 현실로 바꾸어나가라. 내가 원하는 인생을 떠올리자.

**과거가 아니라 상상으로 살아가라.**

— 스티븐 코비 —

자신에게 미래의 풍요를 이끌어낼 만한 잠재력이 없다고 생각하는 사람들이 있다. 항상 일정한 액수의 돈을 지니게 될 것이며 언제나 창고 같은 집에서 살아가게 될 것이라 확신한다. 자신이 벌 수 있는 돈이나 살고 싶은 집의 형태에 대해 생각조차 하지 않는다. 그런 생각들이 머릿속에 끼어들면 가당치도 않다고 생각하며 서둘러 쫓아버린다.

하지만 우리에게는 가능성이 있다. 진실로 원하는 것을 머릿속에 알려주기만 하면 된다. 그런 다음 마음에도 그것을 알려줘라. 그것을 마음으로 느껴야 한다. 어떤 직업에서 성공하고 있는 자신을 상상해볼 수도 있고, 마음에 드는 실내장식의 광고들을 모으고 당당히 견본 주택들을 순례해볼 수도 있을 것이다. 그다음에는 믿어야 한다. 믿자. 상상을 통해 내가 원하는 인생을 경험해보자.

> 전진하는 기술은 변화 가운데 질서를 유지하고 질서 가운데 변화를 보존하는 것이다.
>
> — 알프레드 노스 화이트헤드 —

마침내 전진해가고 있다. 아직 갚아야 할 빚이 많긴 하지만 빚에 관련된 감정들은 처리되었다. 혼란에서 빠져나와 명료한 상태로 들어갔다. 더 이상 빚진 상태에 대해서 걱정하거나 불안해하지 않는다.

이 정도 단계에 이르면, 나를 가장 괴롭혔던 것이 바로 자제력의 상실이었음을 알게 될 것이다. 자신이 저지른 일에 대해서나 상황을 개선시키기 위해 할 수 있는 일에 대해 확고히 인식하면, 빚은 그저 생활의 또 다른 일부분이 된다. 그것을 받아들여라. 저항하려 들지 말고, 자신이나 남들을 탓하는 것도 그만두자. 그냥 경제 상황을 처리해나가자. 인생을 즐길 수 있도록 시간과 에너지를 간직하자. 부자가 아니라 해도, 우리는 전진해나가고 있다. 이것만으로도 상상 이상으로 훨씬 만족스러워진다.

> **연민은 이해하는 마음이다.**
>
> — 빅터 프랭클 —

모든 사람은 어떤 식으로든 유일하고 특별한 존재이다. 각기 다른 인생을 살아간다. 나름대로의 경험을 겪어나가며, 그것들이 모두 합하여 하나의 인격체를 만든다. 나도 나 자신일 뿐이다. 그러한 생각의 결과로 자신의 상황을 누구도 이해하지 못할 것이라 확신한다. 이해해주지도 못할 텐데, 왜 굳이 나의 문제들을 떠벌려야 하는가? 이해하지 못하면 너그러운 태도도 보일 수 없는 법이다. 사람들은 오히려 나를 심판하려 들 것이다. 그러니 혼자서 감당하는 편이 낫다.

어떤 면에서 내가 유일한 존재이긴 하지만, 한편으로는 다른 사람들과 공통되는 감정과 생각들을 지녔다. 몇몇 이해하지 못하는 사람들이 있다 해도 이해할 수 있는 사람들이 더 많다. 많은 사람들이 이해심으로 기다리고 있다. 돈 문제에 대해 남들에게 말하지 못하는 이유가 사실은 수치를 드러내고 싶지 않기 때문임을 인정하자. 안으로 계속 투쟁하는 중일지라도, 표면 위의 좋은 점들을 계속 바라보려 애쓰자.

> 어려움은 인생의 일부분이다. 함께 나누지 않는 것은 당
> 신을 사랑하는 사람에게 사랑할 기회를 부여하지 않는 것
> 이다.
>
> — 디나 쇼어 —

　필요한 것을 부탁하지 않거나 어려움을 얘기하지 않는 습관의 사람들이 있다. 마음이 불편해지기 때문이다. 귀찮은 존재가 되고 싶지 않다. 항상 불평해대는 것처럼 보이고 싶지도 않다. 강해질 필요가 있다고 생각한다.

　하지만 대부분의 사람은 도와주는 것을 좋아한다. 그것이 사랑받는 존재, 필요한 존재라는 느낌을 전달해주며, 또한 그저 스스로 기분이 좋아지기 때문이기도 하다. 도전을 두려워하지 마라. 실험을 해보라. 물론 실수가 없지는 않을 것이다. 엉뚱한 사람에게 너무 많이 지껄이거나 말해야 할 것을 정확히 말하지 못하는 경우, 혹은 정말로 조용한 시간이 필요할 때 말을 남발하게 되는 경우도 있을 것이다. 시간이 지나면, 우리의 말을 가장 잘 들어주는 사람, 가장 바람직한 대답을 해주는 사람, 그리고 말해야 할 최선의 시기를 파악할 수 있게 된다. 단지 시도와 실수를 거칠 뿐이다.

　내면의 감정에 귀를 기울이자. 고민이 계속된다면 믿을 수 있는 사람에게 내 생각을 털어놓자.

> **누군가 당신을 뒤에서 걷어차고 있다면, 그것은 당신이 앞에 있다는 뜻이다.**
>
> — 찰리 쉰 —

정직한 충고를 해준다고 믿을 만한 사람을 찾았을 때, 우리는 그들이 말하는 것을 받아들이기 위해 준비할 필요가 있다. 가끔은 정직하고 올바른 충고가 받아들이기 힘들 때도 있다. 그래서 그 사람에게 화가 나고, 너무 심하게 말하는 상대방에게 원망을 나타내기도 한다.

듣기 싫은 말들도 있을 것이다. 하지만 현실을 바라보라. 눈앞의 사실을 바꿀 수는 없다. 중요한 것은 사실을 말해주는 사람에게 반응하는 우리의 방식이다. 그 충고를 받아들이기까지 시간이 필요할 수도 있다. 충고해주는 사람은 싹터야 하는 씨를 뿌려준 것이나 다름없다. 시간을 들여 그 충고를 생각함으로써 그 씨앗에 물을 뿌리자. 적당한 시기가 되면 진실을 이해하고 받아들일 수 있게 될 것이다. 의지가 되는 사람의 충고에 귀를 열어놓자.

### 어째서 세상이 시작해주기를 기다리는 거지?
– 테네시 윌리엄스 –

돈 문제 때문에 혼미하고 당황스러울 때, 어떻게 명료하게 생각할 수 있을까? 어떻게 도움을 얻는 첫 단계로 나아갈 수 있을 것이며, 그 단계가 무엇인지 어떻게 알 수 있을까?

믿을 수 있는 한 사람을 찾아보라. 마음을 털어놓는 것부터 시작하라. 돈과 관련된 문제가 생겼으며 도움이 필요하다고 말하라. 돈 문제의 근본 원인에 대해서, 도박이나 충동적인 소비, 알코올 중독 등에 대해서 고백하라.

아직 친구에게 정직하게 말할 수 있는 상태가 아니라면, 전화번호부를 뒤져보자. 익명으로 털어놓을 수 있는 곳들이 많고 도움이 되는 정보를 제공해주는 곳들도 분명히 있다. 배우자가 화를 낼까 봐 걱정스럽다면, 그 정보를 직장이나 친구의 집으로 보내달라고 부탁하자. 도움을 얻는 첫 단계가 가장 힘들지만 과정이 진전될수록 점점 더 편해진다.

> 늙은이가 되어 생각해보니, 나는 지금까지 많은 걱정거리
> 들을 안고 살아왔다. 하지만 걱정했던 일들 중 대부분은
> 현실로 나타나지 않았다.
>
> — 마크 트웨인 —

많은 사람들은 일어나지도 않을 문제를 걱정하면서 시간을 소비한다. '만약에…'라는 각본을 구상하고 잘못될 일을 예상하며 어마어마한 고민거리를 만들어낸다. 게다가 일어나지도 않는 일 때문에 건강까지 손상한다.

잘못될 수도 있는 일들을 예상하고 그 처리 방안을 준비하는 것은 현명하다. 하지만 골칫거리를 만들어 밤이나 낮이나 걱정하면서 시간을 보내는 것은 우리의 앞길을 가로막는다.

극복할 수 있다는 마음 자세가 되어야 한다. 파괴적인 생각들을 즉시 내버리고, 의식적으로 건설적인 생각으로 대치시켜라. 아무 장애물도 없는 것처럼 행동하라.

> 문제에서 빠져 나가는 최선의 방법은 그 문제를 해결하는 것이다.
>
> — 토머스 에디슨 —

모든 사람은 만족시켜주어야 할 욕망이나 욕구를 지니고 있다. 가치 있는 꿈을 좇아가는 것이 영혼을 살찌우고 온전한 인간이 될 수 있는 한 가지 방법이다. 때때로 한계가 느껴질 수도 있다. 돈이 없기 때문에 그 꿈을 따를 수 없으리라 생각될지도 모른다.

나의 내면에 충만한 인생을 살아갈 힘이 존재한다는 것을 기억하자. 움츠러드는 느낌은 창조적으로 움직일 필요가 있다는 신호이다. 상상력이 장벽을 깨뜨릴 수 있다. 나의 진정하고 깊은 욕망을 파악해보자. 상상력을 발휘하여 그 꿈과 욕망을 이룰 수 있는 기회를 찾자.

> **후회를 잊어라, 그렇지 않으면 인생을 놓친다.**
>
> — 캐서린 맨스필드 —

　과거를 기억하며 도박꾼이나 중독자와 결혼하기 전의 인생으로 돌아가길 바란다. 충동적인 소비를 시작하기 전, 자신이나 사랑하는 사람이 고질병에 걸리기 전, 이혼하기 전, 원하는 것을 살 정도로 충분한 돈이 있었을 때, 혹은 지금처럼 물질적이지 않았던 이전의 시대를 그리워하기도 한다.

　기억은 환상을 많이 포함할 뿐만 아니라 선택적이다. 곰곰이 생각해보면 부정적인 면들도 보일 것이다. 인생이 '어떻게 될 수 있었을 텐데'를 생각지 말고, 나 자신에게 힘을 부여하자. 현재의 시련에 맞서 싸울 힘, 오늘을 즐길 수 있는 힘, 계속 앞으로 나아갈 수 있는 힘을 내자. 새로운 출발을 위해 지금 내가 경험하고 있는 것에 감사하자.

**반응하는 대신 행동할 용기를 가져라.**

— 빅터 프랭클 —

우리의 행동은 때때로 그날의 경험을 반영하여 그 반대로 번지기도 한다. 사장에게 억울한 대접을 받았을 때 집으로 돌아와서 아이들에게 고함을 친다. 좌절감에 빠졌을 때 배우자에게 화를 터트린다. 시간이 지난 뒤에는 그 행동에 대해 비난받게 될 뿐이다.

성실하고 정직하게, 친절하게 행동할 때, 그와 똑같은 반응을 얻을 수 있다. 어쩌면 뜻밖에도 긍정적인 부산물이 생길지도 모른다. 더 나은 인간관계와 건강, 인생의 아름다운 것들 말이다. 정직한 삶이 인생의 결실을 받아들일 수 있는 최상의 상황이다.

> 나쁜 짓을 하지 않는다, 파리 한 마리 건드릴 수 없다. 돈은
> 그냥 돈일 뿐이다. 하지만 돈에 대한 두려움 같은 것으로
> 돈에 힘을 실어주면 가장 중요한 인간관계에 문제를 일으
> 킬 수 있다.
>
> — 앙드레 코스톨라니 —

돈에 관심을 집중시키고 싶든 말든, 빚에 빠져 있든 아니면
불태울 만큼 돈이 남아돌든, 나의 결정에 영향받는 사람들에게
나의 돈에 대한 생각과 감정들을 얘기해줄 필요가 있다. 사랑하
는 사람들이 나의 생각을 알고 이해할 것이라 확신하지는 마라.

돈에 대한 나의 감정과 태도는 주위 사람들에게도 영향을
미친다. 나의 감정이 두려움, 걱정, 빈곤감일 수도 있다. 돈에
대한 태도가 저축하거나 소비하거나 자제하는 것일 수도 있다.
돈은 다른 사람과 살아가는 데 필수적인 부분, 인간관계에 필
수적인 부분이다. 하지만 그 돈에 대해 자기 멋대로 느끼고 행
동할 자격이 있다고 확신하는 것은 인생에서 가장 중요한 인간
관계를 손상시킬 수 있다.

오늘은 인간관계의 문제를 돈 때문이라 탓하지 말자. 나와
관련된 사람들에게 돈에 대한 태도와 감정들에 대해서 솔직하
게 말하자.

> **고통은 짧고 기쁨은 영원하다.**
> — 프리드리히 실러 —

엄청난 빚을 안고 있음으로 해서 자신을 수치스럽게 생각한다. 당황스럽다. 다른 사람들에게 삶의 기본적인 기술 하나 터득하지 못한 바보로 비칠 것만 같다. 배우자나 자녀가 빚을 진 상태라고 해도 여전히 수치스럽다. 그 일부분의 책임이 자신에게 있다고 믿기 때문이다.

수치스런 느낌에 빠져들면 후퇴하고 고립되려는 경향이 생긴다. 다른 사람들이 나의 감정을 알아차릴 것임을 알기 때문에 그들에게 어떤 기색도 드러내지 않는다. 더 이상 창피를 당하고 싶지 않다. 아무도 이해하지 못할 것이라 믿는다. 그래서 자신을 숨기기로 선택한다. 상황에서 도피함으로써 수치를 숨기기로 결정하는 것이다.

하지만 우리는 혼자가 아니다. 수백만 명의 사람들이 진퇴양난의 문제에 빠져 있고, 중독적인 습관을 지녔거나, 문제 있는 가족과 함께 살거나, 우리와 똑같은 감정을 느끼고 있다. 그것은 우리를 도울 수 있는 사람이 수백만 명이라는 의미이다! 믿을 만한 한두 사람에게 나의 수치심을 털어놓자.

> 하느님은 나에게 성공하라고 요구하지 않았다. 성실하라
> 고 요구하셨다.
>
> — 테레사 수녀 —

중독적인 습관과 마찬가지로, 빚도 사회적인 경계선이 없다. 부자나 가난한 자, 가게 점원이나 의사, 건물 수위이든 유명한 연예인이든 모두에게 똑같이 찾아갈 수 있다. 우리는 충분한 돈을 벌지 못하기 때문에, 생계비가 계속 늘어나기 때문에 빚을 지는 것이라 생각하려 든다. 많은 사람들에게는 이것이 사실이기도 하다. 하지만 수입의 한도 내에서 생활하지 않기 때문에 빚을 지는 사람들도 있다.

빚을 진 상태로 법대에 다니고 있는 사람이라면, 변호사 개업을 할 때 여전히 돈 문제로 고민할 수 있다. 사업을 확장하여 출세해 갈수록 돈 문제도 함께 늘어날 수 있다. 자신의 행동을 파악하고 생각의 밑바닥까지 들여다보고 영혼의 관리를 위해 꾸준히 노력하지 않는 한, 지위와 신분과 수입이 변하는 것에 상관없이 소비 패턴은 여전히 똑같은 상태에 머물 수밖에 없다.

> 대개의 사람들은 신을 젖소처럼 이용한다. 그가 만들어낼 수 있는 우유와 치즈를 달라고 조른다.
>
> — 마이스터 에크하르트 —

알코올 중독자들은 기도(혹은 협상)에 능숙하다. '하느님, 이번 한 번만 도와주시면 다시는 절대로 술을 마시지 않겠습니다.' 도박꾼들은 승산이 눈앞에 보일 때 '위대한 힘'을 간절히 찾아 헤맨다. 고질병에 걸린 사람들은 기적을 일으켜달라고 기도한다. 절망적일 때 기도하는 사람들 또한 무수히 많다.

우리 모두 원하는 것이 있다. 그 욕구가 강하고 저 멀리 손에 닿지 않는 곳에 있다고 느껴질 때면, 많은 사람들이 기도의 힘에 매달리기로 결정한다. 몇 년 만에 처음으로, 혹은 평생에 처음으로 기도하는 것일지도 모른다. 우리의 욕구를 충족시키기 위해서 기도를 이용할 때, 가끔씩 놀라운 결과가 나타날 수는 있다. 하지만 '위대한 힘'을 진정으로 알기 위해서는, 그 힘과 유대감을 느끼기 위해서는, 규칙적으로 기도해야 한다. 매번 특별한 요구사항을 제시하지도 말아야 한다. 그렇게 할 때 최고의 행복을 선사받을 수 있다.

생각이 아니라 마음으로 기도하자.

> **빠른 회복을 위해서는, 마음의 소음을 지워버려야 한다.**
> — 히포크라테스 —

지금까지 조사된 바에 따르면, 기도가 스트레스의 수준을 낮추고 질병(그리고 마음의 상처)도 치유할 수 있다고 한다. 기도의 기적을 믿기 위해서 굳이 통계 수치를 찾을 필요는 없다. 우리 자신이 그 효과를 경험하거나 목격해왔을 터이기 때문이다.

기도는 모든 사람들이 마음대로 사용할 수 있다. 신을 믿는 사람이든, 믿음이 강한 사람이든 믿음이 없는 사람이든 상관없다. 기도는 언제 어느 때라도 할 수가 있다. 게다가 공짜다. 그 이익에 대해서 가격표가 붙어 있는 것도 아니다.

> 기대치를 높이 설정하라. 당신이 존경하는 가치 기준과 성
> 실성을 지닌 사람을 찾아보라. 행동할 때 그들의 동의를
> 구하라. 그들을 전적으로 신뢰하라.
>
> — 맥스웰 몰츠 —

곰곰이 생각해볼 때, 경제적으로 성공한 사람이나, 존경스
러운 인물, 금전 관계가 건전한 사람들을 찾는 것은 어렵지 않
다. 그런 사람이 없다면, 돈을 잘 다룬다고 생각되는 유명 인사
를 선택해도 된다. 그 사람들이 어떤 식으로 돈을 다루는지 관
찰해보라. 돈에 관한 그들의 건전한 행동들이 무엇인가? 관대
하면서도 낭비적이지 않은 소비 형태를 지녔는가? 그들이 돈
관리를 잘하고 있다고 느껴지는가? 그들은 자신의 돈이 흐르는
곳을 알고 있는가? 그들은 자신을 잘 관리하고 있는가? 다른 사
람을 잘 보살피고 있는가? 그들이 우리와 비슷한 수입을 지녔
다면 어떻게 행동할까?

그런 부분들을 관찰하면서, 스스로 성공적인 돈 관리자가
되면 어떨지 상상해보라. 우리가 존경하고 감탄하는 인물의 행
동들을 본뜨자. 그 사람들을 우리의 역할 모델로 삼자.

> 우리는 인간관계의 50퍼센트를 담당한다. 그리고 인간관
> 계의 100퍼센트에 영향을 미친다.
>
> — 데일 카네기 —

누구든 부모나 보호자가 돈을 바라보는 방식에 의해 영향을 받는다. 어떤 사람은 절대 돈에 대해 언급되지 않는 가정에서 자랐을 것이고, 또 어떤 사람은 부모가 청구서 때문에 다투는 것을 보면서 돈이 부족하다는 것을 끊임없이 깨달으며 자랐을 수도 있다. 돈이 타인을 조종하는 한 방식이었을 수도 있다. 가족의 경제 상태를 인식하며 돈 다루는 방식을 제대로 배운 사람도 있을 것이다.

우리가 돈에 대해 부모와 똑같은 태도를 취하든 아니면 정반대의 태도를 취하기로 선택했든 간에, 우리의 돈에 대한 생각들은 어린 시절로부터 시작된다. 부모나 보호자의 돈에 대한 사고방식을 이해하려 노력하면, 우리가 왜 지금과 같은 돈에 대한 태도를 지니게 되었는지 알 수 있다.

어린 시절의 돈에 관련된 기억들을 되살려, 그것이 지금 나에게 어떤 식으로 영향을 미치고 있는지 생각해보자.

> 인간을 제외한 모든 짐승은 인생의 중요한 과제가 즐기는
> 것임을 알고 있다.
>
> — 미셸 드 몽테뉴 —

힘들여 일하면서 또 그만큼 힘들게 걱정하면서 살아가는 사람들이 있다. 지금 하는 일을 계속할 수 없을 것 같은 느낌으로 며칠을 보낸다. 어느 날 몸과 마음이 '다 그만두자'고 결정할 때가 닥친다. 소파에 웅크리고 앉아 혼란스러운 고민에 빠진다.

사실 내가 지금 하고 있는 일이나 매여 있는 일들은 결코 그만둬서는 안 될 일들이 아니다. 마땅히 쉴 자격이 있는 자신에게 휴식을 제공하라. 가능하다면 한동안 일을 쉬는 것도 괜찮다. 대신 아이 봐줄 사람을 구하라. 자신을 위해 시간을 내어 줘라. 저항하기를 멈추고, 겸손하게 승복하며 자신에게 휴식과 원기 회복의 기회를 주자. 스스로에게 쉴 시간을 주자.

> **자신이 하는 일을 가치 없게 여길 때, 세상은 당신 자체를 가치 없게 생각한다.**
>
> — 멕시코 속담 —

'이게 아닌데'라는 느낌으로 일하면서도 여전히 그 자리에 머물러 있다. 매일매일 그 느낌들이 강해진다. 결코 넉넉히 소유할 수 없다, 그럭저럭 모면해갈 뿐이다, 더 이상 바랄 자격도 없다, 희생자라는 느낌들. 이런 생각들을 하고, 이런 감정들을 느끼고, 그런 인생을 살아간다.

기대하는 것부터 시작하자. 나 자신에게 더 받을 자격이 있다고 말해주라. 사실 일을 잘 해나가고 있지 않은가. 다른 사람들에게 충고를 얻어라. 소득을 높이기 위해 무슨 일을 할 수 있을까, 월급을 올려달라고 요구할까, 다른 직장을 알아볼까, 직업을 바꿀까, 전문학교에 다닐까, 사업을 시작해볼까 등등 상황을 면밀히 검토하여, 변화와 풍요와 더욱 높은 자부심을 위해 씨앗을 뿌리자.

나에겐 그럴 자격이 있다고 거듭해서 말하자.

> **결혼은 둘이서 하는 1인용 게임이다.**
> — 무명씨 —

자신의 돈에 책임지는 것과 별도로, 결혼을 하면 적어도 어느 정도까지는 두 사람의 경제 상황이 합쳐진다. 각자의 돈을 따로 관리한다 해도 겹치는 부분이 존재하기 마련이다. 배우자가 빚을 진 상태이고 당신은 부부 동반 여행을 가고 싶다면, 어떤 선택을 해야 할까? 당신은 거의 지불이 끝난 작고 아담한 집에 만족하는데, 배우자가 보수공사가 필요한 4층짜리 건물을 원한다면, 어디쯤에서 해결점을 찾아야 할까?

이미 결정한 선택을 뒤돌아볼 필요는 없다. 좋든 싫든 당신은 경제적으로 지금의 상태에 처해 있다. 배우자와 대화를 해보라. 빚에 대해서뿐만 아니라 당신 자신과 배우자의 경제적 태도에 대해서 알게 된 것들을 얘기하라. 배우자의 잘못된 행동을 모조리 지적할 필요는 없지만, 당신의 욕구를 똑바로 알려줄 필요가 있다. 말다툼을 벌이지 말고, 자기 욕구를 솔직하고 단도직입적으로 밝혀라.

## ✦ 172 ✦

> **믿는 방법을 배우는 것은 인생에서 가장 어려운 숙제 중 하나이다.**
>
> — 앨런 왓츠 —

대개의 사람들은 결혼을 하고, 어느 정도 인생의 기복을 예상한다. 하지만 일단 배신감에 빠지면 나아갈 방향을 잃어버리게 된다.

너무 여러 번 거짓말을 들어서 더 이상 똑똑히 생각할 수도 없는 지경이라면, 우리가 직업이 없어서 많은 돈을 벌지 못해서 혹은 너무 많은 돈을 써버려서 경제적인 상황이 나빠진 것처럼 세뇌를 당했다면, 대출 서류에 사인만 하면 모든 문제가 해결될 것으로 조종당했다면, 배우자가 사서함이나 다른 주소로 신용카드 청구서를 받아보고 있는 상황이라면, 우리는 배신감에 빠져든다. 신뢰하고 정서적으로 지원을 해줄 것으로 믿었던 사람이 신뢰할 수 없으며 지원해주지도 않는다는 사실을 깨닫게 된다.

배신감을 극복하기 위해서는 긴 과정이 필요하다. 두 사람다 진지하게 기꺼이 참여해야만 하는 과정이다. 만약 한쪽이지속적으로 신뢰할 수 없는 행동을 하거나 다른 쪽이 끝끝내용서해주려 하지 않는다면, 골은 점점 더 깊어질 뿐이다.

성공적인 인간관계의 핵심은 신뢰다. 스스로 신뢰할 만한동반자가 되어야만 한다.

빛 갚고 빛 찾는 ✦ 마인드로드맵 365   Feat. 인생명언

> 우리는 기쁨과 마찬가지로 슬픔에서도 많은 것을 배운다.
> 건강과 마찬가지로 질병에서도, 유리한 조건과 마찬가지
> 로 어려운 조건에서도 많은 것을 배운다. 어쩌면 더 많은
> 것을 배울지도 모른다.
>
> — 펄 벅 —

　자신이나 사랑하는 사람이 고질병이나 죽을병으로 고통당
한다면, 혹은 사고로 앓아누웠다면, 자신의 병 때문에 또는 사
랑하는 사람을 간호하기 위해서 일을 그만둬야 할 수도 있다.
수입이 없어질 뿐만 아니라, 보험 혜택을 받지 못하는 엄청난
병원비에 직면하게 될 수도 있다. 질병이나 비극적인 사건으로
인해 이미 철저하게 절망적인 심정이다. 그런데 어떻게 빚 문
제까지 감당하라는 말인가?

　비극적인 사건 때문에 절망적인 상황이라면, 병원비는 나
중에 지불해도 된다는 점을 기억하자. 그 돈을 지불해야 할 책
임이 있다고는 해도 그 무엇보다 자기 자신과 병든 사람을 위
한 책임이 우선이다. 한 번에 너무 많은 것을 감당하려 하지 말
자. 우리의 인간관계와 우리의 슬픔을 먼저 감당하자. 한 번에
하나씩 처리해나가자.

> 부러워하지 않고 감탄할 줄 아는 사람에게 축복이 있으라,
> 모방하지 않고 따르는 자에게, 아첨하지 않고 칭찬하는 자
> 에게, 조종하지 않고 이끌어가는 자에게 축복 있으라.
>
> — 알프레드 아들러 —

조종이란 대부분의 사람에게 낯선 경험이 아니다. 많은 사람들은 다른 사람을 조종하고 또 한편으로 조종을 당하기도 한다. 자신이 그런 행동을 하고 있다는 것을 의식하는 사람도 있고 의식하지 못하는 사람도 있다. 악의적으로 그런 행동을 하는 것은 아닐 수도 있다. 하지만 조종당하는 입장에서는 끔찍한 경험이 된다. 너무 당황스러워 그런 일이 벌어지고 있음을 부인할 수도 있을 것이다. 하지만 진실을 깨달았을 때, 우리는 벌어진 그 일 때문만이 아니라 벌어질 수도 있었을 일 때문에 두렵다. 이전에 그런 상황에 빠졌다면, 다시는 조종당하지 않기 위해서 어떻게 해야 할까?

조종하려는 사람들로부터 멀어지기 위해 최선을 다하라. 육체적으로, 정신적으로, 감정적으로 모두 멀어질 필요가 있을지도 모른다. 그런 사람과 먼 거리를 유지하면, 진실을 바라보고 조종당하는 상황을 파악하기가 더 쉬워진다. 그런 사람과 만나야만 할 때는 정신을 똑바로 차려라.

만약 이전의 배우자가 마땅히 자신이 받아야 할 돈이라며 돈을 요구해온다면, 일단 생각할 시간을 갖자. 누구에게든 당장 대답해줄 필요는 없다. 시간이 지날수록, 조종당하는 행동을 파악하고 그 상황을 적당히 처리하는 능력이 생길 것이다.

> 호흡을 진보하기 위한 기술의 하나로 생각하며 매 순간을
> 살아가면 어떨까? 당신 자신을 매일 매 순간 하나하나의 호
> 흡으로써 진보의 기술을 펼쳐내는 장인이라고 상상해보라.
>
> — 라마크리슈나 —

많은 사람들은 현재의 순간에서 살아가기를 회피한다. 빚에 빠져든 과거를 후회하며 그 빚이 미래에 어떤 영향을 미칠지 걱정스러워한다.

미래를 그려보고 과거를 곰곰이 생각해보는 것도 적당히 필요하다. 하지만 하루를 살아가면서 대부분의 시간을 현재의 순간에 머물기 위해 노력할 필요가 있다. 현재에 머물기 위해서 인생의 가장 기본적인 요소, 호흡으로 시선을 돌려보자. 깊이 호흡하는 데 정신을 집중시켜라. 불안정한 호흡을 가다듬으면 숨쉬기가 훨씬 간단해진다. 단순한 호흡으로 돌아갈 때, 한순간 우리 몸의 일부에 일어나는 일에만 정신을 집중시킴으로써 우리의 인생은 더 단순해질 수 있다.

현재에 사는 것이 어려워질 때마다 나의 호흡에 정신을 집중시키자.

> 마음은 낙하산과 같다. 활짝 펼쳐질 때 최고의 효과를 발휘
> 한다.
>
> − 칼 로저스 −

중독이라는 단어는 넓은 범위의 행동들을 포괄한다. 알코올 중독, 마약 중독, 도박 중독, 과식 중독 등등. 연구 조사로 증명된 바와 같이, 일정 기간 이상으로 화학물질(술이나 약물 등)을 섭취 하면 두뇌의 화학 작용에도 변화가 생겨 결과적으로 두뇌는 신경전달물질(엔도르핀, 세로토닌, 도파민 같은 호르몬)의 '기분 좋은 상태'를 유지하기 위해서 좀더 많은 술과 약물을 필요로 하도록 프로그래밍된다.

사람이 화학적인 물질에 중독될 수 있으며 심지어 설탕이나 밀가루 같은 음식에도 중독될 수 있다는 사실이 분명하게 입증 되고 있다. 그런데 도박이나 섹스에도 중독이 되는 것일까? 그것 을 중독이라고 부를 수 있을까? 도덕 기준이나 몸매에 대한 관념 은 어떨까? 그것들 또한 중독이라는 단어로 표현해야 할까?

중독이란 개인의 힘으로 통제할 수 없는 행동을 말한다. 중독에서 벗어나는 것은 전원을 켜고 끄는 것처럼 간단한 일이 아니다. 중독자들은 그 한 가지에만 몰입하고 자제력을 상실하며 그 상황을 부인하는 태도를 보인다. 충동적인 도박꾼, 과소비자, 섹스 중독자들 또한 이 세 가지 행태(몰입, 자제력 상실, 부인)를 나타낸다.

> 피해를 입혔던 사람들의 명단을 작성해서 그들 모두에게
> 기꺼이 사과하세요. 그들 또는 다른 사람에게 피해를 주는
> 경우를 제외하고, 최선을 다해 그들의 피해를 직접적으로
> 보상하세요.
>
> — 알코올 중독자 모임의 계명 중에서 —

    상처 입힌 일이나 슬픔을 불러일으켰던 일에 대해서 그 상대방에게 사과하는 것은 치료를 향한 커다란 발걸음이다. 죄책감과 수치심을 털어버리고 나면, 완전한 인생을 살아갈 수 있는 자유가 생긴다.

    자신이 피해를 입힌 사람들의 명단을 작성해보라. 자신의 빚 때문만이 아니라 잘못된 행동 때문에 일으킨 피해 모두를 포함시켜라. 그리고 가능하면 직접 용서를 구하라. 그 사죄가 더 많은 고통을 일으키지만 않는다면, 상대방의 반응에 대해서는 걱정하지 말자. 대개의 사람들은 받아들일 것이다. 그렇지 않다 해도 최소한 우리의 마음이 열렸다는 것에 기뻐할 수 있다.

> 우리는 아무것도 소유한 것이 없다. 우리는 사장이 아니
> 라 관리인이다. 땅주인이 아니라 소작인이다. 소유주가
> 아니라 대리인이다. 우리의 돈은 우리의 것이 아니다. 신
> 의 것이다.
>
> — 앙드레 코스톨라니 —

대부분의 사람들은 자신의 집, 자신의 소유물, 자신의 돈이
다 자신의 것이라고 믿는다. 자신이 그것들의 소유주이다. 누
군가 그것을 빼앗아가면 그것을 범죄로 여긴다. 권리를 침해당
했다고 생각한다.

돈이나 인생의 다른 것들을 자신이 소유한 것처럼 생각하
면, 그것을 당연한 것으로 여기게 된다. 그것을 사들이고 돈을
번 것은 자신이다. 그러니 당연히 그것들은 모두 자신의 것이
다. 하지만 '위대한 힘'을 믿는다면, 인생이 우리의 욕구를 충족
시키기 위해 배합될 것이라 믿는다면, 우리의 재능과 돈과 소
유물과 인간관계가 모두 더 높은 곳에서부터 온 것임을 믿을
수 있다. 그것들은 우리에게 주어진 것이다. 그러므로 돌려줘
야 할 경우도 생긴다.

인생의 모든 것을 빌린 것으로 바라보자. '위대한 힘'이 우
리에게 필요하다고 생각되는 동안만 빌려준 것으로 생각하자.

그러면 우리의 태도는 당연시하는 것에서 감사하는 마음으로 옮아간다. 정당한 우리의 것이라는 느낌에 매달리기보다는 자유롭게 놓아주라. 은총과 평화를 느껴보자. 인생의 모든 것은 빌린 것이라 생각하자.

> 모든 일에 인내심을 가져라, 가장 먼저 자신에게 인내심을
> 가져라.
>
> — 성 프란시스 드 살레 —

오래된 습관을 바꾸려 할 때, 우리는 걱정부터 앞선다. 이전에 경험한 바 없는 일이니 힘이 든다. 어떤 식으로 용기를 북돋아야 할까? 미래를 생각하면, 남은 인생 동안 끝까지 해낼 수 없을 것만 같다. 하지만 24시간 동안만 그 일을 하라면 특별히 못할 것도 없다.

오늘 하루만 살아간다고 생각해보라. 오늘, 오늘만은 빚지지 말자고 결심하라. 오늘만은 신용카드를 쓰지 않을 것이며 차용증 따위도 적지 않을 것이다. 마음이 불안해질 수도 있다. 친구와의 약속, 치과에 가야 할 필요, 지불하지 않은 청구서들에 대한 생각이 시작되거나, 카지노나 쇼핑몰로 달려가고 싶은 충동에 휩싸일 수도 있다. 마음의 긴장을 풀고 오늘의 할 일들을 기억해보라. 오늘 하루에 할 일들. 오늘 하루 빚을 지지 않음으로써, 더 이상 빚에 빠져들지 않을 수 있다는 확신을 갖자. 마음의 평화를 간직하자. 마음이 평화로우면 문제의 해결책들을 생각하는 것이 훨씬 쉬워진다.

> **역경의 이마에는 보석이 박혀 있다.**
> — 윌리엄 셰익스피어 —

우리의 생각을 지배하는 걱정과 분노를 내버리는 것이 가끔은 불가능한 것처럼 느껴지기도 한다. 그렇게 해야 한다는 것을 알면서도 방법을 알지 못한다. 책을 읽는 것도 자신을 안심시켜주는 것도 아무 소용이 없을 것 같다.

이렇듯 정신적으로 감정적으로 놓여날 수 없다면, 신체적으로 풀어주는 행동을 취해보라. 상자 하나, 아주 근사한 상자 하나를 만들어서 그것을 신의 상자라고 지칭하자. 작은 종이쪽지에 골치 아픈 고민거리를 적어서, 그 종이를 상자에 넣고 뚜껑을 닫아라. 그리고 잊어버려라. 이제는 '위대한 힘'의 손에 내맡겨졌다. 그 상자의 내용물은 나중에 버리면 된다.

> **어둠 속에서 눈은 비로소 보기 시작한다.**
>
> ― 찰스 린드버그 ―

문제가 무엇인지 알 때까지는, 해결책도 찾을 수 없다. 빚이 우리의 인생을 비참하게 만들었으며 그 빚의 책임이 자신에게 있음을 인정하는 것은 커다란 진전이다. 어떤 사람은 그 사실을 받아들이려 하지 않는다. 눈앞에 놓인 문제들을 두려워한다. 똑바로 쳐다보았을 때 무슨 일이 벌어질지 두려워한다.

나 자신에게 빚 문제가 있음을 인정하는 것은 비참한 상태에서 빠져나와 마음의 평화로 돌입할 수 있는 첫 단계이다. 그 빚의 책임이 자신에게 있다고 인정하면 최선의 결정을 할 수 있는 위치로 들어설 수 있다. 문제가 있음을 부인하면 그 문제는 더 악화될 것이고, 문제가 있음을 인정하면 적당한 조치를 취할 수 있다. 모든 익숙한 것들을 뒤로 돌려야만 전진할 수 있다.

**변화는 단지 인생에 필요한 요소가 아니다. 변화가 인생이다.**

— 앨빈 토플러 —

건전하고 규칙적인 습관은 우리를 편안하게 유지해준다. 그런 습관은 약간의 생각과 에너지만으로도 하루를 살아갈 수 있도록 돕는다. 만약 소비 계획을 지키며 어떤 용도에 쓰이는 돈을 줄여가도록 훈련하는 중이라면, 인생이 너무 단조롭다고 느껴질 수도 있다. 지나치게 틀에 짜인 일상은 우리의 의욕을 저하시킨다. 목표와 우선순위들을 정해놓고 있음에도, 그 꿈을 향해 나아가는 것조차 피곤해지기 시작한다.

모든 계획이 너무 지루하고 마땅치 않은 느낌이 들 때면, 새로운 것을 찾아봄으로써 자아를 진정시키자. 굳이 거창한 일을 찾을 필요는 없다. 사실 간단할수록 더 좋다. 전에는 생각해보지 않았던 활동들을 찾아서 해보자. 사교댄스를 추러 간 적이 있었던가? 바나나 파이를 직접 만들어본 적이 있었던가? 산악자전거를 타본 적이 있었던가? 전에 해본 적이 없는 일을 한 가지 실행하거나 계획하자.

> **그 마음의 생각이 어떠하면 그 위인도 그러한즉.**
> — 잠언 23장 7절 —

상황을 바라보는 방식이 상황에 대해서 느끼는 방식에 영향을 미친다. 빚진 상태가 우리의 세상 위로 검은 그림자를 드리워 우울하고 절망적인 상태를 유발할 수 있다. 이 상황에서 벗어날 수 없을 거야, 여행을 갈 수 없어, 미용실에 갈 수 없어, 옷을 살 수 없어, 외식할 수 없어, 티켓을 살 수 없어 등등.

대부분의 사람들은 어렸을 때 "못한다고 말하지 마", "안 된다고 말하지 마"라는 훈계를 들어 보았을 것이다. 부정적인 생각과 말들을 긍정적인 것으로 바꾸라, 이미 긍정적인 일이 존재하는 것처럼 현재의 문장으로 바꿔라. 그러면 우리의 예측뿐 아니라 현재 상황까지도 놀라울 만큼 밝아진다. 전진할 수 있는 방법을 머릿속에 집어넣어, 이런저런 핑계들을 강력한 에너지, 목표를 이루는 쪽으로 움직여가는 에너지로 대치하라.

자신의 생각이 '반밖에 남지 않았다'와 '반이나 남았다' 중에서 어느 쪽인지 자기 자신에게 물어보라.

> 돈은 어느 정도의 행복을 가져다준다. 하지만 어느 지점을
> 넘어서면 그저 더 많은 돈을 가져다주는 매개체일 뿐이다.
>
> — 닐 사이먼 —

더 이상 빚지지 않고 조금씩 빚을 갚아나간다. 목표를 향한 의지도 있고 가치 있는 것이 무엇인지 알고 있다. 어느 날엔가는 상황이 나아진다. 저축과 투자까지도 할 수 있다. 마음이 놓이고 자신감과 행복이 느껴진다. 돈을 지님으로써 어느 정도의 행복을 느낄 수 있다. 하지만 행복의 더 많은 부분은, 하려고 했던 일을 성취하는 것으로, 하기로 마음먹은 일을 할 수 있다는 확신으로 이루어진다.

빚에서 벗어나는 일이 언제나 기쁨을 가져다주는 데 비하여, 돈을 지니는 짜릿함은 시들어갈 수 있다. 우리가 가진 돈은 더 많은 돈을 불러일으키는 존재일 뿐이다. 오늘 그 돈으로 하는 일과 오늘 우리의 생활방식과 인간관계가, 내일 우리의 질적인 삶과 풍요로움의 수준을 결정한다. 경제적 독립에는 더 많은 책임이 따른다.

> **주먹을 불끈 쥔 사람은 분명하게 생각할 수 없다.**
> ─ 한나 아렌트 ─

누구라도 근육이 팽팽하게 뭉치는 느낌을 알 것이다. 모든 문제들에 대한 생각이 머릿속에서 미친 듯이 줄달음치기 시작한다. 엄청난 중압감과 무기력감, 두려움을 느낀다. 무언가 나쁜 일이 생기고 말 거라는 느낌이 팽배해진다. 그러다가 자살 충동까지 느끼는 사람도 있다.

마음이 불안해질 때는 우선 긴장을 풀기 위해 최선을 다해야 한다. 깊이 숨을 들이쉬고, 뜨거운 물로 목욕을 하거나 오랫동안 숲속을 걷는다든지 마사지를 받는 등 효과 있는 것이면 무엇이든 해보라. 그런 다음 머릿속을 복잡하게 만드는 한 가지 문제를 공략하라. 다른 문제들은 일단 제쳐두자. 몸의 긴장이 풀리면 마음이 침착해진다. 불안감도 해소된다. 편안한 상태에 있어야만 다른 문제들까지 생각해볼 가능성이 생긴다.

한 가지 문제를 해결할 수 있는 세 가지 행동 단계에 대해 구상해보자.

> **나는 하느님께 새로운 눈과 귀를 달라고 부탁했다.**
>
> — 테레사 수녀 —

중독적인 습관은 너무 광범위하게 퍼져 있어서, 거의 모든 사람이 최소한 한 가지의 중독에 빠져 있다고 말해도 틀린 말은 아닐 것이다. 자신이나 사랑하는 누군가가 중독 상태임을 인정하려면 우선 중독적인 행동들의 몇 가지 신호를 알아차릴 필요가 있다.

중독적인 생활방식으로 들어서는 사람은 일정한 행동 패턴들을 보인다. 다른 사람은 물론이고 자기 자신의 마음까지 배신한다. 거짓말을 한다. 타인이나 주변 상황을 비난한다. 위축되거나 고립된다. 또한 중독된 사람들은 그 중독된 습관에 일정한 규칙을 만들어놓는다. 카지노에 갈 때마다 '승리의 브이'가 새겨진 셔츠를 입는다든지, 그 습관을 즐기기 전에 커튼을 내린다든지, 술집을 나서기 전에 박하사탕을 먹기도 한다. 그런 중독적인 행동들을 깨닫거나 부인할 때마다, 그들은 중독적인 행동에 더 빠져든다. 중독된 습관에 힘을 실어준다.

> 두려움은 미신의 중요한 요소이며 잔인성의 요소 중 하나
> 이다. 두려움을 정복하는 것이 지혜의 시작이다.
>
> — 버트런드 러셀 —

거절당하리라는 두려움이 어떤 목표, 더 나은 새 일자리를 찾는 것에서부터 충실한 인간관계를 맺는 것까지를 이루지 못하도록 방해하는 경우가 있다. 결과를 자신의 책임으로 받아들이기도 한다. 면접을 보았던 직장에서 자신을 마음에 들어하지 않아서, 자신의 자격 미달 때문에 그 일자리를 얻지 못했다고 생각할 수도 있다. 부정적이고 상처를 주는 측면에만 초점을 맞춘다. 하지만 사실은 다른 사람이 그 직장에 좀더 적당했기 때문에 내가 탈락한 것일 수도 있다. 그것은 나와는 아무 상관도 없는 결정이었다.

스스로 부정적이고 자기 패배감을 느끼게 되는 부분들을 생각해보자. '난 왜 더 좋은 직장을 구하지 못할까? 왜 아무도 나에게 전화하지 않을까? 은행은 왜 나에게 대출해주지 않으려는 걸까?' 그런 다음 그러한 생각들을 바꿔라. '더 좋은 직장을 구하려면 어떻게 해야 할까? 누구에게 전화를 걸까? 대출받을 수 있는 상황을 만들려면 어떻게 해야 할까?' 그리고 행동하라. 거절당했다 하더라도 그것을 자신의 책임으로 전가시키지 말라. 스스로 게임의 방식을 바꿔버려라. 거절에 대한 두려움을 넘어설 만큼 오랫동안 꾸준히 노력하라. 진취적인 사고를 가져야만 한다.

## ✦ 188 ✦

> 당신이 걱정하는 문제나 걱정하는 사람을 신의 손에 맡기
> 는 상상을 해보라. 그의 손이 부드럽고 사랑스럽게 그 사
> 람을 붙잡아주고 그 문제를 받아주는 모습을 상상해보라.
> 그리고 이제 그 손이 당신을 붙잡고 있는 것을 상상하라.
> 그러면 모든 일이 잘 될 것이다.
>
> — 지두 크리슈나무르티 —

배우자나 부모 형제가 도박을 하거나 충동적인 소비 지향
의 사람이라면? 그들을 구해주는 것은 언제나 나의 몫이다. 그
들은 자신이 저지르는 짓을 모르는 걸까? 우리는 그들의 행동
을 통제해보기 위해 고함을 지르고 울고 잔소리를 해댄다. 기
필코 상황을 바로잡아야 한다고 생각하지만, 상황은 악화되기
만 할 뿐이다.

포기할 수도 없고 무기력하게 흘러가는 상황 때문에 고통
스럽다. 신경쇠약에 걸릴 지경인데, 사실 그 문제를 일으킨 장
본인은 우리가 아니다!

충동적인 행동의 장본인이 아니더라도, 우리 자신의 행동
을 바라볼 필요가 있다. 우리는 누군가를 통제하려 애쓰고 있
다. 중독은 고함이나 잔소리나 눈물에 반응을 보이지 않는다.
우리의 분노와 애원으로 정작 그 장본인은 회복되지 않는다.
사실 그러한 행동이 진전을 막는 것일 수도 있다.

통제하려는 욕구를 풀어놓아라. 그 문제를 '위대한 힘'에게 위임하는 장면을 상상해보라. 우리는 그저 뒤로 물러나 앉아 심호흡을 하고 자신부터 치료하자.

**똑똑한 사람일수록 배워야 할 것이 더 많다.**

— 자크 랑시에르 —

큰돈을 벌 수 있는 아이디어가 떠올랐다. 심장이 두근거리고 땀이 나기 시작한다. 친구들에게 흥분하며 그 아이디어를 말한다. 아드레날린이 증가한다. 제대로 찾았다는 느낌이다. 이것이 바로 빚에서 해방되는 계획이라는 것을 안다. 이제 곧 부자가 될 것이라 확신한다.

속도를 늦추어 중심을 찾자. 과거에 실패했던 계획들을 돌이켜보고, 그 뒤에 이어졌던 절망을 기억해보라. 그런 계획을 통하여 성공하는 사람들도 있지만, 우리에게는 이제껏 별 효과가 없었다. 우연히 그 계획이 성공했다 하더라도 어느새 다시 빚더미에 올라앉아 있는 자신을 발견했을 뿐이다. 무엇보다 돈과 관련된 우리의 행동을 바꾸지 않는 한, 우리는 예전의 상황으로 돌아가게 될 것이다.

즉각적인 만족을 추구하는 방법으로는 원래의 출발 지점으로 되돌아갈 뿐임을 인정하자.

**지혜를 지니면 인색하지 않으면서도 검소하게, 낭비하지 않으면서도 관대하게 살아갈 수 있다.**

— 무명씨 —

우리는 자신이 인색해질 때, 지나치게 관대해질 때, 혹은 낭비하게 되는 때를 알고 있다. 자신이나 다른 사람들에게 인정하지는 않는다 해도, 대개의 경우 어떤 행동으로 인하여 죄책감이 느껴지는 때를 알고 있다.

중간 지점을 찾아보자. 나 자신에게 적당한 소비와 저축의 양을 파악하자. 그 중간 지점은 모든 사람에게 똑같을 수가 없다. 그 지점을 말해줄 수 있는 사람도 없다. 그것은 나 자신만이 알아차릴 수 있다.

오늘은 너무 많이 혹은 너무 적게 소비하는 시기를 파악해서, 다음번에는 그 행동을 수정하자. 그렇게 함으로써 균형을 찾자.

우리의 정신이 날카로워질 때까지 끈기 있게 기다리면, 우
주는 마법적인 일들로 가득 차 있다.

— 폴 포츠 —

빚에서 성공적으로 빠져나온 사람들의 얘기를 듣는다. 평
화로운 인생을 살아가는 사람들, 건전한 인간관계와 꿈같은
직업을 지닌 사람들을 바라본다. 빚에서 벗어난다는 것이 많
은 청구서를 지불하는 것 이상의 의미가 있음을 깨닫는다. 또
한 우리의 행동을 바꿈으로써 어떤 미래가 찾아올지 예측할 수
도 있다. 그래서 의욕을 불태우며 흥분한다. 부지런히 계획을
세우며 조만간 기적이 찾아올 것이라 예상한다. 그런데 아무런
기적도 일어나지 않는다.

결과에 초점을 맞출 것이 아니라 스스로 약속했던 일, 오
늘 하루는 빚을 지지 않겠다든지 하는 데 신경을 쓰자. 그렇게
함으로써 바람직한 것들에 에너지를 쏟아부을 수 있다. 결과에
집착하지 않으면 결과는 흘러넘칠 정도로 우리를 찾아온다.

주의 깊고 현명하게 행동하면 좋은 일들이 저절로 따라온다.

> 감사하게 은혜를 받아들이는 사람은 빚의 첫 할부금을 낼
> 수 있다.
>
> — 세네카 —

빚 속에 묻혀 가난한 처지를 생각하는 동안 우리는 자칫 현재 가진 것에 대한 감사의 마음을 잊을 수가 있다. 하지만 그 상황의 의미를 찾아보기 시작하면 빚진 상황의 좋은 점들에 대해서, 감사해야 하는 것들에 대해서 생각할 수 있다.

빚을 졌다고 해서 최악의 인생으로 추락한 것은 아니다. 감사해야 할 것은 많고도 많다. 빚은 스트레스를 불러일으키기도 하지만, 한편으로는 인생의 다른 측면들을 강조해줄 수도 있다. 자주 외식을 나가거나 유람선 여행을 다닐 수는 없어도, 우리에게는 자녀와 친구들, 가족이 있다. 지금 우리는 새로운 가치 기준을 배워나가는 중이다. 우리 자신에 대해서 배워나가는 중이다. 빚이 인생에 가져다준 것들에 감사하자.

> 신이여, 내 힘으로 변화시킬 수 없는 일을 순순히 받아들이도
> 록 마음의 평화를 허락하소서. 내 힘으로 가능한 변화를 만들
> 어갈 수 있도록 용기를 허락하소서. 그리고 그 두 가지의 차이
> 를 알 수 있는 지혜를 허락하소서.
>
> — 라인홀트 니버 —

성직자들은 우리 힘으로 안 되는 일은 신께 맡기고 우리 힘으로 변화시킬 수 있는 일을 하라고 말해준다. 그 두 가지의 차이를 아는 지혜를 갖지 못한다면 어떻게 될까?

지혜를 얻는 한 가지 방법은 실패와 성공을 통하여 배우는 것이다. 상황을 개선시키기 위한 긍정적 행동을 배우는 것이다. 예를 들어 배우자의 충동적인 소비를 저지하고 싶지만, 이성적으로 설득하고 애원하고 강요하거나 소리 질러보아도 아무 변화가 없다. 행동을 했지만 아무런 효과를 얻지 못했다. 자신의 힘으로 배우자를 변화시킬 수 없다는 것을 알았다면, 그런 방법들에 더 이상 집착하지 마라.

다른 방법을 찾아보자. 어떤 방법으로 변화시킬 수 있을까? 어떤 행동을 취해야 할까? 현재의 생활은 어떤가? 통장의 잔고는 얼마나 되나? 가족의 경제 상황을 보호하기 위한 합법적인 행동으론 무엇이 있을까? 첫 번째 행동이 효과를 나타내지 않았다 해도 우리는 앞으로 전진했다. 이제 다른 시도를 해볼 준비가 된 것이다.

행동하는 것만으로도 성공이라는 것을 알아야 한다.

**아는 것이 힘이다.**

― 프랜시스 베이컨 ―

대부분의 사람들은 그저 빚에서 벗어나고 싶은 것이 아니다. 간절히 벗어나고 싶어한다. 미치도록 빚에서 벗어나길 바란다.

그 정열을 이용해보자. 빚에서 놓여나는 법, 검소하게 사는 법, 비용을 줄이는 법 등에 관련된 책들을 읽자. 전문가들의 조언을 참고하자. 최선을 다해 알아야 할 것을 배우고, 잘 익히자. 내가 배운 것을 다른 사람들에게도 알려주자. 다른 방식으로는 살아갈 수 없을 정도로 빚에서 해방되려는 노력이 너무나 자연스러워질 때까지 배우고 익힌 바를 활용하자. 내 손바닥 손금을 아는 것처럼 빚에서 놓여나는 기본 단계들을 알아나가야 한다.

**다이아몬드는 자기 할 일에 충실한 석탄 덩어리에 불과하다.**

— 나폴레온 힐 —

무언가를 대단히 소중히 여길 때, 그것에 대한 믿음 또한 강하게 고수하기 마련이다. 돈을 소중히 여긴다면, 함부로 낭비하지 말아야 한다는 믿음을 갖는다. 자동차를 소중히 여기면, 엔진 오일과 미션 오일을 정기적으로 갈아주어야 한다고 믿는다. 우정을 소중히 여기면, 꾸준히 전화하고 약속을 지키는 게 중요하다고 믿는다. 사람은 해야 한다고 생각하는 대로, 옳다고 믿는 대로 행동한다. 그리고 지속적으로 그렇게 해나간다.

스스로 확고하게 믿으면, 그 믿음이 소중히 여기는 것에 추진력을 실어준다. 그러한 고집을 빚과의 전쟁에 적용시켜라. 빚에서 해방되는 것을 자신의 소중한 것으로 만들자. 그렇게만 하면, 빚에서 벗어나기 위한 행동들이 믿음의 뒷받침을 받아 유지되어나간다. 그 힘을 이용해서, 지속적으로 꾸준히 우리의 빚을 다이아몬드로 변화시키자.

> **가정假定은 인생을 최선의 상황으로 부풀린다.**
>
> – 르네 데카르트 –

모든 사람이 실수를 한다. 우리가 거래하는 신용카드 회사와 은행도 예외가 아니다.

매달 성실하게 신용 상태를 점검할 필요가 있다. 그렇게 하지 않을 여유가 우리에게는 없다. 우리의 지불 금액이 잘 기록되고 있는지, 지난번에 낸 금액이 제대로 추가되어 있는지 확인하라. 또한 지불하고 있는 이자도 다시 한 번 확인하라. 처음 약속한 대로 낮은 이자를 적용시키고 있는가? 이상하게 이자율이 높아지지는 않았는가? 지불한 돈이 이자율 높은 다른 통장으로 이체되지는 않았는가?

실수를 발견했다면, 화를 낼 필요가 없다. 침착하게 그 회사에 전화를 걸어 정중하면서도 단호하게 그 실수를 지적하라. 그리고 과도하게 부과된 이자에 대해서 환불을 요구하라.

오늘은 채권자가 알아서 해줄 것으로 당연하게 여기지 말자.

> **많은 사람들이 사랑을 하지만 건강한 인간관계에 대해서는 알지 못한다.**
>
> — 데일 카네기 —

인간관계에서는 사랑보다 더 많은 것이 필요하다. 여러 가지 다양한 기술이 필요하다. 의사소통하는 방법, 상대의 말을 들어주는 방법, 어느 정도 선에서 풀어주는 방법도 알아야 한다. 살아가면서 사랑하는 사람을 발견할 수는 있다. 하지만 건실한 인간관계의 기술을 지니지 못하면, 사랑으로 이루어진 결혼이 이혼 통계수치에 한몫을 하는 것으로 끝나 버릴 수도 있다.

돈 관리도 중요한 인간관계 기술 중 한 가지다. 배우자에게 돈에 관련된 느낌과 의도를 솔직하게 밝힐 때, 자신의 소비 패턴을 인식하고 그것을 털어놓을 때, 정직하게 자신의 결점과 장점들을 인정할 때, 우리는 경제적으로 그리고 낭만적으로 건강한 위치에 서 있을 수 있다. 비밀을 만들지 않으면 배우자가 배신감을 느끼는 경우도 생기지 않을 것이다. 배우자에게도 똑같은 것을 기대하라. 인간관계에는 두 사람의 공통된 노력이 필요하다. 대접받기를 바라는 방식으로 배우자를 대접해주자.

> **빚이 생기는 즉시 가정생활의 자유와 아름다움은 사라진다.**
>
> — 헨리크 입센 —

돈은 부부 사이에 불화를 일으키는 한 가지 원인이 된다. 한쪽은 집을 보수하기 위해 대출을 받고 싶어하는데, 다른 한쪽은 우선 저축하여 그 돈을 모으고 싶어한다. 한쪽은 투자를 하고 싶어하고 다른 한쪽은 그 돈으로 빚을 갚고 싶어한다. 단지 모든 일이 잘될 거라는 말을 듣기 위해서 빚에 대한 불만을 터트리는 경우도 종종 있다.

일단 빚이 쌓이기 시작하면 통제력을 벗어나는 것은 한순간이다. 계획에 없는 지출을 하고 있는지, 돈 관리를 헤프게 하고 있는지 점검해봐야 한다. 새로운 부엌 찬장과 바닥재에 돈을 들이는 것이 과연 필요할까? 난방이나 식료품 같은 생계비를 위해 돈을 빌려 써야 하는 것일까? 빚을 갚지 않은 상태로 그 돈을 투자한다면, 현재를 고려하지 않고 미래를 생각하는 것이나 다름없다. 그 투자가 잘못되고 빚이 계속 쌓여간다면, 우리는 더 큰 위험에 빠질 수 있다.

배우자의 돈 관리가 걱정스러워질 때, 불안감을 표현하는 것 이상의 행동을 해야 한다. 빚진 서류들을 정리하고 매일매일 경비를 기록하라. 배우자에게 현재 벌어지고 있는 상황을 똑똑히 보여주라. 확고한 증거를 눈앞에 드러내보여라. 그리고 말다툼하기보다는 협상하는 쪽을 택하자. 걱정을 증거로 뒷받침하자.

> 유머는 인간 존엄성의 확인이다. 어떤 상황보다도 인간이
> 더 우월하다는 것을 선언하는 것이다.
>
> — 로맹 가리 —

때때로, 예컨대 장례식에서 우리는 울어야만 하는 때에 웃는 자신을 발견하곤 한다. 웃음과 눈물은 똑같이 카타르시스를 제공한다. 웃음과 눈물은 스트레스와 긴장을 완화시켜준다. 가끔씩 웃는 것이 부적당할 때가 있긴 하지만, 그것이 가장 좋은 치료책인 경우도 많다.

웃을 수 있다는 것은 인간에게 부여된 가장 큰 선물 중 하나다. 웃음은 힘들고 고달픈 감정에서 벗어나게 해준다. 자신의 위엄을 깨달을 수 있게 하며 진실한 시야를 일깨워준다. 이미 벌어진 일을 바꿀 수는 없다 해도, 거기에 반응하는 방식은 바꿀 수 있다. 웃자!

> 헌법은 모든 사람에게 행복을 추구할 권리가 있음을 선언
> 한다. 하지만 그 행복은 스스로 직접 붙잡아야 한다.
>
> — 벤저민 프랭클린 —

인생이 착착 진행되어갈 때 우리는 기분이 좋아진다. 더 이상 빚을 지지 않고, 중독적인 습관을 버렸거나 중독 성향의 배우자와 헤어졌을 수도 있다. 전진해나가고 있다. 그런데, 다음 순간 죄책감이 들기 시작한다. 주위의 친한 사람이 여전히 힘든 상황인데 자신만 잘 풀린다는 것이 죄스럽다. 다른 사람들이 고통을 받고 있는 때에 어떻게 혼자만 기분이 좋아질 수 있을까? 그들을 도와줘야 하지 않을까? 심지어 이런 죄책감에서 벗어나기 위해서, 다시 중독 상태로 빠져들거나 빚진 상태로 돌아가고 싶은 유혹을 느끼기까지 한다.

곁에 있어줌으로써 곤경에 처한 사람을 도와주려 애쓸 수는 있지만, 우리에게 그들의 인생을 돌려놓을 책임이 있는 것은 아니다. 건전하게 지원해줄 수는 있지만, 우리가 그들의 빚이나 중독적 습관까지 책임질 필요는 없다. 그들의 일은 그들 자신만이 감당해나갈 수 있다.

옆에 있는 것만으로도 최선의 도움이 될 수 있다.

## ◆ 201 ◆

> 나에게 내 빚을 갚도록 만드는 것은 지독한 일이다. 당신
> 은 그 고통을 상상조차 못할 것이다.
>
> — 조지 고든 바이런 —

그냥 앉아서 청구 금액을 지불하는 것이 속상할 수도 있다. 도박 빚을 갚거나 뜻대로 안 된 계획의 결과를 감당해야 할 때마다, 우리의 마음속에 분노가 자라간다. 빚의 책임이 자신에게 없다 하더라도 여전히 무기력한 느낌이 든다. 사라져버린 돈, 낭비되어버린 돈을 통제할 방법이 없다. 게다가 오늘, 내일, 혹은 그다음 날 벌어질 일을 통제할 수 없다는 것이 더 끔찍하다.

상황이 점점 악화될 뿐이기 때문에 초연하게 남아 있을 수도, 그냥 손을 떼어버릴 수도 없다고 생각한다. 가능한 한 감시하고 주의해야 한다. 하지만 카지노로 향하는 배우자를 얼마나 여러 번 돌려 앉혔든지 간에, 얼마나 많이 빚에 대해서 소리치고 불평했든지 간에, 무슨 행동이나 무슨 말을 하더라도 빚은 점점 늘어날 뿐이다. 여전히 빚을 통제할 수가 없으며, 우리는 우리의 돈과 마음의 평화를 그 대가로 지불한다.

사랑하는 사람이 자신의 뜻대로 행동하기를 바라는 집착을 버려라. 그러면 분노보다는 평화로운 마음으로 행동할 수 있다. 우선 마음의 평화를 구하라. 그런 상태에 있어야만 해결 방법을 찾아낼 수 있다.

> **자동차는 인간을 더욱 빨리 달릴 수 있게 하며 돈을 더욱
> 빨리 소모하게 하는 발명품이다.**
>
> — 시어도어 카진스키 —

　자동차는 가격이 아주 비싼 품목이다. 대부분의 사람들은 자동차를 소유하고 있으며 그것을 필요로 한다. 그런데 또 대개의 사람들은 자동차를 일시적인 소모품으로 취급한다. 2년, 4년, 혹은 5년 동안 자동차를 유지했다가 다음에는 새로운 모델로 바꾸려고 계획한다. 자동차를 타고 다니면서도, 기름을 채우는 것만 기억할 뿐이다. 정기적으로 엔진오일 갈아주는 것을 잊어버리고, 정기 검사에도 신경 쓰지 않는다. 자동차가 더러워져도 그냥 내버려둔다.

　자동차가 공장에서 나오는 즉시 가치가 떨어지는 것이라 해도, 우리가 자동차에 돈을 들일 필요가 있음을 기억하자. 자동차를 잘 보살필수록 더 오래 탈 수 있다. 자동차를 오래 탈수록, 할부금을 내지 않는 기간도 길어진다. 지금의 자동차를 7년이나 10년쯤 타고 다닌다고 생각해보면 어떨까? 그럼 우리는 자동차를 어떻게 다루게 될까? 내 차를 투자 품목으로 바라보자.

**그늘을 제공하는 나무는 잘라내면 안 된다.**

— 아랍 속담 —

한두 가지 중독에 빠져 있는 사람들은 결국 자신이 어떤 물질(약물, 술, 돈)이나 혹은 자극적인 환경(카지노, 쇼핑몰)을, 고통스럽고 불안한 감정을 마비시키고 그로부터 벗어나기 위한 방편으로 이용하고 있음을 깨닫게 된다.

중독의 또 한 가지 공통분모는 영적인 힘의 결핍이다. 감정을 마비시키면 영혼도 마비된다. '위대한 힘'과 유대감을 느끼지 못한다. 스스로 유대감을 느끼고 싶은 마음조차 없거나, 언젠가 나중에 믿어보겠다고 생각하는 사람도 있을 것이다. 어떤 방식으로 돌아서면 되는지 잘 알면서도, 의식이 깨어나 진실을 깨닫게 되었을 때의 그 고통에 미리부터 겁을 먹는 사람들도 있다.

우리의 '위대한 힘', 우리의 영성은 쉼터를 제공하는 나무와도 같다. 그 나무를 잘라버린다면, 우리보다 더 '위대한 힘'과 유대감을 끊어버린다면, 우리는 길을 잃고 약해질 것이다.

> **비전은 깨어 있는 꿈이다.**
>
> — H. W. 롱펠로 —

 돈을 잘 관리하는 것처럼 보이는 다른 사람들을 바라보며, 어떻게 저럴 수 있을까 궁금해할 때가 있다. 젊은 부부가 근사한 집을 사들였거나, 세 아이와 전업주부가 있는 가정에서 매년 휴가 여행을 떠난다. 그들은 자신의 돈에 관심을 기울이고, 경제 상황을 잘 보살피며, 기꺼이 그 보상을 거머쥔다.

 다른 사람들을 관찰함으로써, 빚 없이 원하는 것들을 소유하는 삶이 내게도 가능하다는 것을 깨닫자. 꾸준한 훈련과 확실한 자각과 계획이 필요할 뿐이다. 다른 사람들이 할 수 있다면 나도 할 수 있다.

**하느님께 기도할 때, 아무것도 구하지 말라. 아무것도.**

― 아시시의 성 프란체스코 ―

　　유대인 속담 중에 이런 말이 있다. "하느님을 웃게 만드는 방법을 아는가? 그분에게 너의 계획서를 보여드려라." 우리가 이 지구상에 어떤 이유를 지니고 존재한다는 것을 믿는다면, 우리의 '위대한 힘'이 그 이유를 알고 있으리라는 것도 믿을 것이다. 그리고 깊이 침잠하여 귀를 기울이면 우리도 그 이유를 알 수가 있다.

　　그 메시지를 알기 위한 방법 중 하나는 '위대한 힘'에게 우리 분수에 맞는 것을 물어보는 것이다. 우리가 만나는 사람을 통해, 또는 강력한 느낌으로 그 대답이 전해질지도 모른다. '위대한 힘'에게 우리의 문제를 해결해달라고, 행복하게 만들어달라고 기도하지 말자. 우리의 욕구가 합당하다면, 그 기도는 응답을 받을 것이다.

**꾸물거리는 것은 두려움의 한 형태이다.**

— 블라디미르 일리치 레닌 —

카드회사에서 날아온 우편물을 뜯어보지 않는다. 빚쟁이의 전화일까 봐 자동응답기가 작동할 때까지 전화를 받지 않는다. 전화를 받았다 해도, 너무 화가 나서 고함을 치며 쾅당 수화기를 던져버린다.

두려움이나 분노나 고통에 휩싸여 있을지라도, 채권자와 정직하고 솔직하게 대화하는 것은 중요하다. 어차피 신용카드를 사용하기 시작했을 때, 우리는 공식적으로 그 조건에 동의한 것이나 마찬가지다. 처음 빚을 지게 된 이유가 무엇이었든, 잘못은 우리에게 있다. 채권자와 카드회사에 의무를 수행하기 위해 최선을 다하는 것은 우리의 책임이다. 채권자와 대화하는 것이 잘못을 수정하는 하나의 형태임을 기억하자.

**무릎 꿇고 사느니 똑바로 서서 죽는 편이 낫다!**

— 에밀리아노 사파타 —

기본적인 욕구를 위한 비용을 계산했을 때, 채권자에게 지불해야 할 돈이 거의 없거나 전혀 없다는 사실을 발견하며 놀라는 경우가 생길 수 있다. 기본적인 욕구를 충족시키기 위해서 계속 돈을 빌려왔다. 점점 더 빚은 늘어나고 최소한의 욕구조차 충족시킬 수 없을 정도이다. 그러한 악순환이 통제력을 벗어날 지경까지 계속된다.

도저히 현재 상황에선 빚을 지불할 수 없는 경우도 있을 것이다. 그렇다면 일정 기간 돈을 갚을 수 없는 채권자에게 찾아가라. 단호하면서도 정직하게 부탁하라. 그들에게 순수한 의도를 드러내 보여라. 책임을 회피하려는 게 아니라 해결책을 찾기 위해 애쓰는 것이 분명하다면, 그 행동은 감탄스럽게 전달될 것이다. 책임 있는 의지가 빚을 갚고 빛으로 나아가게 한다.

당신은 문제의 일부일 뿐 아니라 해결 방법의 일부이기도
하다.

— 이브 생 로랑 —

수치심과 두려움은 우리를 격리시키고 빚에 대해 비밀스
럽게 만들 수 있다. 빚의 악순환을 정지시키려면 우선 파멸로
이끄는 행동들을 바꿀 필요가 있다. 새로 결심한 행동이 너무
힘겹게 느껴질 때마다 지원해줄 수 있는 사람에게 의지해보자.

예를 들어, 전혀 호의적이지 않은 채권자에게 전화를 걸어
야 하는 상황이라면 겁부터 나기 시작할 것이다. 특히나 상대
의 마음에 들지 않는 말을 해야 하거나 자신의 법적인 권리를
모를 때는 더욱 그렇다. 이러한 도전이 눈앞에 닥칠 때 한쪽에
서 붙잡아주는 사람이 있으면 한결 도움이 된다. 전화를 걸기
전과 후에 그 사람에게 찾아가보라. 전화하기 전에는 두려움이
나 걱정을 털어놓고, 그 후에는 벌어진 상황을 얘기하라. 이런
지원을 받으면 두려움을 극복할 수 있다. 지원 시스템을 총동
원하라.

## ◆ 209 ◆

연민은 다른 사람의 마음을 관통하여 자신의 마음으로 향
하고자 하는 충동이다.

— 퍼시 비시 셸리 —

　자신의 행동을 고쳐주고 도와줄 만한 사람을 찾아보는 것
은 중요하다. 모든 사람이 그런 일에 적당한 기술을 지닌 것은
아니다. 어떤 사람이 이 상황에서 가장 도움이 될 수 있는지 파
악할 필요가 있다.

　우선적으로 믿을 만한 친구와 가족을 찾아보고 싶을 수도
있다. 비판적이지 않고 동정심으로 들어주는 사람을 찾아볼 수
도 있다. 감정적으로 중립적인 사람(가령 상담원)에게 도움을 받
고 싶을 수도 있다. 또한 자신과 똑같은 경험을 지닌 사람들을
찾아보는 것도 좋다. 그런 사람들은 적당한 모임에 찾아가면
많이 만날 수 있다. 나의 직관에 따라 사람을 찾아보자.

**의지는 신념과 지속성이다.**

— 올더스 헉슬리 —

자신에게 행동을 변화시킬 수 있는 힘과 용기와 지혜가 있는지 불안할 때가 있다. 자신이 원하는 게 가족과 자신에게 최선의 것인지 알 수 없다. 진심으로 도박이나 음주, 약물 과소비를 중단하고 싶은지도 모르겠다. 도와주는 단체에 찾아가고 싶지도 않고 기도나 명상이나 '위대한 힘'을 찾아보고 싶은 생각도 없다.

무언가 변해야 한다면 그 변화를 이끌어낼 수 있는 사람은 바로 자기 자신이라는 것을 알아야 한다. 기꺼이 변화를 받아들일 때 커다란 발걸음을 내딛는 것이다. 최선을 다해 노력한다면, 파괴적인 행동을 하는 대신 변화를 위해 빚을 갚기 위해 시간과 에너지를 쏟아붓는다면, 그 결과가 눈앞에 드러날 것이다. 기꺼운 마음으로 그 과정을 믿자.

> **뭉쳐야 산다. 그렇지 않으면 각기 따로 죽을 수밖에 없다.**
>
> — 벤저민 프랭클린 —

대개의 사람들은 강하고 독립적인 인간이 되어야 한다고 배웠다. 우리의 가족들은 우리에게 필요한 자기 의존적인 기술을 가르쳐주었다. 문제가 생겼을 때 부모님이 그 일을 처리하는 방식, 혹은 외부에 드러내지 않고 집안에서 해결하는 방식을 보아왔다. 자기 자신을 믿는 것은 큰 자산이다. 하지만 그것을 극단적으로 받아들이는 사람들도 있다. 다른 사람에게 도움 청하는 것을 연약하다는 증거로 생각한다.

도움을 청하는 것도 시도해볼 필요가 있다. 처음에는 작은 걸음부터 시작해보라. 친구에게 전화 걸어 빚에 대해 털어놓아 보자. 도움을 주는 모임에 찾아가보자. 처음부터 그것을 좋아할 필요는 없다. 다만 기회를 가져보라. 어느 정도 수준에 이르면, 지금 우리의 고통과 비슷한 문제를 지닌 다른 사람들에게 도움을 줄 수도 있을 것이다. 도움을 주고받는 것이 인간관계를 강화시키며 결속시키는 방법임을 천천히 알아나가자. 앞으로 도움을 줄 수 있도록 오늘은 도움을 받아들이자.

> **가능성이란 현재의 자원에서 최대한을 만들어내는 것이다.**
> — 무명씨 —

다른 신용카드 회사로부터 낮은 이자율을 제안받는 시점에 도달했다면, 그 기회를 이용하는 것이 현명하다. 이자가 단 1퍼센트 떨어지거나 서너 달 정도만 낮아지는 것이라 해도, 그 회사에 전화를 걸거나 서류를 작성하는 데 약간의 시간을 투자함으로써 1년에 몇십만 원의 이자를 아낄 수가 있다. 일단 잔고를 이전한 후에는 그 통장을 즉시 정지시켜라. 정지된 통장에 넣어야 할 할부금은 빼먹지 말고 지불하라. 다음 달 지불 계획에 그 돈도 포함시켜야 한다.

의리를 지킬 여유는 없다. 몇 년간 똑같은 카드 회사와 거래했다고 해도, 자신의 이익을 고려하는 것이 우선이다. 자신의 경제적인 미래가 위기에 처했음을 기억할 필요가 있다.

낮은 이자율을 찾는 것이 근본 해결책은 아니라 해도 빚을 줄이는 데 도움이 된다는 것을 깨달아야 한다.

> 양초가 거의 다 탔다고 말하지 마라. 더 많은 밀랍을 얻어
> 낼 수 있노라고 말하라.
>
> — 무명씨 —

카지노에서 처음으로 횡재를 했을 때는 흥분에 휩싸이기 마련이다. 처음으로 맥주를 마셨을 때처럼 황홀경을 느낀다. 혈관 속으로 아드레날린이 밀려든다. 그 경험에서 얻었던 고조된 감정이 너무나 황홀해서 다시 한 번 느껴보고 싶다. 계속해서 그런 느낌을 만들어보고 싶다. 그래서 그 근원지로 되돌아간다. 하지만 고조된 감정은 처음과 똑같지가 않다. 그 느낌을 추구하지만 붙잡을 수가 없다. 이제 처음보다 더 강력한 것이 필요하기 때문이다.

그럼에도 불구하고, 우리는 언젠가 그것을 붙잡게 될 거라고 믿는다. 언젠가 모든 것이 잘될 거라고, 자신과 다른 사람에게 확신시킨다. 도박, 음주, 약물, 과소비와 연결된 감정을 필사적으로 추구하는 것은 중독되어가고 있다는 신호이다.

> **가장 큰 거짓말쟁이는 스스로의 중독 습관이다.**
> — 칼 로저스 —

약물이나 알코올 같은 중독적인 습관을 멀리하며 회복되어 가는 중일 수도 있다. 어느 날 어떤 친구가 남는 시간을 때우자며 카지노에 데리고 간다. 그 정도는 별 피해가 없을 것이라고 믿고 따라나선다. 어차피 자신은 알코올 중독이었을 뿐 도박 중독자가 아니었으니까. 즐거운 시간을 갖고, 3만 원을 잃은 후에 그 자리를 떠난다. 자신이 잘 자제했다는 느낌에 만족스러워한다.

자제력을 경험했다. 얼마나 멋진 느낌인가. 그것은 약물이나 술과 다르다고 스스로에게 되뇐다. 그래서 다음 주와 그다음 주에도 카지노에 들른다. 부업을 찾았다고 생각될 만큼 약간의 돈을 따게 될 수도 있다. 친구와 같이 카지노에 가는 주말을 고대하기 시작한다. 어느 날 밤에는 초조한 기분이 생긴다. 이젠 혼자서 카지노에 가기로 결심한다. 계획에 없었던 날에도 찾아간다. 점점 기분이 우울해지고 그래서 더 큰 자금을 쏟아 넣는다. 스스로 알아차리기도 전에, 다시 중독적인 과정에 사로잡혔다. 약물이나 술 대신 도박을 도피 수단으로 만든 것이다. 하나의 중독을 다른 것으로 대치시켰을 뿐이다.

스스로의 중독적인 성향이 어떤 경우에도 강하지 못하다는 것을 인정하고, 위태로운 상황에서 멀리 떨어져 있는 것이 좋다.

> **인생의 평범한 사건에서, 심지어 사랑과 우정과 결혼에서도,**
> **다른 사람의 손에 행복을 맡기는 것은 극도로 위험하다!**
> — 프랑수아 라블레 —

이제 술을 마시지 않는다. 도박을 한 지도 오래되었다. 쇼핑몰에 다니지도 않는다. 그런데 왜 배우자, 부모님이나 친구들은 나를 믿어주지 않을까? 왜 그들은 늦게까지 일하고 왔다는 나의 말을 믿어주지 않을까? 왜 여전히 어린애처럼 취급할까? 나는 비난이 아니라 칭찬이 필요해!

자신이 지금까지 돈에 무책임했으며 그 결과로 많은 사람에게 상처 입혔다는 사실을 인정하라. 당신은 신뢰도 함께 잃어버렸다. 예전에 너무 많은 거짓말을 해왔다. 그런데 왜 주변 사람들이 당신을 믿어야 한다는 것인가? 당신이 나쁜 습관에서 벗어났다고는 해도, 신뢰를 다시 쌓으려면 시간이 걸린다. 당신이 다른 사람에게 믿음을 주지 못했다는 사실을 인정하라. 당신은 그들의 감정을 바꿀 수 없고, 때때로 집에 늦게 돌아오는 상황도 피할 수 없다. 자신에게 잘못된 비난이 가해지더라도 다른 사람을 탓하지 말자. 그들의 관점에서 이해하도록 노력해보자. 계속 노력하면 언젠가는 신뢰를 되찾을 수 있다.

> 고통을 사랑하라. 저항하지 말고 도망치지도 마라. 그 고
> 통에 자신을 내어주라.
>
> — 헤르만 헤세 —

질병과 중독적 습관은 엄청난 고통을 안겨준다. 가장 먼저 그 강렬한 느낌에 저항하고 싶은 충동이 생긴다. 거기서 빠져나오지 못할까 봐 두려워한다. 그 감정을 묻어버리거나, 술이나 도박이나 충동적인 소비로 마비시켜보려 한다.

감정이나 상황에 대항하기보다는 끌어안아라. 그러면 헤쳐나갈 수 있는 가능성이 있다. 감정에 휩싸여 있는 사람에게는, 그 고통을 사랑하는 것이 견딜 수 없을 듯 느껴질 것이다. 하지만 고통에서 빠져나오면 성장과 기쁨이 찾아온다. 고통이 성장의 과정이라는 사실을 위안으로 삼자.

**인간은 자신이 아는 모든 것 이상까지 나아가야 한다.**

— 헬레나 블라바츠키 —

인생의 어느 순간엔가, '위대한 힘'에게 배신감을 느끼고 그런 것이 존재한다는 것까지 믿어지지 않는 경우가 있다. 신앙생활을 어린 시절 혹은 바로 얼마 전에 끝내버렸을 수도 있다. 아니면 믿음이나 영적인 생각 없이 자라왔을 수도 있다. 인간보다 더 '위대한 힘'을 믿는 것에 대해서는 그저 아무런 생각이 없을 수도 있다.

만약 영성을 찾아내고 싶은데 그 방법을 모른다면, '믿는 것처럼'이라도 행동하자. 상투적인 기도문이라도 외워보자. 기도와 명상을 시도해보자. 예배에 참석해보는 것도 괜찮다. 종교에 접근하는 것이 내키지 않는다면, '위대한 힘'이라는 개념으로 한번 생각해보라. 도움을 주는 모임에 참석하는 사람이라면, 긍정적인 확신과 동기를 부여해주는 그 모임을 '위대한 힘'이라 부름으로써 '위대한 힘'을 믿기 시작할 수도 있다.

다른 사람으로부터 경제적으로 자유로워지기 위해서는 용기(어쩌면 믿음의 도약일 수도 있다)가 필요하다. 결혼 생활의 더 나은 선善을 위해 당신의 돈을 포기하는 것이 낫다고 믿기 위해서도 용기가 필요하다.

— 오쇼 라즈니쉬 —

인간관계를 맺을 때 마음을 내주는 것은 당연히 여기면서도 통장을 내주는 것에는 머뭇거리게 되는 경우가 있다. 만약 당신이 결혼 생활에 빚을 끌어들인 쪽이라면, 배우자의 그런 망설임을 이해할 수 있을 것이다. 당신이 지금까지 돈 관리를 제대로 해오지 못했기 때문이다. 그런데 어떻게 그들이 믿어주길 바랄 수 있겠는가?

스스로 그리고 배우자에게 경제적인 약속을 하라. 인간관계에 끌어들인 자신의 빚에 책임을 져라. 생활비를 분담하라. 각자 수입의 일정한 비율을 똑같이 지불하는 것이다. 그것은 많이 버는 사람이 더 많이 내야 한다는 뜻이다. 경제적인 목표를 함께 결합시켜라. 합쳐지는 부분이 클수록, 경제적인 목표는 더 쉽게 이루어질 수 있다. 내가 나의 빚을 갚아나가기 위해 노력하면, 배우자에게도 똑같이 기대할 수 있다.

돈으로 침대를 살 수는 있다, 하지만 잠은 살 수 없다.

책을 살 수는 있지만 지식을 살 수는 없다.

음식을 살 수는 있지만 식욕을 살 수는 없다.

옷을 살 수는 있지만 아름다움을 살 수는 없다.

집을 살 수는 있지만 가정을 살 수는 없다.

약을 살 수는 있지만 건강을 살 수는 없다.

사치품을 살 수는 있지만 문화를 살 수는 없다.

재미를 살 수는 있지만 행복을 살 수는 없다.

종교를 살 수는 있지만 구원을 살 수는 없다.

돈은 모든 것으로 향하는 통행증이 될 수 있지만 천국으로
가는 통행증은 아니다.

— 무명씨 —

경제 상황이 제자리를 찾은 후에, 자신에게 어떤 일이 일어
날 것으로 기대하는가? 빚이 없어졌거나 부자가 되었기 때문에
더 행복해질 것으로 상상하는가? 더 나은 인간관계를 맺게 되
고 마음의 평화를 찾을 수 있을 것으로 상상하는가?

그러한 기대들이 이루어질 수도 있다. 하지만 이러한 목표
는 돈이 아니라 우리의 행동과 영성으로 이루어진다는 점을 기
억하자. 더 많은 돈을 갖거나 빚에서 벗어나는 것은 만병통치
약이 아니다.

돈이 있어도 여전히 걱정스럽고 화가 나고 슬프고 다른 무언가를 갈망하게 될 것이다. 그것이 인생이다. 빚에서 벗어나기 위해 노력하는 과정이, 인생의 또 다른 문제들을 다룰 수 있도록 준비시켜주는 것임을 명심하자. 마음의 평화는 내면을 바라보는 용기로부터 온다는 것을 알아야 한다.

## ◆ 220 ◆

> **그는 아무것도 소유하지 않은 부자이다.**
>
> ─ 헝가리 속담 ─

　매일매일 지출 경비를 적고 있으며 소비 계획대로 잘 실천하고 있다면, 자신의 돈이 흘러가야 할 곳에 대하여 의식적인 결정을 하고 있는 것이다. 이것은 커다란 안도감과 힘을 불러일으킨다.

　지출의 경로를 파악하는 동안, 들어오는 것보다 더 많이 나가지 않도록 확실히 할 필요가 있다. 몇천 원만이라도 지출이 수입을 초과한다면, 새로운 빚을 지고 있는 것이다. 한두 개의 품목에서 경비를 줄이거나 수입을 늘리기 위한(무언가를 팔거나 아르바이트를 하는 등) 방법을 찾아야 할 것이다. 빚은 선택 사항이 아니다.

> 영혼은 내면의 불길이다, 세상이 요동한다 해도 결코 꺼지
> 지 않는 불길이다.
>
> — 아리스토파네스 —

빛의 부정적인 결과에 초점을 맞추고 있으면 스트레스가 생긴다. 그러한 관점은 스스로 뭔가 부족하다는 느낌을 끌어들인다. 의도적으로 우리의 관심을 다른 곳, 우리의 영혼에 기울여보자.

불쾌한 취급을 당했거나 혹은 주변 상황 때문에 상처받고 우울해지고 공허한 느낌이 들 때, 내면으로 관심을 이동시켜라. '위대한 힘'에게 텅 빈 부분을 메꾸어달라고 부탁하자. 완벽한 존재라고 스스로에게 말해주자. 진실한 자신의 모습에 초점을 맞출 때 긍정적인 면에 주의를 기울일 수 있다. 부정적인 것에 귀중한 에너지를 잃어버리는 대신, 긍정적인 것으로 에너지를 만들어내자.

> 감정의 문제를 다루는 것이 경제적 문제를 다루는 것보다
> 훨씬 힘들다. 감정이 주관적이기 때문이다. 계산이 맞아떨
> 어질 때까지 도표를 만들어서 분석하거나 이동시킬 수가
> 없다. 수입과 지출을 계획하는 것처럼 감정을 계획할 수는
> 없다.
>
> — 애덤 스미스 —

대수代數 같은 것을 배우지 않은 사람이나 어른이 되어 전염
병처럼 수학을 피해왔던 사람이라도, 돈 계산이 복잡한 과학이
아니라는 것은 알 것이다. 가계부를 한 권 마련해서 적어가면
사실 아주 간단하다. 꾸준하게 기록만 하면 된다. 더하고 빼고
가끔 나눗셈을 하기만 하면 자신의 경제 상황을 충분히 감당할
수 있다.

하지만 만약 꼼꼼하게 가계부를 적었는데도 여전히 수입
과 지출을 맞추지 못하는 상황이라면 어떻게 해야 할까? 돈에
관련된 행동보다 더 복잡한 측면, 즉 자신의 감정을 점검해볼
필요가 있다. 내 빛의 진짜 근원은 어디에 있는지 찾아보자.

쓴맛이 나는 오이를 베어 물었는가? 그럼 뱉어버려라. 길 한가운데 가시나무가 버티고 있는가? 그럼 비켜서 가라. 그것으로 충분하다. 왜 그런 것들이 있느냐고, 끊임없이 불평하지 마라.

— 마르쿠스 아우렐리우스 —

자기 힘으로는 어쩔 수 없는 빚에 빠져버렸을 때 우리는 창 피하다. 자동차 엔진에서 이상한 소리가 나거나, 집의 페인트 칠이 지저분하게 벗겨졌거나, 베란다가 부서졌는데 보수할 만 한 여유가 없을 때도 창피하다. 부부가 함께 맞벌이를 하기 때 문에 매달 괜찮은 수입이 들어온다. 휴양지에 별장 하나쯤 살 여유가 있어야 마땅할 텐데도, 현실은 매달 날아오는 청구서조 차 감당하지 못해 허덕인다.

창피한 감정은 분노를 일으킬 수 있다. 당황스럽고 무기력 한 느낌에 빠진다. 배우자나 자기 자신을 비난하고 원망한다. 그러한 감정은 자신을 고립시킨다. 수치스러운 느낌이 강할 수록 점점 더 숨고 싶어진다. 사람들 앞에 나서면 그 수치심이 견딜 수 없는 지경까지 증폭될 것이라고 생각한다.

빚에 허덕이는 사람이 나 혼자가 아니라는 것, 빚을 졌다고 해서 세상이 끝난 것도 아니라는 점을 기억하자. 타인을 피하 는 시간이 길어질수록 빚이 점점 더 늘어날 가능성도 커진다.

마음을 열어 다른 사람들과 대화하자. 자신의 비밀을 털어놓음으로써 수치심도 사그라들 것이다. 수치심보다 부끄러운 고백을 선택하는 것이 백 번 낫다.

> **당신은 진실을 알게 될 것이다, 그리고 그 진실이 당신을**
> **미치게 만들 것이다.**
> — 기 드 모파상 —

당신이 만약 도박이나 음주, 약물에 중독된 사람과 같이 살고 있다면, 몇 년 동안 수도 없이 거짓말을 들어왔을 것이다. 너무 많이 속아서 이젠 정신이 돌아버릴 것 같아 걱정스러울 수도 있다. 어느 날은 이 말, 또 다른 날은 다른 말을 듣게 된다. 전에는 다르게 말하지 않았냐고 물어볼 때, 그 중독자는 아무 대꾸도 하지 않거나 그것을 당신의 착각으로 돌려버린다. 당신은 자신의 기억력을 의심하기 시작하며 혼란스러워진다. 정말로 어떤 말을 언제 들었는지 기억나지 않는다. 이런 일이 되풀이되면, 당신의 현실 감각은 점점 사라져간다.

중독자가 거짓말을 할 때, 그것은 악의적으로 하는 거짓말이 아니다. 중독적인 습관을 유지하기 위해서 필요한 상태에 머물러 있으려는 것이다. 하지만 당신은 돈에 대한 심각한 판단 착오를 저지르지 않기 위해서, 제정신을 유지하기 위해서 자신을 보호할 필요가 있다. 다시 자신의 기억력을 믿어보라. 필요하다면 담보나 대출금에 대해 나눴던 대화를 기록해둬라. 중독자가 말한 내용을 확인하거나 부인해줄 수 있는 다른 사람에게서 정보를 얻어내라.

**우물이 마를 때까지는 물의 귀중함을 알지 못한다.**

— 영국 속담 —

인생의 모든 게 잘못되었다고 생각되는 때가 있다. 빚더미에 빠지고 그 때문에 결혼 생활에 문제가 생기고 어떤 결심을 해야 할지도 생각이 나지 않는다.

극도로 불리한 경제 상황이 실제로는 다른 사람들보다 경제적으로 유리한 경우일 수도 있다. 우물이 마르고 지금 갈증이 나서 죽을 지경인데, 어떻게 그것이 유리한 상황일 수 있을까?

우리의 빚, 즉 말라버린 우물은 동기를 부여해주며 인생을 가르쳐주는 선생이다. 돈의 가치를 배워나가기 위한 자극을 받거나, 혹은 어쩔 수 없이 돈의 가치를 배워나가야만 한다. 또한 지금 우리는 의식적으로 선택할 때 원하는 미래가 창출될 수 있다는 진리와 책임감의 보상을 배워나가고 있다.

> **훈련된 양심은 인간의 가장 좋은 친구이다.**
>
> — 탈레스 —

통장에 돈이 없는데도 수표를 적어주는 것은 불법이다. 통장에 돈이 없는데도 돈을 빼 쓰는 것 또한 법적으로 문제가 된다. 하지만 대개의 경우 감옥에 들어가는 대신 벌금을 물면 그만이기 때문에 그리 심각하게 받아들이지 않는다. 그저 더 빚을 지게 된 상황이 실망스러울 뿐이다.

지불 계좌를 소홀히 여긴다면, 잔고를 맞추는 것보다 얼마의 돈이 있는지 짐작에만 의지한다면, 다시 시작해야 할 때가 되었다. 새 통장을 개설하여 분위기를 바꿀 수도 있다. 아니면 한두 달 정도 그 통장을 사용 중지하고 우편환으로 청구서 대금을 지불할 수도 있다. 늘 통장 잔고를 제대로 확인하자.

> **인간은 두 가지 종류로 구성되어 있다. 빌리는 자와 빌려 주는 자.**
>
> — 찰스 램 —

사람은 빚을 기점으로 해서 구분될 수 있다. 사람마다 어떤 하나의 범주에 포함된다. 누구는 빌려주는 자이고, 또 누구는 빌리는 자이다. 빌려주는 자가 앞에 서 있다면, 최소한 경제적으로, 빌리는 자는 뒤에 처진 사람이다.

우리가 곤경에 빠져 있는 동안 그들이 앞서 나간다고 해서 채권자들을 나쁜 인간으로 규정할 수는 없다. 맞벌이로 더 나은 수입을 벌어들인다고 해서 이웃 가정을 나쁘게 규정할 수도 없다. 좋든 싫든 모든 사람은 선택을 하기 마련이다. 우리와 다른 선택을 했다는 이유로 다른 사람을 깎아내려서는 안 된다. 그들에게 배워나가며 스스로 선택을 하고, 지금은 물론 앞으로도 최선의 선택을 하기 위해 노력하면서 사는 게 중요하다. 다른 사람들의 풍요를 인정하자.

> 멋진 신용카드여! 현대 사회의 기본이여. 누가 이것을 상
> 호 간의 신뢰, 약속에 대한 제한 없는 신용의 황금시대라
> 말하지 않겠는가? 사회의 이 특별한 조건을 "몇 년 전에 나
> 는 빈털터리였지만 지금은 200만 달러의 소유자"라고 말
> 하는 토지와 광산의 투기꾼들에게 던져주라.
>
> — 마크 트웨인 —

대개의 사람들은 신용카드를 생활의 자연스런 일부로 생
각한다. 우리는 목적을 이루는 수단으로서 신용카드를 받아주
는 사회에서 태어났으며, 신용카드에 그러한 기대감을 지니고
있다.

사실 신용카드는 '사회의 특별한 조건'이다. 조금 전까지 주
머니에 돈 한 푼 없었는데, 우편으로 배달된 신용카드를 손에 쥐
는 즉시 몇백만 원을 지닌 부자처럼 생각한다. 몇백만 원을 외상
으로 가져온 것인데, 우리는 그것을 소유의 상태로 착각한다.

> **모험을 무릅쓸 때에야 인생은 개발된다. 그리고 가장 받아**
> **들이기 힘든 모험은 자신에게 정직해지는 것이다.**
>
> — 로알 아문센 —

요즈음 도박은 사회적인 흐름이 되었다. 정부에서 복권을 발행하고, 아이들에게도 도박 성향의 게임이 제공된다. 주택가에서 불과 몇 분 떨어지지 않은 곳에서 도박장을 발견할 수도 있다.

도박이 새삼스럽게 새로운 개념은 아니며 완전히 없애버릴 수 있을 것 같지도 않다. 하지만 우리 스스로 도박이 그저 단순한 재미와 오락이 아니라는 것을 의식할 필요가 있다. 대략 인구의 3~5퍼센트가 도박이라는 고질병을 앓고 있다. 통제할 수 없을 정도로 도박에 중독되어 있다. 도박은 개인과 그 가정에 경제적인 파탄을 일으키며, 직업을 잃게 만들고 범죄를 유발하고 가정을 무너뜨린다.

오늘은, 다른 이에게 도박을 권하기 전에 그 잠재적인 피해를 잘 생각해야 함을 명심하자.

> **품위는 나 자신과 진짜 진실 사이의 장막이다.**
> — 데일 카네기 —

어떤 사람에게, 신용카드는 품위를 유지시켜주는 존재가 된다. 점원에게 플라스틱 조각을 내밀 때 성숙하고 존경받을 만한 인물, 경제적으로 능력 있는 인물이 된 듯한 기분에 빠진다. 그런 카드를 잘라버리거나 지불 계좌를 정지시키는 것은 생각만 해도 두렵다. 신용카드가 없으면, 쓸쓸하고 공허하고 무언가 부족한 느낌이 든다.

그러한 경우 신용카드는 우리의 보호막이다. 내면적으로 느끼는 공허와 외로움과 부족한 감정들에 대항하는 방패로서 신용카드를 이용하고 있다. 그 방패 뒤에 숨어서 살아가고 싶은지 아니면 대담하게 진실한 자아를 깨닫고 싶은지 스스로에게 물어보라. 그 고통에 자신을 열어놓음으로써, 헤쳐나갈 수 있는 기회를 스스로에게 부여해주자. 진짜 우리의 모습을 볼 수 있는 기회를 갖자. 나는 연약함과 장단점을 지닌 존재로서 나 자신일 때 가장 사랑스럽다.

**현명해지는 기술은 무시해야 할 것을 아는 기술이다.**

― 스티븐 호킹 ―

인생에 약간의 변화를 만들어본다. 일주일에 세 번씩 외식하는 습관을, 일주일에 한 번으로 줄인다. 실수하기 쉬운 장소라는 것을 알기 때문에 쇼핑몰에 함께 가자는 초대도 거절한다.

우리가 변화할 때, 우리를 아는 사람들은 각기 저마다 반응을 보일 것이다. 기뻐하거나, 당황스러워하거나, 자극을 받을 수도 있다. 화를 내거나 빈정거리거나 상처를 입거나, 혹은 짜증을 낼 수도 있다. 그러한 반응에 민감해질 필요가 있다고는 해도, 다른 사람의 반응 때문에 옳은 길로 나아가는 행동을 포기해서는 안 된다. 다른 사람들의 반응에 따라 자신을 규정할 필요는 없다.

우리는 자기 인식과 자부심이 자라나면서 자발성과 자유
로움도 배우게 된다. 자신감과 자신에 대한 믿음이 증가되
어갈수록 자발성도 크게 나타난다. 그러면 건전한 한계를
유지하는 우리의 능력은 더 확고해진다.

― 새뮤얼 스마일즈 ―

눈앞에 닥친 문제에 따라서 다르겠지만, 우리는 종종 자신
에게 즐거움을 허락하지 않는 상태에 빠져들곤 한다. 더 이상
즐거워지는 방법을 알 수가 없다. 이기적인 행동일 테니까 돈
을 쓰면 안 된다고 스스로에게 말한다. 사실 그것은 즐거운 시
간을 가질 가치가 없다고 자신에게 말하는 것과 같다. 자신을
나쁜 인간으로 생각하고 부끄러운 존재로 느낀다. 즐겁게 웃는
시간이 허세를 부리는 것처럼 느껴진다. 전혀 행복하지 않다.
그런데 왜 즐거운 인생인 것처럼 굴어야 하는가?

즐거움은 인생의 기본 욕구이다. 우리 모두 웃고 즐길 필요
가 있다. 즐거움을 위해 항상 많은 돈을 써야 하는 것은 아니다.
그저 때때로 약간의 돈을 쓸 경우가 있을 뿐이다. 즐거움은 생각
보다 간단할 수 있다. 첫 번째 단계는 우리가 즐거울 자격이 있
으며 가치 있는 존재라고 확신하는 것이다. 다른 사람에게 털어
놓음으로써 빚이나 중독 상태의 수치심을 벗어던지자. 다른 사
람에게 마음을 열어놓을 때, 즐거움에도 마음이 열린다.

> **자기 마음에서 평화를 찾지 못하면, 다른 곳 어디에서도
> 찾을 수 없다.**
>
> — 막스 피카르 —

우리를 완벽하게 해줄 것이라 믿으며 누군가 혹은 무언가
를 갈망한다. 부자가 되면 걱정할 필요가 없을 텐데. 돈이 있으
면 완벽할 텐데. 깊이 생각해보면, 우리가 외부 환경의 영향 때
문에 자신을 속이고 있다는 것을 알게 될 것이다.

인생이 보다 나아지기를 원하고 희망하고 기도할 수는 있
다. 하지만 좋은 결과가 찾아오지는 않는다. 더 힘든 상황으로
빠져들어갈 수도 있다. 좋은 일들을 일으키는 힘은 진심으로
기도하는 데 있다. 원하는 것을 습득하든 습득하지 못하든 우
리가 온전한 하나의 인간이라는 것을 앎으로써, '당신의 뜻을
이루소서'라는 말로 기도를 마침으로써, 우리의 갈 길을 갈 수
있다.

인생이 전진하지 않는다고 느껴질 때, 그 전진을 막는 것이
바로 나 자신일 수도 있다.

> 당신이 동의하지 않는 한, 누구도 당신에게 열등감을 느끼
> 게 할 수는 없다.
>
> — 엘리너 루스벨트 —

당신이 이미 감당할 수 있는 이상의 수치심에 빠졌을 수 있다. 그런데 카드회사에서 전화하여 괴롭히고 고소하겠노라고 위협하고 돈을 내라고 협박하기 시작하면, 초라해지는 자신을 어쩔 수가 없다. 스스로 가치 없는 사람처럼 느껴진다. 그들은 당신의 허를 찌른다. 저녁식사를 하고 있을 때, 친구들과 함께 있을 때, 조용히 생각하기 위해 앉아 있을 때, 아이들과 놀고 있을 때 시도 때도 없이 전화를 걸거나 찾아온다. 때로는 정말이지 화가 난다. 빚을 진 사람은 따로 있는데 당신이 그런 취급을 받아야 한다면 더더욱 그렇다.

다른 사람의 학대를 참아낼 필요는 없다. 가학적인 행동을 받아들이지 말라. 빚쟁이의 전화에 극도로 마음이 불안해진다면, 다음부터는 서신으로 연락하라고 확실하게 밝혀라. 아니면 몇 날 며칠 몇 시에 당신이 전화하겠노라고 약속하라. 그 사람들이 계속 당신을 괴롭힌다면, 전화를 끊고 자동응답기도 켜두지 마라. 당신은 스스로를 보호할 권리가 있으므로, 비즈니스 상대로서 대접해주는 분위기에서만 그들과 얘기하라.

아무도 어떤 식으로든 누군가를 학대해서는 안 된다.

오직 선善을 행함과 서로 나눠주기를 잊지 말라, 이 같은 제사는 하느님이 기뻐하시느니라.

— 허브리서 13장 16절 —

카드회사에 전화해서 곤경에 처해 있음을 알려야만 한다. 하지만 그렇게 하고 싶지가 않다. 열등감에 사로잡혀 어리석고 부족한 인간처럼 느껴진다. 움츠러든다. 그들의 반응이 두렵기만 하다.

그 전화를 하기 위해서는 마음의 준비만이 필요할 뿐이다. 우리를 지원해주는 사람에게 털어놓자. 해야 할 말을 종이에 적어볼 수도 있을 것이다. 대개의 채권자들은 우리의 정직함에 호의적으로 반응할 것이다. 고리대금업자라 해도 아무것도 없는 것보다 조금이라도 받아내는 편이 낫다는 점을 잘 알고 있다. 그 일을 해내고 나면 우리는 커다란 안도감을 느낄 수 있다. 자신감도 생겨난다. 해야 할 말을 다 했으니까, 그것이 효과를 발휘했으니까. 옳은 행동을 할 때 최선의 결과가 나온다.

> **재능이 난쟁이라면, 자부심은 거인이다.**
> — J. R. R. 톨킨 —

카드회사 사람들은 전혀 돈을 갚지 못하는 채무자와 협상하는 데 익숙하다. 이자율과 매달의 상환액수를 타협하고 차감 부족액의 일부를 탕감해주기까지 할 수도 있다. 우리가 전화했을 때 그들은 이미 준비가 되어 있다. 해야 할 말을 알고 있다. 돈을 빌린 사람이 우리만이 아니기 때문이다. 우리가 하는 말들을 전에도 모두 들어보았다. 그들은 놀라지도 않을 것이다. 우리 같은 사람들과 협상하기 위해 고용된 사람들이다. 그것이 그들의 직업이다.

그 직업에 아주 능숙한 사람들도 있으므로, 우리는 조건의 한계선을 정해놓을 필요가 있다. 하지만 그 협상에 관한 우리의 힘을 알지 못하는 사람들도 있다. 굳게 마음의 다짐을 하고 전화해야 한다. 단호하고 명확한 자세를 가져라. 만약 우리를 괴롭히려는 사람, 혹은 우리의 조건을 바꾸려고 설득하려는 사람과 충돌하게 되었다면, 똑같은 말을 되풀이하라. 그들이 무슨 말을 하든, 침착하고 분명하게 자신의 입장을 되풀이해서 말하라. 채권자에게 내가 할 수 있는 경제적인 약속을 준비해두는 것이 좋다.

**난 부자라서 참으로 행복하다, 어떤 일이든 감당해낼 마음
이 있다.**

― 존 맥스웰 ―

　마르지 않는 우물처럼 돈이 많은 사람들에게도 문제는 있
다. 우리가 느끼는 결과는 외부적인 것보다 내부적인 것에 더
좌우된다. 근사한 집과 자동차와 엄청난 돈을 지니고 있지만
불행하고 우울한 느낌에 빠져 있는 사람들이 있다. 나 자신만
을 상처 입힐 뿐인데, 왜 변해야 하는가? 어떤 동기를 자신에게
부여해야 할까?

　얼마나 많은 돈을 지녔든 상관없이, 우리가 인간이라는 사
실을 겸허하게 인정하는 것이 중요하다. 우리의 영혼은 여전히
비상하기를 원하고 있다. 변하고자 하는 동기도 다른 사람과
다르지 않다. 평화로운 마음과 행복이다. 그곳에 도달하기 위
해서는, 다른 사람들과 똑같은 기본 과정을 거치면 된다. 자신
과 다른 사람과 '위대한 힘'에 진실해지는 것이다. 책임감을 갖
는 것이다. 겸허한 마음에서 변화가 시작된다.

**모든 것에 대한 이해가 인내를 만든다.**

— 마담 드 스탈 —

자신이 가진 것보다 더 많은 돈을 썼다고 해서, 충분한 돈을 벌지 못한다고 해서, 자신을 보살피지 못한다는 이유로, 어리석은 부모를 만났다는 이유로, 제대로 선택하지 못한다는 이유로 자기 자신에게 반감을 품은 사람들이 많다. 자기 자신에 대해 나쁜 감정을 가질수록 더 깊이 추락해간다. 행동을 개선시키기보다 자기 파괴적인 행동을 향해 나아간다.

자기 자신과 다른 사람에게 인내심을 가질 때, 자기 파괴적인 생각에 대항하여 긍정적인 행동으로 나아갈 수 있다. 훈련을 하자. 불안을 가라앉히기 위해 술을 마시는 대신, 정신을 맑게 해주는 차를 한 잔 마시자. 기분을 바꾸기 위해서 쇼핑을 나가는 대신, 기도와 명상의 시간을 갖자. 나는 인간이며, 실수하고 부족한 느낌을 갖는 것도 인간 존재의 일부임을 받아들이자. 마지막으로, 스스로 옳게 잘 해내는 모든 일들을 자신에게 일깨워주자. 나 자신에게 인내심을 가지려 노력함으로써, 다른 사람에게도 인내심을 가질 수 있다. 순수한 의도를 유지하라.

**후회를 잊어버려라, 그러지 않으면 인생을 놓친다.**

― 유진 오닐 ―

생각이 자꾸만 과거로 흘러간다. 그 당시 다른 행동을 했더라면 지금쯤 어떤 인생을 살고 있을까? 어떤 모험을 받아들였거나 더 나은 선택을 했더라면 더 행복해졌을 텐데. 주위의 다른 사람들도 더 행복해졌을 텐데. 내가 잘못된 선택을 해서, '위대한 힘'이 예정해놓은 계획을 던져버린 것은 아닐까? 나의 행동이 어떤 파급 효과를 일으켰던가? 이런 생각들에 빠져, 매일매일 모든 것을 망쳐버린 자신에게 비난을 퍼붓는다.

과거에서 놓여나 지금 눈앞의 선택에 정신을 집중시키자. 그러면 더 나은 인생을 살아갈 수 있다. 과거에 무슨 행동을 했든지 간에, 지금이라도 차이를 만들어낼 수 있다. 하지만 그러기 위해서는 자신과 다른 사람과 '위대한 힘'과 접촉한 채로, 지금 현재의 순간에 집중해야 한다. 인간은 언제나 앞으로 움직일 필요가 있다. 현명한 선택을 함으로써 약속된 미래를 만드는 데 정신을 집중하자.

> **자신의 행동에 대한 무지보다 더 끔찍한 것은 없다.**
>
> — 괴테 —

　빚에 빠지게 된 경위를 잘 파악할 필요가 있다. 누가, 언제, 어디서, 왜, 무슨 행동을 했기에 이런 상태에 빠졌을까? 스스로 곤경에 처하게 되리라는 것을 이미 예상했을 수도 있다. 빚에 빠지게 된 경위를 잘 모르겠다면 과거를 돌이켜보라. 언제부터 빚을 지기 시작했던가? 처음에 어떤 일 때문에 빚을 지게 되었던가? 그 당시 어떤 생각을 하고 있었나? 태도는 어떠했나? 나의 어떤 행동 때문에 빚에서 헤어나지 못하는 것일까? 언제부터 빚에 대해서 무기력한 느낌이 들기 시작했는가?

　과거를 알면 현재 더 현명한 판단을 내리는 데 도움이 된다. 무지를 분명한 인식으로 대치시키자. 눈감은 채로 더 깊이 빚 속으로 발을 들여놓는 대신, 자신과 주위 환경에 대한 자각을 기초로 행동하자.

> **질투는 영혼의 남북전쟁이다.**
>
> — 하워드 필립스 러브크래프트 —

시도 때도 없이 질투라는 흉측한 괴물이 튀어나온다. 그것을 아주 자주 보게 되는 사람도 있다. 다른 친구가 소유하고 있는 멋진 자동차와 집을 갖고 싶어한다. 언제나 새 옷만 입고 다니는 직장 동료가 해외여행 갔다 온 얘기를 할 때에도 질투라는 괴물이 튀어나온다. 이런 것들을 갖고자 하는 욕망 자체는 나쁠 게 없다. 하지만 자신이 원하는 것이나 감탄하는 것을 가졌다는 이유로 다른 사람을 적으로 돌릴 때, 스스로의 감정과 정신과 영혼이 망가지게 된다.

질투라는 부정적인 감정을 긍정적인 생각으로 바꾸어나가자. 내가 원하는 것을 가진 사람에게 고마워하자. 나에게 꿈을 만들어주었고 나도 소유할 수 있다는 것을 깨우쳐주었기 때문이다. 그들을 칭찬하고 그들이 가진 것에 대해서 솔직하게 감탄을 표시하라. 그렇게 함으로써, 나 자신과 다른 사람에 대해서 긍정적이고 근사한 감정을 만들어낼 수 있다. 다른 사람을 칭찬하자.

> 야망이 없는 사람은 죽은 사람이다. 야망이 있으되 사랑이
> 없는 사람도 죽은 사람이다. 야망을 지녔으며 자신이 받은
> 축복을 사랑하는 사람이 살아 있는 사람이다.
>
> — 마리 앙리 스탕달 —

잔의 내용물이 반씩이나 빈 것일까 반씩이나 채워진 것일까? 자신을 긍정적인 사람으로 생각하는 사람일지라도, 면밀하게 생각해보고 나서 놀라게 될지 모른다. 불만스러운 일들이 왜 이렇게 많을까? 비참한 마음이든 행복이든 우리가 선택할 수 있다. 모든 것이 잔을 바라보는 방식에 달려 있다.

청구서에 불평하는 대신, 나의 손에 들어오는 수입에 대해서 감사하자. 인생에서 놓치고 있는 즐거움들을 생각하는 대신, 조용히 즐길 수 있는 고독에 감사하자. 친구와 가족의 어떤 행동 때문에 상처 입는 대신, 내 인생에 그들이 있어준다는 데 감사하자. 내가 받은 축복들을 헤아려보자. 그것들이 없었으면 나는 방황했을 것이다.

> **현실주의란 2 더하기 2는 4라는 것, 3이나 5가 아님을 아는 것이다.**
>
> — 앙드레 코스톨라니 —

누군가 "지금 이 순간 당신의 재산(돈)은 얼마입니까?", "빚진 액수는 얼마입니까?"라고 묻는다면, 대개의 경우 대답하기 힘들 것이다. 보통 우리의 돈은 한 군데가 아닌 여러 군데 분산되어 있다. 내 돈이 얼마인지 대답하려면 주식이나 채권, 노후 생활 보장연금이나 퇴직금, 저축, 당좌예금 등등을 다 계산해야 하고, 차감 부족액도 합산해야 한다.

지금 나에게 얼마의 돈이 있는지 아는 것이 중요하다. 매일매일 정확한 잔고를 알려주기 위해서 24시간 은행 자동응답 서비스가 대기 중이다. 필요하다면, 컴퓨터 프로그램을 이용하여 수입 지출의 대차대조표를 만들어볼 수도 있다. 급료에서 신용카드 대금과 대출금 이자를 제하고 나면 나의 차감 부족액이 확실해진다. 부지런히 현재의 재산 규모를 계산하라. 현 상태를 확실히 알게 되면 그 현실을 기초로 현명한 결론에 이를 수 있다.

> 창의성은 거의 모든 문제를 해결해준다. 창의적인 행동,
> 습관을 타파하는 창의성으로 모든 것을 극복할 수 있다.
> — 에스더 스턴버그 —

집에 들어서면서 우체통을 들여다보면 요금 청구서들만 가득하다. 갖가지 영수증과 지불되지 않은 청구서들이 하루하루 쌓여간다. 우리는 정확히 어디에 관심을 기울여야 할지 파악하지 못하고 있다. 그런 골칫거리를 처리하는 게 짜증스러울 뿐이다. 빚과 청구서 같은 경멸스런 종잇장에 왜 우리의 힘을 낭비해야 하는가?

인간이나 자연이나 예술을 존중하는 건 어렵지 않다. 우리가 가장 존중하고 싶지 않은 것은 우릴 슬프게 만드는 빚이나 청구서 같은 것들이다. 빚(혹은 이자)이 지독한 스트레스라는 건 분명하다. 하지만 거기에 저항하는 대신 적응하는 법을 배워야 한다. 빚을 갚음으로써 우리의 일상이 생겨나는 걸 고마워해야 한다. 바구니나 상자 같은 특별한 장소를 만들어서 집에 들어설 때마다 청구서들을 놓아두자. 말하자면 골칫거리를 정리해보는 것이다. 그럼 그 빚의 힘으로 생활의 동력을 얻을 수 있다. 빚의 힘을 이용해서 청구서를 지불하기 위한 일상을 창출해내자.

> **진실이란 공정한 것과 법적인 것에 대한 지식이다.**
>
> — 에픽테투스 —

파산이란 지저분한 단어로 이용된다. 하지만 수많은 사람들이 파산선고를 받는 세상에서는 파산의 수치도 시들어가고 있다.

파산을 옳다 그르다로 판단할 수는 없다. 파산법이 존재하는 것은 정당한 이유가 있기 때문이며, 파산선고를 받는 일도 그리 어렵지 않다. 만성 질병으로 고생하는 사람이나 뜻밖에 사업상의 손실을 겪은 사람에게는 선택의 여지가 없는 일일 테고, 그 나머지 사람들은 그러한 법이 있음을 기억하는 것으로 족하다.

하지만 충동적인 소비 패턴을 지닌 사람이거나 도박꾼이라면 파산선고로 문제가 해결되지는 않는다. 5년쯤 지나 또다시 법정으로 향하게 될 게 뻔하다. 그러한 행동을 유발시키는 정서적, 정신적인 진짜 문제를 해결하지 못한다면 말이다. 파산 상태가 되풀이되는 사람이라면 지금까지 어떤 선택을 하며 살아왔는지 되짚어볼 필요가 있다. 나에게 빚이 있는 이유가 과연 다른 사람이나 회사, 사회의 책임인지 스스로에게 물어보자.

> 돈 다룰 줄 모르는 사람을 파멸시키는 지름길은 그에게 돈
> 을 좀 쥐여주는 것이다.
>
> — 버나드 쇼 —

　가장 기본적인 것은, 나 스스로 내 돈의 건전한 관리인이
되는 것이다. 내 돈을 잘 관리하기 위해서는 기술과 훈련이 필
요하다. 돈 다루는 기술을 배우지 못했거나 훈련하지 못했다고
해서 바보는 아니다. 그 동안 다른 곳에 더 많은 관심을 집중했
기 때문일 뿐이다.

　돈 다루는 기술, 혹은 재테크 기술을 배우는 길은 의외로
우리 가까이에 있다. 그것은 우리가 습득할 수 있는 기술이며,
제2의 천성이 될 때까지 강제로 할 수 있는 훈련이다.

> 정보를 얻으려면, 스스로 확실한 주제를 알고 있거나 그
> 정보를 찾을 수 있는 장소를 알면 된다.
>
> — 새뮤얼 존슨 —

손에 쥔 정보가 많을수록 자신감은 증가된다. 무지는 두려움을 부른다. 현재 빠져들어가고 있는 상황을 모르면 대처 방법도 없다. 나의 법적 권리와 의무를 알았을 때, 감이 좋은(이거다 싶은) 결정을 내릴 수 있다. 두려움에 떠는 대신 자신감 있게 어려운 상황에 맞대응할 수 있다.

빚이나 대출에 관련된 법적인 권리에 대해 알아보자. 도서관이나 법률사무소, 채무자 모임, 금융자문회사, 무료 금융상담소 등을 찾아다녀라. 빚에 관련된 법 지식을 최대한 많이 배워두자.

**지혜란 다음에 할 일을 아는 것이다.**

― 제논 ―

　잘못된 신용평가 때문에 신용을 잃어버리는 사람들이 적지 않다. 실수의 후유증은 상상외로 어마어마하다. 한 번 신용불량자로 낙인찍히게 되면 그다음부터는 갖가지 제약이 뒤따른다.

　퇴직금이 얼마나 쌓여가고 있는지, 카드 연체료가 얼마나 되는지 알고 싶은 것처럼, 다양한 신용정보회사들이 나에 대해서 어떤 자료를 갖고 있는지 궁금해할 필요도 있다. 나에 대한 신용정보가 은행이나 정보회사에서 끊임없이 뿌려지고 있다. 신용평가사 한 곳에 연락해서 현재 나의 신용정보가 제대로인지 확인해보는 것도 현명한 일이다.

**난 돈 많은 가난뱅이처럼 살고 싶다.**

— 파블로 피카소 —

우린 돈에 너무 많은 가치를 두지 말라고 배웠다. 어차피 그냥 돈일 뿐이지 돈으로 행복을 살 수는 없으니까. 그건 사실 이다. 그런데 돈에 많은 가치를 두지 않는 반면, 돈으로 산 소유 재산은 귀중하게 여기는 사람들이 많다. 이러한 사고방식은 돈 을 하찮은 것으로 취급하며 무모하게 써버리는 결과를 낳는다.

사랑이나 인간관계가 돈보다 더 가치 있는 건 맞다. 건강을 돈으로 환산해서 가격표를 매길 수는 없는 것이다. 하지만 돈 으로 살 수 있는 결과와 책임감을 생각하면, 돈을 보다 가치 있 게 여기고 감사해야 할 필요가 있다. 돈을 가치 있게 여기면 부 주의하고 경박하게 써버리는 일이 줄어들 것이다. 저축과 건전 한 소비에 좀더 비중을 두게 될 것이다.

나만의 방식으로 내 인생을 살아가는 것이 유일한 성공 방법이다.

— 로버트 레드포드 —

어떤 사람들은 빚에 위안을 느끼기도 한다. 일하러 갈 이유나 일해야 할 방향을 제시해주기 때문이다. 우린 너무 빚에 익숙해져 있으므로, 펑펑 써도 될 만큼 돈이 많으면 할 일이나 행동 방식에 혼란을 느낀다. 스스로 어떤 인간이 되어갈지 두려워한다. 다른 사람한테 경멸이나 원망을 받게 되지는 않을까? 다른 사람들한테 이용당할까 봐 지나치게 움츠러들지 않을까? 너무 허세를 부리게 될까 두려워 나 자신과 다른 사람들을 거부하게 되지는 않을까?

돈이 많으면 전혀 새로운 고민거리가 생겨난다. 저금 액수나 외면적으로 드러나는 모습에 너무 연연해하지 말자. 빚에서 벗어나면, 경제적인 풍요로 나아가게 되면 우리에게 새로운 가능성이 생긴다. 가치 있는 것들을 소중히 하고 우정을 유지하기 위해 의식적으로 노력하면 된다. 괜한 두려움 때문에 부자가 될 기회 자체를 배척하지는 말라. 부자가 될 기회를 붙잡을 수 있는 나 자신의 능력을 믿자.

**내가 유일하게 참을 수 없는 건 불편함이다.**
— 글로리아 스타이넘 —

주머니에 현금이나 신용카드가 없으면, 살아가면서 '안 돼'라는 말을 많이 사용하게 된다. 영화관에 가면 안 돼, 여행도 갈 수 없어, 옷 사면 안 돼. 그럴 만한 여유가 없다고 생각하기 때문이다. 또 그런 행동들을 하면 괜한 소비를 했다는 죄책감에 빠지게 된다. 결국에는 박탈감마저 느낀다. 사교 활동의 욕구, 쉬고 싶은 욕구, 나 자신을 꾸미고픈 욕구를 충족하지 못하게 된다.

박탈감은 충동적인 소비를 낳는다. 대형마트에 갈 때마다 수십만 원씩 쏟아붓는 사람은 별로 없다. 항상 수백만 원짜리 물건에 돈을 펑펑 써대는 것도 아니다. 하지만 박탈감을 느끼게 되면, 그 스트레스를 보상받고 싶은 강한 충동을 느끼게 된다.

적당한 소비 계획을 세워서 신체적, 정신적, 정서적 필요를 충족하는 게 필요하다. 그 정도는 괜찮다고 나 자신에게 인정해보자.

> 가장 최선이자 가장 안전한 길은, 주위의 힘과 내 안의 강
> 력한 힘을 인정하면서 인생의 균형을 유지하는 것이다. 그
> 렇게 행동하고 살아갈 수 있다면, 당신은 진정 현명하다.
> ─ 유리피데스 ─

우리에겐 하나의 마감시간, 하나의 목표, 혹은 하나의 일만
이 있다. 계획한 일에 모든 정신을 집중시켜야 한다는 사고방
식에 사로잡혀 있다. 한 가지 목표를 이루기 위해 걱정하고 집
착하면서 인생을 보낸다. 운동이나 가족모임, 야구게임, 친구
들과의 식사 기회를 포기하고 그 일에만 열심히 매달릴 뿐이
다. 그러면서도 계획한 만큼 성공하지는 못한다. 그럼 좌절감
을 느끼고 박탈감에 시달린다.

잠시 멈춰서, 삶이 한 가지 상황이나 마감시간 주위로만 회
전되는 것이 아니라는 걸 기억하자. 적어도 멀리 내다본다면 말
이다. 빚에서 놓여나고 더 많은 돈을 모으는 것이 인생의 일부분
이긴 하지만, 가장 중요한 핵심은 아니다. 일에 지치고 힘겨울
때, 내 인생의 다른 부분들을 생각해보자. 빚을 갚고 돈을 모으
는 것도 중요하지만 내 인생의 다른 부분도 계속되어야 한다.

오늘 인생의 긍정적인 상황을 즐기고 괴로움은 하늘에 계
신 분께 넘겨드리자.

> **마음의 평정이야말로 끊임없이 추구해야 할 목표이다. 그 상태에 있음으로 해서 영혼이 지성을 자극할 수 있다.**
>
> — 메리 셸리 —

전보다 점점 더 부유해지는 사람들이 많다. 부자가 되는 사람들은 빠르게 부자가 되어간다. 스톡옵션, 데이 트레이딩, 인터넷을 기반으로 한 회사들의 임원은 백만장자로 껑충 뛰어오를 수 있다. 때로는 힘든 작업이나 공들인 시간 없이 꿈을 이루기도 한다. 이런 시류에 포함되어 있지 않다는 건, 갈 곳도 없이 예복을 차려입고 있는 듯한 느낌이다. 남들처럼 떼돈을 벌고 싶지만 계획을 세우지는 못한다. 그럼 불안하고 절망적인 느낌이 찾아들기 시작한다.

이런 불안과 절망은 명확한 방향 감각을 갖지 못한 사람들을 쉽고 강하게 빨아들인다. 이리저리 폭풍우에 밀려다니는 것보다는 차라리, 멈춰 서서 그 중심에 접근하기 위해 시간을 들여라. 현재의 유행에 휩쓸리지 말고 올바른 느낌이 드는 계획에 손을 뻗어보자.

나의 진짜 운명을 찾아보자.

> 감정을 선택적으로 받아들일 수는 없다. 가혹한 두려움이
> 따르더라도 절망까지도 인정해야만 한다.
>
> — 무명씨 —

사랑하는 사람이 죽었거나, 이혼을 당했거나, 아니면 카지노에서 큰돈을 잃고 나서 우린 절망에 빠질 수 있다.

절망이란 계획된 바와 상관없는 감정이자 에너지이다. 그 감정과 에너지의 힘이 우릴 전진시킬 수도 있지만, 빠르게 잘못된 방향으로 이끌 수도 있다. 무언가 시작하고 싶은데도 좌절감과 혼란에 빠져 있을 뿐이다.

절망이란 생각과 감정을 정리해야 한다는 신호이다. 행동을 취하기 전에, 일기장에 무기력감과 부당하게 느껴지는 것 등등의 감정과 생각들에 대해서 적어보자. 아니면 내게 힘이 되어주는 친구와 얘기를 해보자. 후회할 수도 있는 행동을 취하기에 앞서 나 자신에게 집중하자.

> 우리가 할 일은 문제를 해결해 주는 것이 아니라 해결하도
> 록 도와주는 것이다.
>
> — 어니스트 헤밍웨이 —

　돈 문제가 생겼거나 경제적 도움이 필요할 때는 우선 돈 관리에 능숙한 누군가나 금융설계사를 찾아가고 싶어진다. 이것이 확실한 첫걸음일 수도 있지만, 금융설계사가 주는 도움은 아마도 기존의 소비 계획을 취소해야 하는 쪽으로 귀결될 것이다.

　지원 시스템을 이중으로 나눌 필요가 있다. 돈 관리 기술이 필요한 건 사실이다. 하지만 가장 중요한 지원은 우리의 소비 계획을 유지하면서도 해가 되는 행동을 변화시키도록 도와줄 수 있는 사람들에게 받을 수 있다. 그들은 충동적인 소비, 도박, 불건전한 관계(이 목록은 상황에 따라 더 길어질 수 있다)에 관련된 감정까지 다루어줄 수 있다. 나를 도와줄 수 있는 사람과 얘기를 나누자.

> 인생에서 최고의 일은 다른 사람에게 선을 행하고 아무것
> 도 보상받지 않는 것이다. 행복이 우릴 기다리고 있을 테
> 니까.
>
> — 그리피스 조이너 —

지금 당장 다른 사람들에게 돈을 빌려야 한다. 돈과 관련된 골치 아픈 생각과 감정에서 풀려나고 싶다. 스스로 강해질 때까지 다른 사람의 에너지에 의지해야 한다. 그런 문제로 고통을 받는 사람들을 도와주는 기관에 찾아가야 한다. 지금 이 순간 당신은 그런 상황에 빠져 있을지도 모른다.

하지만 한편으로는 다른 사람이 나에게 도움을 구하려 할 때, 그들을 돕기 위해 시간과 노력을 기울일 필요가 있다. 이미 그런 상황에 빠져봐서 그 느낌이 어떤 것인지 잘 알기 때문에, 그에게 동정심을 가질 수 있다. 다른 사람을 도와줌으로써 잃어버렸던 내 마음의 평정을 유지할 수 있다. 마음의 평정은 되돌려주는 데 있다.

> 세상의 흐름과 동행하라, 우아하게 이성에 승복하라, 그리
> 고 사랑이나 계절의 끝을 고개 숙여 받아들여라.
>
> — 로버트 프로스트 —

너무 많은 돈을 써버렸다, 혹은 너무 많은 돈을 잃어버렸다는 이유로 자책에 빠져들 수도 있다. 아니면 나 자신의 모습과 내가 한 짓을 인정하면서 각오를 다질 수도 있다. 너무 방탕했거나, 도박을 했거나, 지나치게 술을 마셨거나, 충동적으로 돈을 써버렸거나, 고질병에 걸려 있거나, 혹은 그런 행동을 하는 사람이나 상태가 심각한 사람과 같이 살고 있다는 등등의 이유가 있다고 해서 나쁜 인간이 되는 건 아니다. 누구나 점점 더 많은 빚에 시달리게 되는 자신의 모습이 기분 좋게 보이지는 않을 것이다. 여러 형태의 도움을 통해 마음에 안 드는 나의 태도나 행동을 바꿀 여지가 있다는 점, 그것을 인정하라. 마음에 안 드는 상황에 안주해 있으면 그 상황은 계속 지속될 뿐이다.

안 좋은 습관의 중독 상태나 인식 부족의 결과가 걷잡을 수 없는 빚으로 나타난다는 것을 알아야 한다. 빚을 지게 된 이유가 바로 나의 행동 때문이었다는 사실을 깨닫고 인정하면, 그 다음 단계로 전진할 수 있다. 자책을 멈추고 문제의 핵심을 짚어보자.

> 다른 사람의 상황에 유의하지 않는 사람은 자신도 다른 사람
> 의 관심 밖에 있다는 걸 알게 될 것이다.
>
> ─ 새뮤얼 존슨 ─

자기 자신에게 화가 나 있는 사람은 다른 사람들에게도 분노를 불러일으키는 경향이 있다. 짜증을 내고, 웃지도 않고, 가족에게 고함을 쳐댄다. 머릿속에는 자괴감만이 가득하다. 괴팍하게 굴면 굴수록 기분은 점점 고약해진다.

이따금씩 짜증스러워지는 건 괜찮다. 하지만 기운을 내는 방법도 배워야 한다. 사랑이 모든 걸 움직이고 치료한다는 걸 알잖는가. 다른 사람에 대한 사랑을 가지려면, 우선 나 자신부터 사랑해야 한다. 모든 단점과 잘못까지도 사랑해야 한다. 진짜로 날 괴롭히는 게 무엇인지 스스로 물어보자. 왜 이렇게 기분이 고약한 걸까? 나 자신에 대한 실망감에 지쳐서일까? 지나치게 도박했거나 지나치게 소비했거나 지나치게 술을 마셨다는 기분이 드는가? 사랑받지 못하는 느낌이 드는가? 다른 사람들이나 나 자신을 하찮게 취급했는가? 또는 다른 사람들이 날 하찮게 취급했던가?

문제의 핵심으로 접근해가면서, 짜증이 나는 이유를 스스로 인정해보라. 그 느낌을 받아들이고, 그런 식으로 느껴질 때 '날 사랑한다'고 스스로 말해보자. 사랑의 감정이 스며들기 시작하면 치료도 시작된다. 그럼 기분은 훨씬 좋아지고 세상도 전혀 달라 보인다.

> **나이 드는 걸 피할 수 있는 사람은 없다. 하지만 생산적으로 나이 들어갈 수는 있다.**
>
> — 바츨라프 니진스키 —

이혼이나 앞으로의 잠재적인 경제 문제를 생각할 수도 없을 만큼 너무 사랑해서 결혼했다. 아직 젊고 직장다운 첫 직장을 가져본 적도 없다. 그런데 왜 말년을 위한 저축까지 생각해야 하는가?

열아홉 살 때 돈을 보는 관점이 예순 살 때의 관점과 똑같으란 법은 없다. 돈과 소비 패턴에 대한 경험이 많아질수록, 돈에 대한 사고방식도 변해가기 쉽다. 미래를 준비하는 방법은 현재의 생각과 태도에 따라서 달라진다. 그러므로 경제적인 계획 목표를 크게 잡는 것이 중요하다. 24시간이 지난 후의 내가 지금의 나와 달라질 거라는 점을 인정한다면, 몇 년 후에 얼마나 달라질지는 상상할 수조차 없을 것이다. 내가 변화할 거라는 점을 받아들여야 한다.

> **실수를 하고도 고치지 않는 사람은 또 다른 실수를 범한다.**
>
> — 공자 —

나 자신을 한 점 거짓 없이 들여다보며 두 가지 목록을 만들어보라. 나의 좋은 점들에 대해서 하나, 나쁜 점들에 대해서 하나. 어떤 행동들이 나와 다른 사람들에게 유익했는가, 어떤 행동들이 고통이나 슬픔을 불러일으켰는가?

마음속에 스스로 변화시키고 싶은 것들에 대한 흐릿한 감각이 있을 것이다. 그것을 철저히 파헤쳐서 종이에 적어, 눈앞에 똑똑히 드러내보라. 인생을 개선시킬 수 있는 방법이 확연하게 나타난다. 그 목록을 기본으로 지금까지의 부정적인 행동들을 변화시키고자 노력한다면, 인생은 자동적으로 개선되기 시작한다. 매일 저녁마다, 그날 하루 나의 행동을 점검해보자. 나보다 더 '위대한 힘'에게 기도하며 용서를 구하자. 기도하며 회개하거나 다음날 내가 해를 끼친 사람들에게 솔직하게 용서를 구하자. 말하자면 나의 실수를 수정하는 것이다. 그럼 앞으로 전진할 수 있다.

생각하는 것보다 전체정치하에서 행동하는 게 훨씬 편하다.

— 한나 아렌트 —

우리 인생에 심각한 결과를 초래하는 사람들이 종종 있다. 나쁜 습관에 중독된 배우자가 500만 원의 빚을 안겨 주기도 하고, 술 취한 운전자가 평생 휠체어 신세를 지게 하기도 하고, 전 배우자가 보조금도 없이 세 명의 아이들만 달랑 남기기도 하고, 사장이 형편없는 월급을 주기도 한다. 이렇게 골치 아픈 사람들이 왜 나의 인생에 강력한 충격을 가했던 것인지 도대체 알 수가 없다.

날 궁지로 몰아넣은 사람들을 위해 핑계를 대줄 필요는 없다. 하지만 영원히 그들을 탓하고 있을 수만도 없다. 모든 것이 선택의 결과이다. 어느 순간에, 문제 많은 배우자와 결혼하기로 선택하고, 우연일지 모르지만 술 취한 운전자의 차가 지나가는 길에 서 있기로 선택했으며, 아이들을 낳기로 선택했고, 못된 사장 밑에서 일하기를 선택했다. 사실, 미리부터 결과를 알 수 있는 사람은 없다. 특별한 순간에 그런 특별한 사람과 마주친 것이 우리에게 또 하나의 인생 교훈을 가르쳐주기 위한 하늘의 뜻이라고 믿을 뿐이다.

오늘은 나의 가장 혹독한 선생들, 내 인생에 고난을 가져다준 사람들에게 배운 게 무엇인지 생각해보자.

**저축한 동전이 당신이 번 돈이다.**

— 벤저민 프랭클린 —

요즘 동전이라고 불리는 작은 쇳조각은 옛날처럼 귀하게 여겨지지 않는다. 동전 하나로는 쓸모 있는 것을 살 수가 없다. 또 정확히 계산해서 돈 내는 걸 귀찮아하는 탓에, 그 동전들은 지갑이나 바지 주머니에 무겁게 쌓여만 간다. 대개의 사람들은 동전을 쌓아두기만 할 뿐 사용하지는 않는다. 레스토랑이나 가게에는 기부금이나 후원금조로 동전들을 처리하게끔 하는 작은 쟁반들이 구비되어 있다. 그 쟁반을 도둑맞는다 해도 걱정하는 사람은 없는 것 같다.

동전을 모아보자. 그 동전들이 또 다른 돈의 형태로 복리 이자가 될 수도 있다. 동전에도 마땅히 기울여야 할 존경심을 갖자. 동전과 남은 잔돈들을 넣을 수 있는 단지 혹은 그릇을 만들어보자. 그게 가득 찼을 때, 신용카드 대금을 지불하거나 항공권을 살 만한 충분한 돈이 모여 있는 걸 발견하게 될지도 모른다. 동전 저금통을 만들어서 편리한 장소에 놓아두자.

> 어떤 사람들은 훈련을 지겨운 고생으로 생각한다. 하지만
> 나에게 그것은, 날아갈 자유를 부여하는 순서의 일종이다.
>
> — 줄리 엔드류스 —

드디어 자동차 할부금을 다 갚거나 신용카드 빚을 다 갚았
다. 막내가 이제 학교에 다니기 시작해 유치원 학비를 지불할
필요도 없어졌다. 요금 청구서가 없어지고 나면 그 돈은 어떻게
될까? 대개의 경우 예전과 마찬가지로 사라져버리기 십상이다.

내 돈에 대한 계획을 세우자. 하나의 카드빚을 다 갚았으
면, 다음 달부터 그 돈으로 또 다른 카드빚을 갚아나간다. 마침
내 자동차 할부금을 다 냈으면(카드빚이 하나도 없다면), 그 금액
을 저축해 다음에 사게 될 차의 계약금으로 활용한다. 아이가
유치원을 졸업했으면, 그 돈을 대학 등록금을 위한 저축으로
이용한다.

한 가지 빚이 해결됐다면 소비 계획을 다시 세울 때가 온
것이다. 한두 번의 지불 액수를 여행하는 데 쓰거나 그 금액의
일부를 떼어서 기본적인 욕구 충족에 사용할 수도 있을 것이
다. 그런 식으로 성공을 자축하는 것은 좋다. 하지만 계획을 세
워두는 게 중요하다는 점을 잊어서는 안 된다.

**사랑이란 명사가 아니라 동사이다.**

— 이사도라 던컨 —

모든 사람에게는 지켜야 할 책임이 있다. 예를 들어, 외면하고 싶은 청구서 요금을 지불하는 것 말이다. 어떤 일을 싫어하면 싫어할수록 그 일을 하는 게 끔찍해지기 마련이다. 실제로 그 일을 하는 것보다 그 일을 피하기 위해서 더 많은 에너지를 소비하기도 한다.

생각의 틀을 바꾸자. 처음에 바보스러운 것처럼 느껴지더라도 '이 일을 하는 게 좋다'고 스스로에게 말해보라. 그런 식으로 그 행동에 추진력을 가해보자. 그럼 그 일을 더 빨리 끝낼수 있고, 생각했던 것보다 힘도 덜 든다. 시간이 지나면서 그일을 하는 게 정말로 좋아질 수도 있다. 내가 하는 모든 일을 사랑하자.

> **현실주의란 두꺼비들이 보는 것처럼 자연을 묘사하는 기술이다.**
>
> — 장 앙리 파브르 —

완벽한 직장을 찾으려고 신문의 구인란을 찾아본다. 승진하게 될 거라고 확신한다. 그 확신에 매달려, 그럴듯한 것에만 모든 관심을 기울이고 다른 가능성들은 무시한다. 내가 일어나길 바라는 그 일을 위주로 모든 결정이 행해진다. 그 옷을 입고 싶어서가 아니라 사장에게 좋은 인상을 심어주고 싶기 때문에 새로운 옷을 산다. 어제 면접을 본 그 직장이 바로 내 일이라고 생각하기 때문에 다른 곳에는 이력서도 보내지 않는다. 이것은 모든 달걀을 한 바구니에 담아둔 것과 같다. 그 바구니가 떨어진다면 나의 사기와 의욕도 단번에 곤두박질할 것이다. 이제부터는 어떻게 해야 한단 말인가? 당연히 성공하리라 믿었던 그 일이 틀어졌기 때문에 실망과 원망을 억제할 수 없다.

한 바구니에 모든 달걀을 넣어두기로 한 건 바로 당신 자신의 결정이었다. 확실한 결과에 집착하는 마음을 접어야 한다. 가능성이 무궁무진한 것처럼 인생을 살아가자. 어떤 결과가 이루어질지를 생각하기보다, 나에게 올바른 느낌이 드는 것이 무엇인지를 근거로 해서 선택하라. 상황을 애써 조작하려 들지 마라. 그냥 내버려둬도 내 것은 어차피 나에게 오게 돼 있다고 생각하자.

**친구란 당신을 잘 알며 당신을 사랑하는 사람이다.**

― 무명씨 ―

친한 친구가 자기 집에서 함께 홈쇼핑을 하자고 한다. 부엌 용품 파티나 양초 파티를 벌이자고 한다. 친구 집에 가야 할 책임감이 느껴진다. 찬장에서 쏟아질 정도로 플라스틱 그릇이 많아지거나 마을 전체를 밝힐 수 있을 정도의 양초가 생길지도 모르는 일이다. 하지만 가장 친한 친구의 바람이니 거절하면 안 될 것만 같다.

친구들에게 협조해주는 것은 필요하다. 하지만 무엇보다나 자신을 돌봐야 한다. 친구에 대한 감정을 떠나서 객관적으로 생각해보자. 그 물건을 만든 회사에서 우정이라는 이름으로 물건을 팔아먹으려는 속셈인 게 분명하다. 내가 왜 그런 판매전략의 희생양이 되어야 하는가?

자신에게 충동적인 소비 성향이 있다면, 현재 경제적인 궁핍 상태에 빠져 있다면 스스로가 알 것이다. 홈쇼핑이란 건 믿을 수도 없고 속아 넘어가기도 쉽다. 플라스틱 그릇은 나의 소비 계획에 포함되어 있지 않다. 그럼 상냥하게 거절하라. 상대방이 정말 친한 친구라면, 그 파티에 참석함으로써 당신의 자금 상태가 위태로워지리라는 걸 이해해줄 것이다.

친한 친구라면 굳이 현재의 궁핍한 상황을 설명할 필요도 없다. 그냥 상냥하게, 그러면서도 확실하게 거절하라.

나의 새롭고 건전한 행동에 대한 다른 사람들의 반응을 염려하지 말자. 괜한 걱정으로 자금 상태를 악화시켜서는 안 된다.

**인내심이란 불안감 없이 기다리는 것이다.**

― 토머스 머튼 ―

대부분의 경우 하룻밤 사이에 빚더미에 빠지지는 않는다. 그 단계에 이르기까지는 오랜 시간이 걸린다. 처음에는 기분 좋게 감당할 수 있을 것 같다. 나중에는 내 돈과 신용카드로 하고 있는 일을 어렴풋하게 의식할 뿐이다. 하지만 결국에는 그 빚이 눈덩이처럼 불어나 감당할 수 없는 인생을 만들어버린다.

빚에서 놓여나기까지도 시간이 많이 걸린다. 조금씩 빚을 갚아나간다. 연말에 갚은 빚과 남아 있는 빚의 액수를 비교해보면 절망스러워진다.

나의 행동이 변화되었고 어떤 방식으로든 빚쟁이들에게서 멀어졌다면 그것만으로도 발전이라는 걸 기억하자. 소비 계획대로 따르지 않고 성의 있게 꼬박꼬박 빚을 갚아나가지 않는다면 빚더미 속으로 점점 깊이 빠져들어갈 것이다. 이 점을 명심하라.

> **신용거래란 덜 하면 더 좋은 것이다.**
>
> — 무명씨 —

당신이 담보를 설정하거나 대출을 받으려 할 때, 대출 기관에서는 우선 당신의 신용정보를 확인할 것이다. 안전한 투자인지를 결정하는 요소 중 하나가 당신의 외상 또는 신용거래 상태이다. 예를 들어, 하나의 신용카드에서 사용할 수 있는 한도가 1,000만 원인데 아직 남아 있는 한도가 380만 원이라면, 대출 기관에서는 당신의 빚을 620만 원으로 보지 않는다. 1,000만 원의 빚이 될 가능성으로 생각한다.

그러한 외상거래 가능성을 소멸시키기 위해서는, 현재 갚아나가고 있는 신용카드 계좌를 정지시킬 필요가 있다. 앞으로 또다시 외상거래가 있을 거라는 가능성을 배제하는 것이다. 그럼 대개의 회사에서는 비록 철저한 상담을 거치긴 하겠지만 당신의 요구대로 받아줄 것이다. 물론 그 거래 구조를 정지시키는 건 당신의 선택이다. 전화 한 통화나 편지 한 통이면 끝난다. 불필요한 신용카드와 은행계좌를 정지하자.

**신을 제외하고 모든 인간은 현금을 내야 한다.**

─ 미국 속담 ─

현금이 돈이라는 건 모두들 알고 있다. 현금은 빳빳한 지폐, 반짝이는 동전들이며, 우리가 써주는 전표나 수표도 거기에 포함된다. 현금은 현실이다. 현금은 진실이다. 그리고 대부분의 경우 현금은 한정돼 있다. 우리가 가진 현금이 우리가 가진 모든 것이다.

현금 대신 다른 상징물들을 사용하기 시작하면, 갑자기 우리는 돈에 대한 감각을 상실해버린다. 현금으로는 코트를 살 여유가 없는데, 신용카드로는 살 수 있다. 블랙잭 테이블에 사용 가능한 칩들이 놓여 있으면 대개의 사람들은 그 자리를 뜨지 못한다. 하지만 그 칩 하나하나가 만 원짜리 지폐라고 한 번 생각해보라. 그럼 아마 내가 이 돈으로 여기서 뭘 하고 있는 걸까 의심하지 않을 수 없을 것이다.

현금이 곧 현실이라는 걸 잊지 말라.

**훌륭한 생각은 훌륭한 행동이 따르지 않으면 아무 소용도 없다.**

— 존 데이비슨 록펠러 —

빚에 짓눌리는 상황이 되면 대개의 사람들은 무기력감을 느낀다. 그걸 모조리 갚아버리거나 아니면 완전히 모른 척하고 싶어진다. 돈을 빌릴 때, 사람들은 갚을 수 있는 능력보다 더 지불하겠노라고 동의한다. 그 당시의 머릿속에는 '예스' 아니면 '노'라는 생각뿐 중간 단계는 존재하지 않는다. 돈을 빌려야 한다는 생각뿐, 그 상황에서 최대한 손해를 줄여야 한다는 생각에는 미치지 못하는 것이다.

어쩔 수 없이 돈을 빌리게 되었을 경우, 채권자와 채무자는 양쪽 모두 수긍할 만한 지불 스케줄을 잡아야 한다. 누구에게도 피해가 가지 않을 만한 지불 스케줄 말이다. 빌리는 입장에서는 더 깊은 빚의 구렁텅이에 빠지지 않는 수준에서 기본적인 욕구 충족에 필요한 돈을 빌려야 한다. 한편 채권자들은 상대방에게 그 빚을 갚을 만한 의지가 있다는 걸 확인해야 한다. 필요하다면 무료 상담소의 도움을 받아 적당한 합의점을 검토해보라.

이성의 목소리에 귀 기울이고 나 자신과 가족을 돌봐가면서 최대한 빚을 갚아나가겠다는 의지를 마음속으로 다지자.

> **인생이란 해결해야 할 문제가 아니라 경험해야 할 현실이다.**
> — 쇠렌 키에르케고르 —

빚이란 감당할 수 없을 정도로 걷잡을 수 없이 늘어가는 경향이 있다. 한 달 동안 사용하거나 지불해야 할 경비를 계산하다 보면 더 이상 단 1분도 책상 앞에 앉아 있기가 힘들다. 빚을 진 책임이 자신에게 있다면, 그걸 부인해보거나 수치심에 빠질 수도 있을 것이다. 그 책임이 배우자에게 있는 거라면, 그가 카지노에서 한 줌의 현금을 남겨 갖고 돌아올지 아니면 또다시 몇백만 원의 빚을 짊어지고 올지 모르는 채 포기 상태에 이르렀을 수도 있다. 그런 문제들을 해결하는 게 지긋지긋하다. 포기하고 싶다. 그럼 궁지에 몰렸을 때의 타조처럼 모래 속에 머리를 파묻어버린다. 현실을 생각하고 있으면 신경쇠약증에 걸릴까 봐 걱정스럽다.

타조와 같은 행동은 당혹스런 상황에 처한 인간의 정상적인 반응이다. 그 정도는 받아줄 만하다. 하지만 머리를 파묻어버리면, 극도의 무방비 상태가 되고 만다. 빚을 진 배우자에게 모든 책임을 넘겨버려도 좋다. 신용카드 신청서에 자신의 이름으로 사인하는 것도 괜찮다. 연체 수수료가 수십만 원에 이른다 해도 어쩔 수 없다.

현실을 도피하고픈 상황에 처했다면, 고개를 들고 주위를 둘러보라. 이 난국을 돌파할 수 있도록 해줄 사람, 전혀 내 눈에 보이지 않는 해결책을 제시해줄 수 있는 사람을 찾아서 도움을 요청해보자. 고개를 파묻고 있는 대신, 도와줄 만한 사람을 찾아보라.

요컨대, 자발적인 의지가 모든 것을 좌우한다.

— 프레데릭 웨이크먼 —

누구나 한 가지 간단한 목표쯤은 있을 것이다. 예를 들어, 매일 지출 경비를 적어보겠다는 다짐 같은 것 말이다. 그런데 시작하는 걸 힘들어하는 사람들이 종종 있다. 사실은 아주 간단한 과제인데, 왜 그냥 하지 못하는 걸까?

사소한 것들 때문에 망설이지 말고, 곰곰이 생각해서 결론을 내려보자. 당장 시작해야 할 것이 무엇인가? 지출 내역서를 어디다 써야 할지 고민스러운 건가, 아니면 최선의 방법을 아직 결정하지 못한 것인가? 목표를 향해 작은 발걸음을 내디뎌보자. 적당한 방법이나 수단을 찾아보자. 해결책을 생각해보려 애쓰자. 다른 사람들은 이런 일을 어떻게 할까? 어쩌면 다른 사람들이 방법을 제시해줄 수 있을지도 모른다. 가장 좋은 방법을 찾지 못했더라도, 한 걸음씩 전진해나가자. 가계부를 쓰고 싶다면, 작은 공책을 사거나 달력을 이용해보라. 간단한 목표를 이루기 위해 한 걸음씩이라도 나아가는 것이 중요하다.

때로는 그냥 무작정 해보자.

> 나의 철학은 내 인생의 책임이 나에게 있다는 것이다. 또
> 한 이 순간에 최선을 다하며 다음 순간을 위해 최선의 장소
> 에 서 있어야 한다는 것이다.
>
> — 오프라 윈프리 —

열 장의 각기 다른 지불청구서와 네 군데의 대출금에 게다가 생계비까지, 그 모든 게 모였을 때 그야말로 산더미처럼 쌓일 수도 있다. 그런데도 분류하고 정리해야 할 필요가 있는 서류들을 그저 뒤적이고만 있다. 하나의 청구서를 묻어두면 제때 찾아내지 못했다는 이유만으로 연체료를 물어야 한다. 게다가 그 뒤죽박죽된 상태가 우리 마음속까지 혼란스럽게 만든다.

외면은 내면의 반영이다. 주위 환경을 유지하는 방식은 내면의 감정들과도 연관이 있다. 체계적으로 정리하라. 필요 없는 종이쪽지들을 다 버리고, 챙겨두어야 하는 서류들은 파일로 만들자. 컴퓨터가 있으면 저렴하거나 무료인 자금 관리 소프트웨어를 이용해서 정리해도 좋다. 외부 환경이 깨끗해지면 내면세계도 매끄러워진다. 정돈 상태가 내 마음의 평화를 가져올 수 있다.

> **신은 치료하고, 의사는 돈을 받는다.**
> — 벤저민 프랭클린 —

현금이 필요할 때, 많은 사람들은 현금 자동인출기를 이용한다. 그 기계들은 주유소나 지하철역, 편의점 등 편리한 곳에 자리 잡고 있다. 하지만 편리한 곳에 있는 대신, 상당한 액수의 수수료를 떼어간다. 2주일 동안 서너 번 정도 그 기계를 사용하는 경우도 있을 것이다. 몇백 원이라고 하면 많은 액수인 것 같지 않지만, 그 돈의 몇 달치를 합쳐보라. 5퍼센트가량 이자를 문 것이나 같다!

편리함을 위해 돈을 지불하는 게 가끔씩이라면 문제가 될 게 없다. 하지만 수수료를 물지 않게끔 계획을 세울 필요도 있다. 꼭 필요한 경우가 아닌 한 가급적 수수료를 떼이지 말자.

## 변화만이 진보를 가져온다.

— 구본형 —

카드빚과 카드 사용을 자제하려고 노력하는 사람이라면, 갖고 있는 카드들을 없애버리는 게 논리적인 방법이다. 하지만 신용카드를 가져야만 거래할 수 있는 경우도 있다. 호텔을 예약하거나, 비행기 표를 사거나, 자동차를 렌트할 때 혹은 꽃을 주문할 때 등등. 그런 경우에는 어떻게 할까? 요즘에는 신용카드도 보편적인 화폐가 되었다. 가게나 상점들은 고객이 신용카드를 갖고 있을 것으로 예상한다.

신용카드의 문제점은 내가 가진 돈보다 더 많은 돈을 쓰도록 자극한다는 점에 있다. 진정으로 카드빚을 없애고 현금으로만 살아가고 싶다면, 직불카드를 고려해보는 것도 괜찮다. 직불카드는 본인의 은행 계좌에서 빠져나가는 것이기 때문에 돈을 빌리는 것이 아니다. 전표를 써주는 것처럼 내 돈을 쓰는 것이다. 대부분의 은행에서는 그런 카드를 제공하고 있다. 직불카드 사용이 먼 앞날에 내 인생에서 신용카드를 몰아냄으로써 돈을 저축하게 해준다는 점을 생각하자. 어디에서든 돈을 빌리지 말자.

> 돈이 뭐람. 아침에 일어나서 저녁에 잠자리에 들고, 그 사이에 하고 싶은 일을 하는 것이 성공한 인생이다.
>
> - 밥 딜런 -

단순한 인생을 살아가기로 선택한 사람들이 있다. 예를 들어, 사회적인 성공이나 커다란 집이나 밤의 환락을 추구하지도 않는 사람들. 겉으로 보기에 그런 사람은 지루하고 멍청하고 무의미한 인생을 사는 것처럼 보인다. 선택한 생활방식에 따라 그 사람이 판단되는 것은 사실이다. 타인들은 그런 사람을 모험할 줄도 모르고 그럴 의지도 없는 성취 능력 미달자라고 생각할 수 있다.

다른 생활방식으로 살아가는 나 자신을 상상해보라. 얼마나 편안할까 아니면 얼마나 불편할까? 단순한 삶을 살아가는 것은 가치관과 목표에 근거한 선택이다. 나의 가치와 목표를 생각하자.

> 시간은 돈이다. 시간을 이익으로 계산하는 사람에게는 대
> 단히 값진 돈이다.
>
> — 찰스 디킨스 —

시간은 돈이다. 또한 돈에도 시간이 필요하다. 청구서를 지불하는 것, 은행이나 신용카드 회사에 전화하는 것, 체계적으로 서류를 정리하는 것, 지출 경비를 기록하고 계산하는 것, 소비 계획을 작성하고 다시 검토하는 것, 잔고를 결산하는 것, 은행과 자동인출기를 찾아가는 것, 경품권을 떼어 응모하는 것, 최선의 거래를 찾아다니는 것 등등. 그런 식으로 돈을 관리하는 데 일주일에 몇 시간씩 소비하는 것은 바람직하다.

돈을 관리하는 데 들어가는 시간이 사람마다 다를 수 있지만, 그런 시간을 가질 필요가 있다. 그럼으로써, 우리의 인생에서 돈 관리를 우선순위 중 하나로 만들어놓자. 밥을 먹는 것과 마찬가지로 돈 관리가 필요한 것이다.

> **발전은 오늘의 행동이며 내일의 보장이다.**
>
> — 랠프 왈도 에머슨 —

아무도 당신과 거래하지 않으려 하는 상황에 처하게 될 수도 있다. 은행에서 신용거래를 터주긴 하지만, 아주 제한된 한도 내에서 아주 높은 이자를 받으려 할 수도 있다.

우선은 빚을 꾸준히 갚아나가라. 지속적으로 낮은 이자율을 제공하는 신용카드를 알아보라. 웬만해서는 신용카드로 구입하지 말자. 나의 신용정보를 확인해서 정확한지 알아보아야 한다(물론 신용거래를 거부당했을 경우에는 무료로 알 수 있다). 그럼 어느 순간 경계선을 통과하게 될 날이 올 것이다. 이자를 보다 덜 내게 되고, 빚에서 풀려나는 속도도 더욱 빨라지는 날이 올 것이다. 빚더미에서 벗어나자고 다시 한 번 결의를 다지자.

> 이제는 절망이 아니면 용기이다. 인생이란 이 두 가지 선택
> 사이에서 끊임없이 투쟁하는 것이다. 용기란 위협적인 요소
> 가 있음에도 불구하고 자신의 인생을 확신하는 능력이다.
> 절망에 지는 경우보다, 용기로 절망을 이겨내는 경우가 더
> 흔하다는 사실은 인생에 대한 중요한 진리를 알려준다. 바
> 로, 삶을 확신하는 힘이 부정하는 힘보다 더 강하다는 것.
>
> — 콘스탄틴 스타니슬라프스키 —

빚을 진 상태에 처해 있으면 의기소침해진다. 또한 의기소침
해지면 그 느낌들을 해소할 셈으로 다시 과소비나 도박에 빠짐
으로써 더욱더 빚의 구렁텅이로 빠져든다. 의욕 저하, 불면증 혹
은 과도한 수면, 몸무게가 늘거나 혹은 줄거나, 살아가는 게 아
무 재미도 없고, 자살하고픈 충동을 느낀다 등등. 이런 것들이
의기소침의 신호들이다. 몇 주일이나 그런 상태가 지속된다면,
상담이나 치료를 받아야 하는 우울증에 걸린 것일 수도 있다.

첫 단계로 움직이는 것이 가장 힘들다. 괜한 자존심 때문에
아무것도 이 상황에 도움이 되지 않을 것이며 누구도 날 이해하
지 못할 것이라고 스스로를 세뇌시킨다. 하지만 스스로 약하고
무기력한 존재로 생각하고 싶지는 않을 것이다. 강해져서 이 난
관을 극복하고 싶을 것이다. 그 첫 단계로 나아가기 위해 용기를
내보라. 지금 당장.

오늘은 용기 있게 행동하자.

말로는 빚을 갚지 못한다.

― 윌리엄 셰익스피어 ―

현재의 목표는 더 이상 빚지지 않고 기존의 빚을 다 갚는 것이다. 그런데 만약 긴급한 상황이 발생하면 어떻게 할까? 어쩔 수 없이 소비 계획을 늘려야 하고 부서진 차를 수리하기 위해 저축해둔 돈도 없다면? 신용카드조차 모두 없애버렸다면? 그때는 어떻게 할까?

담보를 설정한 빚과 그렇지 않은 빚 사이에는 차이가 있다. 자동차를 고치기 위해서 친구에게 30만 원을 빌려야 할 경우, 그 대신 무언가를 담보로 제시하라. 그것이 악기가 될 수도 있고, 스키용품이나 우표 수집책이나 비디오가 될 수도 있을 것이다. 일반적으로 불필요한 소비를 위해 담보를 설정하지는 않는다. 긴급한 상황에만 사용한다. 그러므로 긴급한 상황이 발생했을 때 창조적이고 자발적으로 행동할 필요가 있다. 빚을 청산하려는 자발적인 마음을 가지면, 궁핍하다는 느낌보다는 자신감을 가질 수 있다.

**자살은 가장 심각한 자기비판의 형태이다.**

— 대니얼 디포 —

아무 희망도 없고 낙심천만일 때, 자살이 가장 최선이고 가장 손쉬우며 가장 빠른 해결책으로 느껴질 수도 있다.

경제적인 상황이나 나쁜 습관의 중독 상태 때문에 낙담과 절망을 느끼고 있다면, 외부적인 도움을 받을 필요가 있다. 자살 충동은 우리가 예상하는 이상으로 훨씬 일반적이다. 자살하려다가 살아남은 사람들은 그런 식으로 갑자기 인생을 끝내는 것보다 고통을 이겨낸 것이 얼마나 감사한지 모른다고들 말한다. 돌이켜보았을 때 한순간의 실패나 고통이 인생을 끝낼 만큼의 가치가 없다는 걸 깨달은 것이다.

자살이 죄악이며 자살한 영혼은 연옥에서 고통을 받게 된다고 말하는 종교도 있다. 환생해서 그 고통을 되풀이해야만 하는 세상으로 되돌아오게 된다고 믿는 종교도 있다. 인간보다 더 '위대한 힘'이 이 삶에서 배우라고 정해준 것을 다 배워야 하기 때문이다.

삶이 더 값지다. 삶을 소중히 여겨야 한다. 나의 고통이 깊어질수록 앞으로 올 기쁨이 더 커진다고 명심하자.

> 돈으로 행복을 살 수는 없다. 하지만 비참한 인생은 살 수 있다.
>
> — 무명씨 —

우린 가끔 생각한다. '고장 난 세탁기 걱정을 하지 않고 살수 있다면 얼마나 좋을까?' '근사한 자동차를 타고 다닐 수 있다면 얼마나 좋을까?' '해마다 카리브해로 여행을 떠날 수 있다면 얼마나 좋을까?' '일하지 않고도 살 수 있다면 얼마나 좋을까?' 우리는 돈이 있으면 아무 걱정 없이 편안하게 살 수 있을 거라고 생각한다.

그건 사실이다. 돈으로 외면적인 편안함을 살 수 있다. 안락한 소파, 호화로운 자동차, 아름다운 주변 환경 등등. 돈으로 외부에서 우리를 위로해주고 편안하게 해주는 것들을 살 수는 있다. 그런데 어떤 식으로든 비참해졌을 경우, 그것이 과연 마음의 위로까지 전해줄 수 있을까?

주위 환경과 상관없이 비참한 건 비참한 거다. 내가 무엇을 갖고 있거나 혹은 갖고 있지 못하거나에 상관없이, 올바른 태도를 갖지 못한다면 필연적으로 불만스럽고 비참한 감정들이 생겨날 것이다. 내면세계를 개선시키려 노력할 때에만 진정한 위안을 얻을 수 있다. 마음이 평화로워진다. 마음의 병이 깊어질수록 부자가 되어간다는 것을 알아야 한다.

**용기는 익숙한 것을 털어낼 수 있는 능력이다.**

— 제프 배조스 —

프랑스어로 Cœur는 '마음, 심장, 가슴, 용기, 사랑, 중심' 등의 의미를 지닌다. 용기가 있을 때 우리는 머리로만이 아니라 마음에서 우러나오는 행동을 하게 된다. 옳다고 느끼는 것을 대담하게 행동할 수 있다. 남들에게 못마땅하게 비칠까 두려워질지도 모른다. 하지만 자신감과 신념으로 나의 행동을 지원해 주자.

용기 있는 사람이라고 해서 꼭 전쟁터에 나설 필요는 없다. 꼭 다른 사람의 생명을 구해주어야만 하는 것도 아니다. 단지 나 자신과 다른 사람에게 정직해지는 것, 행동을 변화시키기로 결심하는 것, 해가 되는 관계를 청산하는 데에도 많은 용기가 필요하다.

> **원인은 드러나지 않아도 결과는 드러난다.**
> — 오비디우스 —

그 일을 하기 전부터 결과를 아는 경우가 있다. 남자친구에게 차인 후에 꾸역꾸역 아이스크림을 먹는다거나 승진에서 탈락했기 때문에 술집으로 향한다. 남편 혹은 아내와 싸우고 나서 상대방의 돈으로 아주 비싼 가죽 재킷을 사들인다. 기분이 몹시 불쾌하기 때문에 그걸 최대한 이용해버리겠다고 정당화한다. 기분이 고약해질수록 더 제멋대로 굴어도 된다고 자신을 합리화한다.

이런 행동들은 머잖아 악순환을 하기 시작한다. 기분이 나빠지면 나빠질수록 점점 더 자신을 파괴하고 싶어진다. 똑바로 진실을 들여다본다면, 그 행동들이 미리 계획되어 있었음을 알게 될 것이다. 사실은 남자친구에게 차이기 전부터 아이스크림을 먹고 싶어 미칠 지경이었고, 승진에서 탈락되기 전부터 술을 마시고 싶어 몸살이 났으며, 배우자와 싸우기 전부터 가죽 재킷을 꼭 손에 넣으리라 다짐했던 것이다. 그 생각들을 하고 있었기 때문에 구실이 생기자마자 실천에 옮긴 것뿐이다. 그러므로 계획을 세우는 단계에서부터 방향을 전환해야 한다. 꼼꼼하고 철저하게 생각해보라. 나에게 선택의 여지가 있다는 걸 알게 될 것이다. 불건전하고 파괴적인 행동 대신에 건전한 행동들을 미리 생각하라. 구실이 생겼을 때 건전한 행동을 하리라 다짐하자.

**말에서 행동에 이르기까지, 몇 켤레의 신발이 닳아 떨어진다.**

― 이탈리아 속담 ―

빚진 상태가 싫다고 끊임없이 되뇌면서도 아무런 행동을 하지 않는다. 어디서부터 시작해야 할지 모른다, 혹은 시작을 하고 싶은 건지조차 확실치 않다.

현재의 상황을 변화시키고 싶다면, 행동으로 대처하며 변화를 만들어야 한다. 바깥세상의 어떤 힘이 날 구원해주거나 움직여주길 기다리면서 인생을 낭비하는 거야 본인의 마음이지만, 내 행동과 행복에 대한 책임이 오로지 나에게 있다는 점을 알아야 한다. 아무것도 하지 않고 어디에도 가지 않고 신발만 닳아 없앤다면, 다시 시작하기 위해 새 신발을 사러 나가지도 못할 형편에 처하고 만다. 구세주를 기다리는 건 그만두자. 내가 나 자신을 도와야 한다.

**햇살 아래로 나가고 싶다면, 가족의 보호에서 벗어나야 한다.**

— 아메리카 원주민 속담 —

어떤 사람들에게는 항상 구세주 노릇을 해주는 부모가 있다. 옷 살 돈을 대주고, 자동차 보험료를 내주고, 집을 살 때에도 계약금을 대신 내준다. 그분들은 최선을 다해서 자식을 도와주고 싶어한다. 자식이 잘되기만 바랄 뿐이다.

부모님이나 다른 사람이 나에게 돈을 줄 때, 그것이 좋은 의도일 수는 있다. 어떤 부모들은 자식을 부양하고 돌봐주는 대신, 해야 할 행동과 하지 말아야 할 행동들을 계속 지적해줄 권리가 있는 것으로 믿기도 한다.

그러한 구제 조치들을 정중하게 사양하라. 그런 제안이 고맙긴 하지만 스스로 해결해보겠다고 부모님께 말씀드리자. 그러면 나는 자유를 느끼게 되고 부모님은 놓아주는 법을 배우게 된다. 부모님의 도움도 빚이다.

### ✦ 287 ✦

> 빚은 선택의 여지를 박탈한다. 오늘 빚 속에 빠져들어가면
> 서 나중에 모두 갚게 될 거라고 생각한다면, 그건 심각한
> 오판이자 실수이다. 그 행위는 앞으로의 몇 달과 몇 년간
> 의 선택을 포기하는 것이다.
>
> — 토머스 핀천 —

"6개월 무이자, 계약금 없음" 이런 광고들은 가히 유혹적이
다. 손해날 게 무엇일까? 그런 광고를 보고 난 후에, 집 안을 근
사하게 꾸미기 위해 새로운 카펫을 사자고 결정한다. 혹은 아
내가 그동안 고생했다는 생각이 들어 멋진 보석을 사주기로 결
정한다. 그 돈을 갚기까지 6개월이라는 시간이 남아 있으니까.

'무이자'라는 광고는 기본적인 소비 계획보다 더 소비하도
록 우리를 부추기려는 속셈이다. '무이자'라는 말이 우리의 뇌
리에 강하게 파고들어 그 돈을 충분히 갚을 수 있다고 생각한
다. 하지만 6개월은 엄청나게 빠른 속도로 흘러간다. 미처 깨닫
기도 전에 반년이 지나고 우리는 무작정 동의해 버린 25퍼센트
의 이자를 내야만 한다. 앞으로 전진하기는커녕, 더 깊이 빚 속
에 파묻혀버린다. 그러한 광고에 현혹된 순간, 당신은 발전할
수도 있었던 가능성을 깡그리 없애버리고 앞으로 몇 년간 빚더
미에 파묻히기로 결정했던 것이다.

**지금 가진 것으로, 지금 있는 곳에서, 할 수 있는 것을 하라.**

− 시어도어 루스벨트 −

하루하루 빚지지 않고 기존의 빚을 갚아가겠다고 생각하
는 사람이라면, 명절에 쓸 만한 현금이 마땅치 않을지 모른다.
한동안 그런 생활을 실천해왔던 사람도 명절에 필요한 현금을
과소평가했다가는 낭패를 당하기 십상이다. 앞으로 명절이 얼
마 남지 않았고 가급적 빠른 시일 내에 그 비용을 마련하려면,
가능성 있는 방법들을 창조적으로 생각할 필요가 있다.

동전을 꼬박꼬박 모아두라. 한 달 정도 집에 있는 것만 사
용하고 식료품 가게에 들르지 말라. 보너스를 무조건 저축하
고, 야근을 하거나 부업을 찾으라.

> 잠을 자는 건 감정들을 순화시키고 걸러내기 위함이다, 복
> 잡한 인생을 잠시 접어두고 영혼의 열병을 식히며 물질적
> 인 자연의 품으로 돌아오기 위함이다. 잠은 일종의 정화작
> 용이다.
>
> — 앙리 프레데릭 아미엘 —

밤에도 돈 걱정을 하느라 잠을 이루지 못한다. 그럼 다음 날 약간 피곤하고 짜증스럽고 불안해진다. 잠 못 이루고 보내는 밤들이 길어질수록 낮 시간은 점점 뒤죽박죽이 된다. 피곤하고 긴장한 느낌이 든다. 똑바르게 생각할 수도 없다. 먹을 기운조차 나질 않는다. 제대로 된 게 아무것도 없는 것만 같다. 무엇을 해야 할지도 모른다. 좌절감이 찾아든다. 충분한 잠을 자지 못하면, 진흙탕 같은 인생에서 쉼 없이 헤매고 다닐 수밖에 없다.

충분한 수면은 육체적, 정신적, 정서적, 그리고 영적으로도 반드시 필요하다. 잠을 자지 못하면 우리는 어디로도 빠르게 나아가지 못한다. 반대로, 잠을 푹 자면 최선의 선택을 할 수 있는 상황에 이를 수 있다. 충분한 휴식을 제1순위로 올려놓자. 당신이 만약 불면증에 시달리고 있다면, 다른 사람과 그 문제를 의논해보라. 배우자나 친구, 성직자나 카운슬러, 의사, 누구든 좋다. 정상적인 궤도로 돌아갈 때까지 가능한 한 인생을 단순화시켜라. 깊이 잘 수 있는 방법을 모색하라.

> 영성은 눈에 보이지 않는다. 그 점을 잊지 마라. 그것이 당신의 눈에 보인다면, 우스꽝스러운 옷을 차려입었거나, 보란 듯이 나타나 있거나 혼자서 거창한 연기라도 하고 있다면, 그것은 영성이 아니다. 바로 당신의 잘난 척하는 에고이다.
>
> — 토머스 머튼 —

어떤 사람이 영적인 깨달음이나 패러다임의 변화를 경험했을 때 당신도 깨달음을 얻게 되는 경우가 있다. 당신이 큰 깨달음을 경험해서 다른 사람들에게 나눠주고 싶은 마음이 간절할 수도 있다. 그런데 별로 우아하게 전달되지 않는다. 궁지에 몰린 친구를 도와주려 애써보지만 그 친구는 당신이 변했다는 것만 확신할 뿐이다.

영성은 눈으로 볼 수 없다. 영적인 사람은 만족감과 자신감에 차 있고, 희망적이고 긍정적이며 평안하고 개방적인 마음을 갖는다. 그리고 또 한 가지, 자주 침묵한다. 그런 사람이 명상에 대해서 자랑하거나 그런 그룹에 합류시키려고 다른 사람에게 강요하는 것은 보지 못했을 것이다. 그들은 무언가를 입증할 필요도, 자신이 아는 바를 세상에 드러내야 할 필요도 느끼지 못한다.

영적인 지식을 조금씩만 나누자. 내가 하려는 말을 타인이 들을 준비가 되었는지 생각하며, 그 시기를 감지하도록 애써보자. 그리고 그때가 올 때까지 침묵하자.

> 빚을 갚아가는 과정 중에 나는 문득 아주 심오하고 인생을
> 변화시킬 만한 것을 알게 되었다. 박탈감의 두려움을 희생
> 의 기쁨으로 바꿀 수 있다는 걸 배웠다.
>
> — 이상민 —

박탈감은 내가 좋아하는 것을 빼앗겼다는 느낌이다. 한편
희생이란 소중히 여기는 것을 포기함으로써 그보다 더 가치 있
는 것으로 대치할 수 있다는 느낌이다. 박탈감은 우울하다. 그
런 기분에 빠지면 나에게 있던 힘도 상실하고 만다. 하지만 희
생은 감탄할 만하다. 그것은 가치 있는 이유가 되며 아름다운
것이다.

보다 가치 있는 것을 생각해보자. 나에게 경제적인 자유가
소중한가? 빚에서 풀려난 인생이 가치 있게 여겨지는가? 그런
가치보다 새 컴퓨터나 새 옷이 더 중요한가? 나 자신을 위해서
희생하자.

> 어떤 물건이 소유하고 싶은 욕망을 창출한다면 그 물건을
> 습득함으로써 욕망이 만족되진 않는다… 물건은 그 자체
> 가 만들어낸 공허만 채울 뿐이다.
>
> — 존 케네스 갤브레이스 —

매일 아침 잠에서 깨어나면서 존재하지도 않는 물건을 갖고 싶어하는 사람은 없을 것이다. 시디플레이어나 비디오, 전자레인지와 핸드폰이 생기기 전에는 그런 것들을 갖고 싶어하지도 않았다. 더 간편하게 요리하고 싶어서 그 발명품을 원할 수는 있다. 하지만 우리 마음에 전자레인지가 들어오지 않았다면 그로 인해 채워야 할 공허도 없었을 것이다. 어떤 물건을 보자마자, 전에 존재하지도 않았던 공허가 갑자기 생겨나 그 공간을 채워주어야 할 것 같은 느낌이 들었을 뿐이다.

물건을 사기 전에, 나 자신의 공허를 채우는 것인지 아니면 회사가 고의적으로 만들어낸 공허를 채우는 것인지 질문해보는 게 현명하다. 다른 누군가가 창출해낸 공허를 채우기 위해서 시간을 낭비하지 않더라도 나의 개인적인 공허가 충분히 많지 않은가.

밖으로부터가 아닌 내 안으로부터의 공허를 채우는 데 전념하자.

**지나친 심적 부담이 광기를 부른다.**

― 베이브 루스 ―

한 사람이 극단적인 행동을 되풀이하거나 나쁜 습관에서 헤어나지 못할 때 가족의 다른 구성원들은 배신감을 느끼게 된다. 그것은 술주정뱅이 남편이 멋진 집이나 근사한 차를 사주지 못해서가 아니라, 거짓과 기만과 불신이 가족관계로 번져버리기 때문이다. 그럼 당사자도 혼란에 빠지게 된다.

스스로의 기억에 대고 물어보라. 무엇이 현실이고 무엇이 비현실인지 질문해보라. 나의 정신 상태를 점검해보라. 돌이켜보고 생각하라. 무얼 해야 할지, 어디로 가서 도움을 청해야 할지 모를 수도 있다. 타인의 도움으로 문제가 해결될지조차 믿지 못할 수도 있을 것이다.

스스로 제정신인지 의심하게 될 때(그 직전이면 더 좋다), 신경쇠약에 빠져들어간다고 느껴질 때, 미칠 것 같은 광기에서 멀어져야 한다. 어떻게든, 무슨 수를 써서라도, 해결 방법을 찾아야 한다. 잠시 휴직을 하는 것도 괜찮다. 부모 형제와 같이 시간을 보내는 것도 좋다. 정신적, 감정적으로 나 자신에게 거리감을 가질 수 있도록 육체적으로도 광기를 몰아내야 한다. 거리를 두고 응시하면 상황은 분명해진다. 분명하게 현실이 어떤 것인지 알게 된다.

> **인내는 전력을 다해서 참는 것이다.**
> — 토머스 칼라일 —

건전한 소비 패턴을 지닌 사람들도 있다. 그런데 자신의 행복과 행동에 책임감을 갖고 살아온 사람이 어느 날 갑자기 깨어나 보니 빚더미에 앉아 있을 수도 있다.

빚이란 언제 누구에게라도 찾아들 수 있다. 경계선도 없고 100퍼센트 안전하다는 보장도 없다. 고질병에 걸렸거나, 예상치 못한 투자 실패로 고통을 받게 되거나, 자연적인 재해로 재산을 잃는 경우도 있을 수 있다. 이유가 무엇이든 간에, 누구든 갑자기 빚이라 불리는 이상하고 불편한 상황에 처하게 될 수 있다.

그럼 두려워진다. 지금까지는 그런 상황에 처해본 적이 없었다. 어떻게 이 궁지에서 빠져나갈 수 있을까? 화가 나기도 하고, 무언가 사기당하고 도둑맞은 느낌도 든다. 그동안 책임감 있게 살아온 보상이 고작 이것이란 말인가, 되묻고 싶어진다.

우리는 이미 궁지에서 빠져나가는 데 필요한 기술들을 많이 갖고 있다. 감정들을 해결하는 데 정신을 집중시키자. 이 세상에 나 혼자만이 아니라는 것도 안다. 비슷한 처지에 놓인 사람들에게 도움을 받아보자. 또한 묘하게 틀어져버린 사건의 추이를 곰곰이 생각해보자. 현재의 상황에서 배울 수 있는 교훈을 찾아보는 것이다.

## ✦ 295 ✦

**지옥으로 가는 길은 선의善意로 포장되어 있다.**

– 새뮤얼 존슨 –

빚을 지게 된 이유에 따라, 다른 사람들이 당신에게 연민을 느끼는 경우도 있을 것이다. 그들은 당신이 이 고난을 극복하기 위해 최선을 다한다는 사실을 알고 있다. 당신이 허리띠를 졸라매며 힘든 시간을 보내고 있다는 것도 안다. 당신이 착한 마음씨를 지닌 좋은 사람이라는 걸 안다. 당신이 더 많은 걸 받아야 마땅한 사람이라는 걸 알기 때문에 잘되기를 바란다.

당신에게 연민을 갖는 사람은 종종 청구서를 대신 계산해주기도 한다. 선물을 사주고는 어떤 보답도 받아들이지 않는다. 후원금을 모을 때 당신에게 내라는 말도 하지 않는다. 그들은 아름다운 마음씨와 선의를 지닌 사람들이다. 문제는 당신이 그들의 행동에 빠져들어 '난 가난하다, 나 자신을 돌볼 수도 없는 불쌍한 사람이다'라고 생각할 수 있다는 점이다. 다른 사람에게 의지하는 경향의 소유자에게는 특히나 더 심각할 수 있다.

다른 사람이 주고 싶어하는 것을 우아하게 받아들이자. 하지만 스스로의 힘으로 헤쳐나갈 수 있다는 확신을 가져야 한다. 반드시 어떤 방법으로든 선의에 보답을 하자. 그렇게 함으로써 나 자신과 다른 사람들에게, 내가 스스로 책임질 수 있으며 그럴 의지가 있다는 점을 확신할 수 있다.

> **책임감은 위대한 개발자이다.**
>
> — 스티브 잡스 —

　빚을 지는 이유는 각기 다르다. 어떤 사람은 가진 것보다 더 많이 썼기 때문에, 또 어떤 사람은 가진 것보다 더 소비하는 배우자를 만났기 때문일 수도 있다.

　더 많은 돈을 모으기 위한 소비 계획을 세우기 전에, 스스로에게 중요한 질문을 몇 가지 해볼 필요가 있다. 가장 우선적인 질문은 그 빚을 진 책임이 누구에게 있느냐이다. 당신에게 있는 게 아니라면, 왜 부업을 찾으려 하고 야근 수당까지 받아야 하고 새로운 일자리도 알아보아야 하는지 자신에게 물어보라. 빚을 진 장본인이 아직도 빚을 끌어들이고 있는지에 대해서도 생각해보라. 대답이 '그렇다'라면, 더 많은 돈을 벌어봤자 뭐가 나아질까 고민해봐야 할 것이다.

　오늘은 부업 전선에 나서기 전에, 현재의 상황을 전체적으로 검토해보자.

> **당신은 장미에 가시가 달렸다고 불평할 수도, 가시에 장미가 달렸다고 기뻐할 수도 있다.**
>
> — 무명씨 —

어떤 사람에게는 더 많은 돈을 벌 수 있는 방법이 인생의 도전거리이다. 이것은 자칫 끊임없는 투쟁이자 짐처럼 느껴질 수 있다. 당신의 목표가 월급을 더 많이 주는 직장을 찾는 것일 수도 있다. 하지만 부업을 찾고, 야근과 특근을 하고, 특별한 프로젝트를 맡으려 한다면, 어쩔 수 없이 더 많은 피로와 스트레스를 감당해야만 한다.

이런 상황이 일시적인 것일 뿐이라고 스스로에게 말해주자. 마음을 다잡고 전진하자. 상황이 지금과 다르길 바라며 불평만 하다가는 현실을 망각할 수도 있으며 시련을 통해 성장할 수 있는 기회를 놓치게 된다. 만약 당신이 추가 수입을 이용해서 지속적으로 청구서를 지불해나간다면, 빚은 점점 줄어들 것이다. 매달 지불해야 하는 이자도 줄어들 것이다. 계속해서 빚을 늘리거나 충동적인 소비 행태를 지닌 가족과 함께 사는 것만 아니라면, 저 멀리 당신의 목표 지점이 보일 것이다. 지금의 상황이 영원히 계속되진 않는다.

현재의 긍정적인 선택이 앞으로 긍정적인 결과를 낳는다는 걸 알자.

> 당신이 수입과 지출을 맞출 수 있다고 생각하는 그때, 다
> 른 누군가가 파국을 몰고 온다.
>
> — 워런 버핏 —

한동안 소비-지출 계획을 잘 실천하며 생활해왔다. 자신감
도 느껴진다. 그런데 우리가 아무리 현재와 미래의 경제적 책
임을 다하려 계획하고 준비한다 해도, 예상치도 못한, 그 계획
을 틀어지게 하는 사건이나 상황이 발생하곤 한다. 일자리를
잃거나, 병이 들거나, 도둑을 맞는 경우도 생겨날 수 있다. 크
든 작든 간에, 그런 계획상의 차질은 우리를 분노하게 한다.

뒤돌아보며 화내지 말자. 그 대신 그 예상치 못한 일들을
인생의 일부로 받아들이자. 내 힘으로 통제할 수 없는 일들도
있는 법이다. 퇴보를 강요당한 듯한 느낌이 들기도 하겠지만,
그런 퇴보가 전진으로 바뀔 수 있는 것도 사실이다. 살고 있던
건물이 팔리는 바람에 집에서 쫓겨나게 되었다면, 어차피 이사
해야 할 때가 된 것인지도 모른다.

'할 수 있다'는 태도로 시련을 맞아들여야 한다. 기존의 소
비 계획과 뜻밖의 임시 비용을 계산해서 다시 한 번 노력해보
자. 창조적으로 생각할 필요가 있다. 이미 빚에서 놓여날 수 있
다고 확신하지 않았는가. 이젠 그 무엇도 나를 막을 수 없다.
내가 습득한 모든 기술을 동원해서, 빚에서 풀려나기 위한 행
동을 취하자.

> **수정을 인정하지 않는 계획은 나쁜 계획이다.**
>
> **— 구본무 —**

모든 것을 고려해서 지출 계획을 잡았다. 나의 소비 계획이 잘 지켜지고 있다. 얼마의 돈이 들어오고 또 얼마의 돈이 나가는지 잘 알고 있다. 저축하는 목표를 분명히 알고 있으며 비상금도 약간 떼어놓았다. 기분이 아주 좋다. 모든 것이 계획대로 착착 진행된다.

그런데 단순한 사건 하나가 생기면서 모든 계획에 철퇴를 맞는다. 생일 파티나 20만 원 정도 필요한 모임의 초대장이 우편으로 도착한다. 그런 일은 예상치 못했다. 계획에 들어 있었던 일이 아니므로 당황스럽다. 소비 계획을 다시 세워야 할까? 옷을 사야 할까? 신용카드를 더 써야 할까? 친구들에게 한턱내야 할까?

소비 계획이란 '빚에서 놓여나자'는 목표에 도달하기 위해서 나 자신에게 부과한 책임이다. 하나의 지침일 수는 있지만 절대 바꿔서는 안 될 원칙은 아니다. 돈을 쓰고 싶다고 해서 죄책감을 느낄 필요는 없다. 그 돈을 어떤 식으로 소비할지, 아니면 소비하지 말아야 할지 결정될 때까지 일단 저축 계좌에 넣어두자.

> **좋아하는 일을 찾아서 매주 5일씩 하라.**
>
> — 잭슨 브라운 —

각각의 사람에게는 인생의 천직이 있다. 개인마다 이 지구 상의 다른 누구보다, 나름대로, 더 잘하는 무언가가 있다. 그런 천직을 발견하게 되면, 그땐 분명히 알 수 있다. 아무리 힘들어도 그 일을 하는 것이 좋다거나, 퇴근 시간을 확인하려고 시계를 보는 일이 없을 것이다. 어느 순간 창밖을 내다보고 날이 이미 저물었다는 것을 깨닫게 될지도 모른다.

때때로 돈에 너무 지나치게 신경을 쓰다가 자신의 천직을 놓치는 사람들이 있다. 은행에 1억 원을 넣어두고 싶을 뿐이며, 일자리나 직업을 생각할 때 얼마나 많은 돈이 될지에 대해서만 생각한다. 물론 일한 만큼 보상받을 수 있다는 건 깊이 고려해 봐야 할 사항이다. 하지만 나에게 손짓하는 것을 기초로, 나의 포부를 기초로 직업을 개발하여 내가 좋아하는 일을 할 때, 나의 천직은 발견된다. 어떻게든 나의 천직을 찾아내고 나면 나의 모든 필요는 자연스럽게 해결된다. 좋아하는 일들을 목록으로 작성해 그것을 직업화하기 위해 애쓰자.

> 내가 진실로 사랑을 원할 때, 그것이 나를 기다리고 있음
> 을 알게 될 것이다.
>
> — 오스카 와일드 —

어떤 사람은 항상 찾기만 한다. 무엇을 찾고 있는지조차 모르는 것 같기도 하다. 그들은 커다란 집과 멋진 자동차가 그 해답일 거라고 확신한다. 물론 커다란 집과 멋진 자동차를 갖고 있으면 근사하겠지만, 그것으로 모든 게 완벽해지진 않는다. 완벽이란 무조건적으로 나 자신을 사랑함으로써, 그와 똑같이 무조건적으로 아무 기대감 없이 다른 사람을 사랑할 수 있음으로써 실현된다.

사랑은 치유력을 지닌 힘이다. 내가 나 자신과 다른 사람을 무조건적으로 사랑할 때, 나 자신과 다른 사람들은 치유된다. 무조건적인 사랑이 나의 마음속에 있으면 태산이라도 움직일 수 있다. 그보다 더 강력한 힘은 없다.

나 자신이나 다른 사람에게 조건을 두지 말자. 있는 모습 그대로 나 자신과 다른 사람을 사랑하자. 무조건적인 사랑의 힘을 경험하자.

**우리가 두려워해야 할 단 한 가지는 두려움 자체이다.**

— 스티븐 킹 —

부정적인 생각과 자기 의심에 빠져 있다, 궁핍하고 불안정한 느낌이다, 애정이나 연민을 갈망한다, 다른 사람들에게 어딘가 모자란 듯한 느낌을 전한다, 그 자리에서 얼어붙은 듯 서 있다. 이런 것들이 모두 두려움의 신호들이다.

이런 식으로 행동하게 된다면, 왜 이런 느낌에서 벗어나지 못하는지 스스로 질문해보라. 중요한 물건이나 돈을 잃게 될까 봐 두려운 것인가? 인기나 자존심에 흠이 갈까 봐 두려운가? 돈이 없으면, 배우자가 내 곁을 떠나거나 친구들이 날 버리거나 사람들한테 실패자처럼 보이게 될까 봐 두려운 것인가? 혼자 있는 게 두려운가? 수치심에 사로잡혀 있는가?

나의 전진을 방해하는 것들이 무엇인지 스스로에게 물어보자.

> **두려움은 부정적 사고가 개발되는 작은 밀실이다.**
>
> — 닐 암스트롱 —

사전을 보면, 두려움이란 '기대감이나 위험의 인식으로 인해 유발되는 강력하고 불유쾌한 정서'로 설명되어 있다. 물론 위험의 의미는 사람마다 달라지긴 한다. 어떤 사람에게 대단히 위협적으로 느껴지는 일이 다른 사람에게는 그렇지 않을 수도 있다. 하지만 우리 모두 그 느낌을 알고 있다. 한 번 혹은 여러 번 그 느낌을 경험해보았을 것이다. 어떤 사람은 그걸 평생 안고 살아가기도 한다. 확실한 건, 경제적 또는 다른 중요한 목표들을 성취함으로써 두려움이 사라질 수 있다는 점이다.

'두려움을 똑바로 직시해야 한다'는 말은 많이들 들어보았을 것이다. 이 말은 정확히 무슨 뜻일까? 어떻게 행동하라는 말인가? 우선 두려움의 정체를 밝혀내야 한다. 그런 다음 조용히 그것을 인정하고 존중하라. 그게 그곳에 자리 잡고 있는 이유를 안다고 스스로 말해보라. 두려움을 긍정적이고 사랑스런 에너지로, 평화롭고 선한 생각들로 변화시키자. 한 번씩 그렇게 할 때마다 두려움은 천천히 사그라든다. 그게 진실이다. 그것이 중요하다. 두려움을 인정하자.

> **나는 돈을 빌려줄 때 받을 생각을 하지 않는다.**
> — 무명씨 —

대부분의 사람들은 돈을 빌려주거나 서로 서명하고 대출을 해줄 때 각자의 전략을 갖고 있다. 절대로 돈을 빌려주지 않는 사람이 있는가 하면, 반대로 돈이 있든 없든 간에 자유로운 경제관념을 지닌 사람도 있다. 하지만 대개의 경우는 그 중간쯤에 위치해 있다. 누군가 돈을 빌려달라고 했을 때, 돈을 빌리려고 하는 상대방과 돈의 액수에 대해서, 돈을 빌리는 이유가 정당한지에 대해 생각하면서 앞으로의 결과에 무게를 둔다. 때때로 이자까지 못 돌려받는 경우가 있다. 그리고 많은 경우 수년간 그 돈을 구경하지 못하거나, 다시는 그 돈을 보지 못한다. 그런 일이 벌어지면, 원망과 분노를 느끼게 되고 친했던 관계도 깨어질 위기에 처한다.

돈을 빌려줄 때는 그 돈을 돌려받지 못한다는 가정하에서 결정하라. 돈을 못 받더라도 마음이 편하다면 빌려주어도 좋다. 그렇지 않다면, 아예 빌려주지 말거나 조건을 달아서 계약서를 작성하라. 종이에 적어두는 것이 계약을 확고하게 만들어준다.

> 예술이나 천명을 추구할 때 지불해야 하는 대가는 그것의
> 일그러진 부분도 보아야 한다는 점이다.
>
> — 마르크 샤갈 —

우리는 빚을 갚기 위해서, 애인을 사귀기 위해서, 멋진 인생을 위해서 보다 높은 급여를 주는 직장을 원한다. 바라는 대로 된다면 얼마나 근사할지 상상한다. 모든 준비가 되었을 때, 우리는 원하고 바라던 것들을 정확히 손에 넣을 수 있다. 하지만 바로 그 순간 부작용에 대해서도 준비할 필요가 있다. 우리를 슬프게 할 만한 결과도 있을 것이기 때문이다. 많은 돈을 벌수 있게 됐지만, 전혀 여유가 없을 만큼 바빠진다. 빚을 다 갚았지만 이젠 자식들이 돈을 빌려달라고 요구해댄다. 새로운 애인이 생겼지만, 자유시간을 몽땅 쏟아부어야만 한다.

인생이란 양면의 날을 지닌 칼과 같다. 소중한 꿈들과 함께 피할 수 없는 어둠이 동반된다. 그 정도의 희생을 감당할 가치가 있다고 믿어보자. 나의 욕망을 따라감으로써 원했던 지점에 도달했다는 걸 생각하자. 그리고 새로운 도전들을 받아들이자. 좋은 일에는 나쁜 일도 따라오기 마련이다.

**명상이란 무슨 일이 닥치든 편안하게 자신을 유지하도록
하는 훈련이다.**

— 라마크리슈나 —

　우리는 설거지를 하면서 지불해야 할 청구서들을 계산한
다. 직장에 나가면서 지금까지 이뤄놓은 게 얼마나 하잘것없나
생각한다. 잠자리에 들면서 지난번 카지노에서 얼마를 잃었는
지 또는 나의 괴로움에 대해서 왜 아무도 신경 써주지 않는 걸
까 생각한다. 우리의 마음은 지금 있는 장소에 존재하지 않는
다. 언제나 끊임없이 다른 곳으로 날아간다.

　정신 차리기는 순간순간을 의식하며 현재에 남아 있기 위
한 명상적 훈련이다. 깊은 명상 상태에 있는 것처럼 마음을 비
우는 것이 아니라, 나의 숨결과 지금 있는 장소와 이 순간 하고
있는 일에 관심을 기울이는 것이다. 매 순간을 나의 마지막 시
간인 것처럼 살아가자. 이 순간을 존중하고 관심을 기울이고
똑바르게 인식하자. 1분, 1초를 신성하게 여기자.

> 결단력 있는 영혼의 단호한 결심을, 방해하거나 막아서거나 통제할 만한 기회나 운명이나 숙명은 없다.
>
> — 에미넴 —

밤낮으로 돈 문제만을 생각한다. 어떻게든 그 생각을 잊어버렸을 즈음 불쑥 빚쟁이한테 전화가 오거나 연체 통지서와 독촉장이 날아든다. 그럼 생각은 다시 돈 문제로 돌아간다. 나에게 있는 모든 에너지와 관심이 빚이라 불리는 이 부정적인 장애물을 향하고 있다. 그것은 집착이다.

집착은 정열과 밀접하게 연결될 수 있다. 그 둘은 기본적으로 같은 종류의 에너지이다. 정열적인 상태에 있어야만, 현재 내가 원하는 것, 긍정적인 것을 향해 나의 생각과 느낌을 쏟아부을 수 있다. 집착을 긍정적인 목표를 향한 정열로 바꿀 필요가 있다.

> 하나의 기본 방침이 두 부분을 지배하는 것처럼, 조화는
> 비슷함뿐 아니라 차이점에도 존재한다.
>
> — 스티븐 스필버그 —

당신의 배우자가 당신과 전혀 다른 경제관념을 지녔을 수도 있다. 이제 나아질 수 있겠다 싶을 무렵 배우자가 직장을 그만둬버린다든가, 아니면 좀더 돈을 쓰고 싶다는 생각이 들었을 때 상대편에서 돈주머니를 바짝 조이며 폭탄을 떨어뜨릴 수도 있다.

우선은 두 사람이 한 팀이라는 걸 생각하는 게 중요하다. 두 사람의 관계가 얼마나 조화로운지 생각해보라. 조화로운 관계를 위해 얼마의 시간과 노력을 기울이고 있는가, 서로 상대방에게 얼마나 마음을 열어놓고 있는가.

불협화음을 부르는 것은 나 자신의 태도이다. 꼭 상대방의 행동 때문만은 아니다. 그러한 행동들이 부부관계의 기본적 측면, 신뢰감과 친밀감 등을 방해할 때, 서로 이 관계의 조화에 대해서 제대로 생각하고 있는지 자문해보자. 부부간의 문제점과 현재의 나쁜 습관들을 토론해볼 필요가 있다. 또한 우리 모두 독특한 개성을 지닌 개인이라는 점을 기억하자. 우리 모두는 서로 다르다, 그것이 함께 있는 이유 중 하나이다. 우리는 모두 각자 자유로운 영혼이다.

**뒤돌아서 달아나야 할 만큼 큰 문제는 없다.**

— 에리히 마리아 레마르크 —

많은 사람들에게는 절박한 빚이나 끝없이 이어질 수도 있는 빚에 대한 두려움이 있다. 또한 몇 년 전에 강원랜드에서 잃었던 돈을 생각하면서 여전히 움츠러드는 사람이 있다. 충동적으로 소비하거나 도박하는 사람들은 그런 행동이나 혹은 그 행동을 피하고자 하는 생각에 너무 집착한 나머지 자칫 돈에 대한 감각을 모두 잃어버리기도 한다. 시간감각을 잃는 것과 똑같다. 블랙잭 테이블에서 또는 홈쇼핑에서 수백만 원을 써버릴 당시에는 아무 느낌이 없다가 시간이 지난 후에야 뼈아픈 고통을 경험하게 된다.

알코올 중독자나 마약 중독자들이 밑바닥까지 떨어졌다는 말을 들어봤을 것이다. 그것은 삶이 도저히 어찌할 수 없을 만큼 통제력을 벗어나 필연적으로 변화해야만 하는 상황이다. 다시 말하자면 인생의 가장 밑바닥에 도달했기 때문에, 이제 스스로를 끌어올려 앞으로 전진해야 할 시점이 된 것이다. 빚으로 고통받는 사람들도 마찬가지다. 모든 사람에게는 밑바닥이 있으며 그 상황은 사람마다 각기 다르다. 중요한 것은 밑바닥에 도달했을 때 그것을 알아야 한다는 점이다. 변화해야 할 시점을 깨달아야 한다. 바닥을 쳤다는 것은 기적적인 회생 가능성도 있다는 뜻이다.

> 명령하는 자가 곧 섬기는 자이다, 그 이상도 그 이하도 아
> 니다.
>
> — 앙드레 말로 —

누군가 한 사람에게 회계장부를 모두 맡기기로 결정할 경
우가 있다. 그럼 청구서를 지불하고, 영수증을 챙기고, 자금 상
태를 조사하고, 수입 지출의 균형을 맞추는 일 모두 한 사람의
몫이 된다. 이런 방법이 지극히 원활하게 돌아가는 팀도 있지
만, 선택된 회계 담당자가 비밀을 갖기 시작하면 큰 싸움의 원
인이 될 수도 있다.

가정의 경우, 집으로 돈을 가져오는 사람이든 아니든 부부
모두 현재의 자금 상태에 대해서 알 자격이 있다. 얼마의 돈이
들어오고 어디로 나가는지, 기본 생활비에서 남은 돈은 어떤
식으로 관리되는지 마땅히 알아야 한다. 그리고 둘 다 가정의
경제적 목표에 관해 평등하게 발언할 필요가 있다.

> 하나씩 하나씩 우리는 다시 선택할 수 있다. 깨우쳐갈 수
> 있다. 적응이라는 감옥에서 벗어나기 위해, 사랑하기 위
> 해, 고향으로 돌아가기 위해서.
>
> — 데니스 웨이틀리 —

당신의 배우자가 알코올 중독이나 도박이나 충동적인 소
비 행태를 지녔음에도 도움받길 거절한다면, 당신은 이별을 생
각하게 될지도 모른다. 배우자에 대한 분노와 고독감, 무감각
하게 마비된 감정들이 당신을 극히 불건전한 정서적, 육체적,
정신적, 영적 수준으로 끌어내린다.

배우자가 바닥에 도달할 때까지 기다리지 말고, 그동안 차
라리 나 자신을 보살피자. 그래야 건강하게 도움을 제공하거나
다른 가족 구성원들(특히 아이들)을 돌봐줄 만한 상태를 유지할
수 있다.

오늘은 나의 상황을 상의할 수 있는 사람에게 전화를 걸자.
누구든 좋다.

> 흥미로운 역설 한 가지. 있는 그대로의 나 자신을 받아들
> 이고 나면 나는 변할 수 있다.
>
> — 칼 로저스 —

경제적인 이유로 몇 달이나 몇 년간 두려움과 분노와 혼란 속에서 지내왔다면, 평화를 찾아야만 할 시기에 접어들었다. 하루 이틀 혹은 일주일 정도가 아니라 훨씬 더 긴 시간이 필요하다. 고통스러운 사건을 직시하면 나의 반응이 1년 전과 똑같지 않다는 것을 알아차릴 수 있을 것이다. 그 성장은 믿을 수 없을 만큼 큰 위로를 전해주며 새로운 용기를 불러일으킨다. 그저 즐거운 하루가 아니라, 멋진 인생이다.

나는 이제 대처할 수 있는 기술을 새로 개발했다. 나 자신을 평화롭게 유지하는 게 무엇보다 중요하다. 이따금씩 넘어질지도 모르지만, 새로 터득한 기술을 믿고 의지한다. 다시 성장해야 할 시기가 찾아오긴 할 것이다. 하지만 지금은 새롭게 찾아낸 평화를 만끽하자.

**오, 나날이 자라는구나.**

— 벤저민 스포크 —

어린아이로 사는 것은 유쾌한 일이다. 아이들은, 먹을 것이나 입을 것, 잠잘 장소 등 모든 걱정거리를 부모나 보호자들이 대신 떠맡아준다. 물론 아이 입장에서 먹는 음식이 마음에 안 들 수도 있고 입어야 하는 옷이 불만스러울 수도 있다. 하지만 최소한 그것에 대해서 걱정할 필요는 없다. 아이의 책임이 아니기 때문이다.

그런데 아직 성숙하지 못했기 때문에 빚에 허덕이는 사람들이 있다. 어른이 된 후에도 자신에게 필요한 돈을 저축하거나 벌어들이는 데 신경 쓰려 하지 않는다. 여전히 놀고만 싶다. 단지 어렸을 때와 다른 점이 있다면 지금의 노는 장소가 카지노나 쇼핑몰이라는 것뿐이다. 그런 사람은 자신의 잘못을 덮어줄 수 있을 만한 대상, 부모나 형제자매, 정부 등 누구에게든 의지하려 든다.

**난 아주 잘났어, 난 아주 똑똑해, 제기랄, 사람들이 날 너무 좋아해.**

— 〈섹스 앤 더 시티〉 대사 중에서 —

연구 조사에서 증명된 바에 따르면, 사람의 생각이 두뇌의 화학 작용을 변화시킬 수 있다고 한다. 생각에 따라서 뇌 속에 있는 기분 좋아지게 만드는 신경전달물질(엔도르핀, 세로토닌, 도파민 등)의 분비량이 결정된다. 나 자신과 다른 사람에 대해서 항상 부정적인 생각을 하고 있으면, 나의 두뇌는 기분 좋아지는 신경전달물질을 적게 만들어내는 데 익숙해진다. 그 결과 사기는 떨어지고 자부심도 줄어든다.

그 반대도 마찬가지다. 나 자신과 다른 사람에 대해 긍정적으로 생각하고 낙관적인 사고방식을 지니면, 두뇌의 화학 작용은 기분 좋은 쪽으로 개발된다. 나 자신에 대해 좋게 생각한다는 건 나의 결점을 포함해 모든 것을 받아들인다는 뜻이다.

매일 거울을 보면서 "정말 멋있어"라고 말해주자.

> 상상력이 지식보다 더 중요하다. 지식은 한계가 있지만 상
> 상력은 세상 전체를 포괄한다.
>
> — 앨버트 아인슈타인 —

빚을 지고 있을 때, 사람은 돈을 구속과 제한으로 보는 경
향이 있다. 경제적 여유가 없기 때문에 이것도 저것도 할 수가
없다. '죽을 때까지 이런 식으로 살게 될 거야'라는 암시를 자신
도 모르게 주입시키고 있는지도 모른다.

새로운 사고방식에 마음을 열어보자. 돈이란 존재를 탄력
성 있게 바라보자. 내 힘으로 그것을 잡아당길 수 있고 모양을
만들 수 있고 내가 원하는 대로 틀에 끼워 맞출 수도 있다. 내가
돈의 주인이다, 고로 돈은 나의 주인이 아니다. 내가 돈으로 할
일들을 결정한다. 스스로의 판단으로 짠 예산에 따를 수도 있
고, 다소 유동성 있는 소비 계획을 세울 수도 있다. 내가 꿈꾸는
것에 대해 엄격해질 수도 있고, 약간쯤 느슨해질 수도 있다.

나와 돈, 누가 대장인지 결정하라.

네잎클로버를 찾아나서는 사람은 그 때문에 많은 기회를
놓치게 된다.

— 무명씨 —

운이 좋다고 말할 때, 그것은 보통 예상하지도 못했던 행운
이 찾아오거나 아주 어려운 일을 간신히 성공시켰을 경우이다.
하지만 행운이란 그냥 일어나는 것이 아니다. 준비가 기회를
만났을 때 행운은 찾아온다.

스스로 인생에서 원하는 바를 결정해, 새로운 기술을 배우
거나 문제를 해결해나감으로써 미리미리 준비해야 한다. 그럼
상황이 무르익었을 때, 기회가 제 모습을 드러낸다. 그렇게 기
회를 붙잡은 사람이 스스로를 운이 좋다거나 혹은 기적을 경험
했다고 말하곤 한다.

그런데 많은 사람들은 이 길을 피해서 간다. 자신이 원하는
바를 위해 준비하는 대신, 그걸 찾아 밖으로 나선다. 카지노에
서 크게 한 건 잡아보려 하거나 최고로 월급이 많은 직장을 찾
으러 헤매고 다닌다. 그러면 당신의 네잎클로버가 찾아왔을 때,
당신은 준비가 돼 있지 않기 때문에 그 기회를 붙잡을 수 없다.
왕관만 찾아다니고 발전은 포기했기 때문에 기회를 놓치게 되
는 것이다. 신은 나에게 받아들일 준비가 된 것만 내주신다.

**산꼭대기에 있는 사람은 하늘에서 뚝 떨어진 게 아니다.**

— 조르주 상드 —

불편한 감정들은 느닷없이 찾아오곤 한다. 친구가 전화해서 새 직장에 대한 자랑을 할 때, 우리는 돌연 지금의 직장이 싫어지고 부러움을 느끼기 시작한다. 집들이에 갔다 오면 갑자기 사는 게 재미없어진다. 내 집이 다른 사람의 집보다 초라하다는 이유로 속상해한다.

자신을 다른 사람과 비교하면, 어딘가 모자라고 불안정한 느낌과 부러움이 동시에 찾아든다. 다른 사람이 가진 것이나 다른 사람의 행동을 갈망하게 되며, 스스로 그걸 갖거나 행동할 능력이 없다고 믿는다. 이 부분이 더 치명적이다.

내가 어떤 부분을 자꾸만 비교하게 되는지 잘 생각해보자. 그 비교는 보통 스스로 부족하다고 생각하는 측면에서 나타날 것이다. 그것이 돈이나 소유물이 될 수도 있고, 몸매나 인간관계가 될 수도 있다. 나의 비교는 가장 깊숙한 나의 욕구를 드러낸다.

오늘은 내가 가진 것을 인정할 수 있는 행동이 무엇인지, 그리고 원하는 것을 얻을 수 있는 행동이 무엇인지 생각해보자.

> **가난한 자에게 나눠주는 것은 죽을 때 내가 함께 가져갈 수 있는 것이다.**
>
> — 성 마르티노 —

나 자신을 돌보는 것이 가장 중요하며, 스스로를 소중히 여기는 것이 가장 중요하다는 것은 분명한 진실이다. 그렇게 행동하면 모든 일에 어긋남이 없다. 그런데 스스로를 소중히 여기는 것에는 건전한 방식으로 다른 사람을 돕는 것도 포함된다. 나쁜 습관의 중독자들을 구제해주라는 뜻이 아니다. 돈이나 물건을 내어줌으로써, 혹은 어떤 단체나 내가 믿는 이상을 위해 시간을 들임으로써 긍정적인 변화를 만들라는 뜻이다.

나눠주는 정신을 배양하고 나면, 풍족한 느낌이 든다. 기꺼이 망설임 없이 내어주는 일이 똑같은 방식으로 나에게 돌아올 것이기 때문에, 나에게 필요한 것들은 충족될 수 있다. 돈이나 물건이나 시간에 매달려 불안해하고 두려워하는 것보다, 열린 마음으로 나눠주는 기쁨을 소유하는 것이 더욱 값지다. 그것이 나 자신을 보살피는 일이다.

오늘은 수입의 몇 퍼센트를 기부할지, 나의 어떤 물건을 내줄 수 있는지, 나의 시간 중에서 얼마만큼 자원봉사를 할 수 있을지 결정하자.

> **명백하게 좋거나 명백하게 나쁜 것은 없다. 생각이 그걸
> 만들어낼 뿐이다.**
>
> — 윌리엄 셰익스피어 —

담배를 피우는 사람들은, 매주 담배를 사느라 소비하게 되는 금액을 잘 알고 있다. 또한 사회적인 비난에 질려 있을지도 모른다. 내 권리로 선택할 수 있는 일이니까 계속 담배를 피우겠다고 말할 수도 있을 것이다. 하지만 기존의 연구 조사에 따르면, 니코틴이 가장 손쉽게 접근할 수 있는 중독성 물질이라고 한다. 니코틴이 강력한 마약은 아니라 해도, 헤로인이나 코카인보다 더 강한 중독 성향을 지니고 있다.

빚을 진 사람들의 목록에는 항상 두 가지 목표가 있다. 지출을 줄이자, 병에 걸리지 않도록 최대한 건강을 지키자. 담배를 끊는 것이 올바른 방향으로의 첫걸음이라는 걸 인정하자. 나 자신을 위해서, 가족을 위해서, 나의 풍요로운 미래를 위해서 담배를 끊자.

담배를 끊는 데 도움이 될 만한 여러 방법들을 적극적으로 찾아보자.

> 가정假定은 당신의 인생을 최선의 상황으로부터 피해가게
> 해준다.
>
> ＼                    — 크누트 함순 —

예상되는 지출의 계획을 세우는 건 쉽다. 매달 전화요금이 얼마나 나오는지, 전기요금, 가스비가 얼마쯤 나올지는 대충 알고 있다. 집세로 얼마를 떼어놓아야 하는지도 알고, 식료품비와 옷값과 유흥비도 합리적으로 계산할 수 있다. 이런 소비 목록에 최소한의 관심만 기울여도, 그리 놀랄 일은 일어나지 않는다.

그런데 많은 사람들은 몇 달에 한 번, 혹은 1년에 한두 번씩 생기는 지출 계획에 대해서는 자주 잊어버린다. 자동차 보험료, 자동차 수리비, 휴가비, 애완동물에 들어가는 비용, 생일파티, 크리스마스, 다른 축하모임 등등. 그런 일들이 닥칠 거라는 걸 알고는 있다. 특별히 비밀이랄 것도 없으니까. 하지만 정작 그런 계획들을 뒤로 밀어놓는 경향이 있다. '그때가 되면 처리할 수 있을 거야'라고 생각한다. '그때쯤 되면 자금 사정이 좀 나아질 거야.' 그런 일들을 나중에 감당할 수 있을 거라고 가정하는 것이다. 그러나 피할 수 없는 일들에 대비해야 한다.

### ✦ 321 ✦

> **당신은 날 너무 많이 사랑해, 날 주머니에 넣어두고 싶어**
> **해. 그래서 난 숨이 막혀 죽을 것 같아.**
>
> – D. H. 로렌스 –

우리는 사랑이라는 이름으로 온갖 일들을 한다. 배우자가 지나치게 술을 마시거나 도박을 할 경우도 있을 수 있다. 그럼 그 배우자를 너무나 사랑하기 때문에, 두 사람이 함께하는 인생을 소중히 여기기 때문에, 잘못된 점들을 수정하려 필사적으로 노력한다. 내심 아무 소용도 없음을 알면서도 자기 식대로 뜯어고치기 위해, 소리치고 울고 불평하고 무시하고 화를 낸다. 상대방의 관심을 끌어들이기 위해서, 그 사람을 변화시키기 위해서 무슨 일이든 한다.

상대를 내가 원하는 방향으로 변화시키려 애쓰는 과정에서 그 사람은 당신 곁에서 계속 멀어진다. 상대의 모든 행동을 통제하려고 내 주머니 속에 넣어두려는 것과 같기 때문이다. 당신의 입장에서는 상황을 바로잡아보려 애쓰는 것인데, 상대방의 입장에서는 당신이 미친 사람처럼 보인다. 게다가 당신의 관심을 다른 사람의 행동에 너무 많이 집중시키다 보면, 스스로의 존재를 잊어버리게 된다. 그럼 더 이상 그 관계는 지속될 수 없다. 나를 변화시키는 일에 전념하자.

> 감사란 우리가 다른 것에 내어주는 축복이다.
>
> — 노먼 빈센트 필 —

인생의 긍정적 측면들에 감사하는 마음은 침체되려는 기분을 즉각 끌어올릴 수 있다. 그렇게 되기 위해 우리가 해야 할 일이란, 인생에서 좋은 것들을 찾아내기 위해 시간을 내는 것뿐이다.

매일, 혹은 한 주에 한 번이나 한 달에 한 번씩, 책상 앞에 앉아서 감사할 만한 일들을 목록으로 작성해보라. 우리의 생각이 움직이기 시작하면서 글씨가 종잇장을 가득 채우게 된다. 감사할 사항이 아주 많다는 사실에 놀라게 될 것이다. 그다음에 기분이 나빠지는 일들의 목록을 작성해보면, 우리가 빚이라는 한 가지 장애물에 얼마나 부당하게 많은 관심과 에너지를 기울였는지 깨닫게 된다. 부정적인 생각의 힘이 어느 정도인지, 그것에 얼마나 많은 시간을 허비했는지, 그것이 우리의 즐거움을 얼마나 빼앗아갔는지 확연히 눈에 드러날 것이다.

감사해야 할 사항 다섯 가지를 당장 적어보라.

**베푸는 마음이 선물보다 더 가치 있다.**

— 피에르 코르네유 —

목록을 만들어보았다면 감사할 일이 많다는 걸 알았을 것이다. 그럼 이제 베풂의 중요성도 알아야 한다. 내가 받고 싶은 것을 내주라. 마음을 열고 아무 망설임 없이 내어주라. 그 두 가지가 결합되었을 때, 나에게 나눠줄 수 있는 능력과 다른 사람을 도울 수 있는 능력이 있음에 감사할 때, 또 다른 강인한 존재를 느낄 수 있다. 내가 우주와 조화를 이루었으며 '위대한 힘'이 나와 함께하고 있음을 알 수 있다.

나에게 얼마의 빚이 있든 상관없다, 나는 언제라도 나눠줄 수 있다. 시간, 선물, 돈, 칭찬, 좋은 생각들. 어디에 가든 그 능력을 지닐 수 있다는 건 감사한 일이다.

오늘은 나눠주는 기쁨을 경험할 수 있다는 데 감사하자.

> 올바른 생각을 지녔다 할지라도, 그 자리에 앉아 있기만
> 하면 아무 소용이 없다.
>
> — 에밀 졸라 —

모든 기회에는 책임감이 따른다. 그 기회에 대응하는 방법, 그것이 결과를 결정짓는다. 당신은 올바른 생각을 지녔을 수 있다. 빚에서 벗어나고 싶다고 확신할지도 모른다. 하지만 당신의 대응이 아무 행동도 하지 않는 것이라면, 그 자리에 주저앉아 있는 것이라면, 결과는 점점 더 불어나는 빚과 추락하는 자존심뿐일 것이다.

월급이 올랐거나 자녀의 유치원 비용을 지불할 필요가 없어서 여유 소득이 생겼을 경우, 의식적으로 그 돈을 빚 갚는 데 쏟아 넣는 것으로 대응하라. 충동적인 소비 성향이나 도박 성향을 지닌 사람이라면, 그 중독 상태를 벗어나게 해줄 만한 도움을 찾는 것으로 대응하라. 그저 재테크 관리 기술이 필요한 사람이라면, 책을 읽거나 강의를 듣거나 지식을 활용할 수 있는 방법을 찾는 것으로 대응하라. 한마디로, 노력하라.

**나는 내가 생각하는 것보다 훨씬 더 강할지도 모른다.**

－ 토머스 머튼 －

이 지구상에 걸어다니는 거의 모든 사람들은 과거의 행동으로 인한 일정량의 수치심을 지니고 있다. 중독적 습관을 지닌 사람에게는 특히 더할 수 있고, 고질병에 걸렸거나 사업에서 실패한 사람들은 또 다른 수준의 수치심을 지니고 있을 것이다. 내가 상처 입힌 사람들에게 부끄럽고 그 수치심을 안고 다님으로써 나 자신에게도 상처가 된다.

수치심은 정서적으로 사람을 마비시킬 수 있다. 그 감정을 넘어서기 위해서는, 근원지를 찾아볼 필요가 있다. 나의 행동이나 아니면 나태함으로 인해 손해를 입혔던 사람들을 차근차근하게 목록으로 적어보자. 배우자에서 채권자에 이르기까지 빠짐없이 생각해보자. 그들에게 내가 과거의 행동으로 인해 지금 어떤 기분인지 알려보라. 내가 심각한 결과를 일으킨 것을 깨달았으며 그 행동에 책임질 의지가 있음을 보여주라. 겸손하고 품위 있게 행동하라. 그 보상으로 아무것도 기대하지 마라. 그냥 용서를 구하는 것이다. 그러한 사항들을 수정함으로써 수치심에서 해방되어, 더 이상 수치스럽지 않은 척하는 데 에너지를 낭비할 필요가 없어진다. 더 나은 인간관계와 긍정적인 행동을 향하여 문을 열어두라. 나의 행복은 부분적으로 다른 사람을 대하는 방법에 달려 있다.

걱정하고 불안해하는 건 내가 미래에 살고 있기 때문이다.
낙담하고 좌절하는 건 내가 과거에 살고 있기 때문이다.

— 지미 카터 —

"현재 이 순간을 살아라", "오늘을 위해 살아라"는 충고를
많이 듣는다. 훌륭한 조언이다. 하지만 대체 어떻게 해야 하는
걸까?

매일 하루를 시작할 때마다 잠깐씩 모든 것을 검토해보는
시간을 갖자. 내가 갖고 있는 좋은 것과 나쁜 것들, 직장, 가족,
친구, 빚, 이혼, 병, 중독된 습관 등등. 그다음에는 이런 것들이
오늘만을 위해 존재한다고 상상해보자. 내일 나는 홀연히 다
른 장소에 가 있을 것이다. 비극도 없고, 비통한 경험도 없고,
죽음도 없을 것이다. 내가 아는 인생과 똑같지 않을 것이다. 그
렇다면 나는 아이들이나 직장 동료들, 부모, 친구, 낯선 사람과
나 자신을 어떻게 대하게 될까? 나의 희망과 우선순위는 어떻
게 변할까?

존재하는 것만으로도 매일 아름다움을 창조할 수 있다.

> **피는 유전이며, 미덕은 습득이다.**
>
> — 미겔 데 세르반테스 —

개인마다 각기 다르게 돈을 다룬다 해도, 한 세대를 사는 사람들은 돈에 대해 일반적인 기준을 갖는다.

대공황이 닥쳤을 때, 사람들은 음식 부스러기라도 소중히 여겨야 한다는 것을 배웠다. 제2차세계대전이 끝난 후, 사람들은 풍족해졌어도 낭비하지 말아야 한다는 걸 알았다. 1970년대에는 여전히 수입의 한도 내에서 생활하면서도 세상이 더 많은 것을 제공해야 한다는 걸 깨달았다. 새로운 밀레니엄 시대의 사람들은, 원하는 것을 손에 넣는 데 별로 망설임이 없다. 그리고 대개의 경우 지금 당장 그것을 원한다.

지금의 세대와 세상의 사건들이 나의 경제관념에 얼마만큼 영향을 미치는지에 대해 생각해보자.

> 기회는 딱 한 번만 문을 두드린다. 하지만 유혹은 끊임없
> 이 문 앞에 매달려 있다.
>
> — 스티븐 코비 —

이제 한 번의 기회를 잡았다. 빚에서 벗어나는 것을 인생의
최우선 순위로 삼는다. 이런 마음을 가진 것만으로도 나에게는
기회가 생긴다. 그것이 감사하다.

하지만 예전의 사고방식이나 행동양식으로 미끄러지기가
너무나 쉽다. 예전의 소비 패턴이 내 마음에 신선하게 다가와
충동질을 해댄다면, 이 기회를, 내 인생의 이 시점을 성장하고
배울 수 있는 기회로 삼아야 한다. 예전의 방식으로 돌아가고
자 하는 유혹에 넘어가면, 당신은 후퇴하는 것이다. 나의 예전
생각이나 행동들은 과거의 일부일 뿐, 미래의 일부가 아니다.

> **운명은 당신에게 우연히 일어나는 일이고, 숙명은 당신이 견더내야 하는 일이다.**
>
> — 세네카 —

인간은 적응할 수 있게끔 만들어졌다. 날씨나 음식과 환경에 적응할 수 있다. 하지만 이 신비한 생존 기술이 오히려 우리를 파멸로 이끌 수 있다.

적응하려 애쓰기보다 손에 쥔 것을 놓아버리는 게 더 나을 때가 있다. 예를 들어, 스스로 배우자의 음주나 약물 중독 문제에 견딜 수 있을 만큼 강하다고 생각하는가? 대부분의 경우 우리는 매우 강하다. 그것이 바로 문제이다. 변화를 일궈내지 않는 한 나쁜 상황은 점점 더 악화될 뿐이라는 걸 기억해야 한다.

> 사소한 지출을 경계하라. 작은 구멍 하나로 커다란 배가
> 침몰한다.
>
> — 로버트 기요사키 —

서비스 품목이라는 이유만으로 물건을 사거나 예상외의 지출을 하는가? 세일이라는 이유만으로 그것을 사들이는가? 그런 경우라면, 그것이 지금 또는 앞으로 몇 주일 후에 정말 필요한 물건인가? 천 원을 저축하는 것보다 천 원을 쓰는 쪽에 더 치중하고 있는가?

충동적인 구매에 빠져들기 전에 두 번 이상 생각해보라. 내가 지금 한 시간당 얼마를 벌어들이고 있는가 계산해보자. 각종 세금과 유치원 학비, 직업과 관련된 모든 경비들을 제하고 나면, 실제로 내가 한 시간당 버는 액수는 얼마인가? 연봉이 2천만 원이라면, 시간당 5천 원 정도만 집에 가져오는 것일지도 모른다. 지금 내 눈에 들어오는 그 예쁜 공책이 과연 한 시간 일한 만큼의 가치가 있는가?

오늘 돈을 쓰거나 물건을 사고픈 충동이 느껴질 때, 잠시 멈춰 서서 힘들게 번 돈을 왜 이렇게 함부로 내어주는 건지 스스로에게 물어보자.

## ✦ 331 ✦

> 돈은 왔다가 사라질 수 있다. 하지만 사랑으로 생기는 보
> 물은 그 무엇도 건드릴 수 없다.
>
> — 차동엽 —

집에 불이 났을 경우, 당신은 무엇을 들고 뛰쳐나오겠는가?
아이들이나 가구에 대해서 걱정하게 될까? 지갑이나, 개, 사진,
아니면 방금 끝낸 회사 보고서를 집어 들고 나오겠는가?

우리에겐 사랑과 사랑의 기억이 필요하다. 다른 것들은 모
두 원상태로 돌려놓을 수 있다.

사랑을 주고받는 능력이 내 인생에서 저축할 가치가 있는
것이다.

> 축제가 그 기간 동안 해야 할 일의 목록을 지워가며 하루
> 하루 날짜를 세어가는 마라톤 경주가 된다면, 나는 능률적
> 으로 움직이는 것이 가치 있는 목표라고 생각하는 것이다.
> 하지만 영혼을 일깨우는 의미 있는 시간과 가족과의 즐거
> 운 교류를 갈망한다면, 그러한 행동들이 과연 효과적인 것
> 인지 생각해야 한다.
>
> — 존 F. 케네디 —

축제 기간이 너무 정신없이 지나가서 축하해야 할 게 무엇
이었는지조차 잊어버리는 경우가 있다. 친구들과의 모임을 취
소하고 부랴부랴 과자를 굽고 백화점에서 초조하게 줄 서서 기
다리고, 쇼핑몰에서 북적대는 인파에 밀려다닌다. 이 모든 행
동이 축하하기 위해서라는 이름하에 이루어진다. 결국 많은 시
간과 기력과 돈을 소비하고 난 후, 숨을 가다듬고 생각해보면
그 기간을 즐긴 것이 아니었다. 그저 반응했을 뿐이었다.

행동만을 좇고 진정한 축하의 정신을 잃어버리고 있는 거
라면, 나의 가치관을 곰곰이 되짚어볼 필요가 있다. 축하하려
던 것이 과연 무엇이었던가? 나의 가치관과 부합하려면 어떻게
행동해야 할까? 어떻게 하면 단순화할 수 있을까?

축제의 또 다른 가치는 나의 행복과 주머니를 개선하는 것
이다.

— ✦ 333 ✦ —

> **실수란 생각해야 할 것을 느끼고, 느껴야 할 것을 생각하는 것이다.**
>
> — 빌 게이츠 —

낭비가 심한 사람이든 아니든, 대부분은 물건을 살 때 덤으로 주는 것이 있는지 생각하며, 자동적으로 할인 가격표가 붙은 물건을 집어 든다.

그런 식으로 물건을 사면서 '돈 벌었다'고 생각한다. 그런데 여기서 중요하게 생각해야 할 단어는 바로 '생각'이다. 판매자의 광고에 현혹될 때, 우선 진짜 돈을 버는 것인지 생각해볼 필요가 있다. 그 물건이 정말로 싼 것인지, 나에게 꼭 필요한 물건인지 스스로에게 물어보아야 한다. 나 자신과 했던 약속을 기억해보라. 꼭 그 물건을 살 필요가 있는가? 나의 우선순위와 맞아떨어지는가? 앞으로 다른 물건은 사지 말자고 다짐하며 돈을 쓰고 있는가? 그 물건이 없으면 생활할 수 없는 것일까? 나는 지금 베푸는 삶을 살고 있는가?

돈이 흘러가는 곳을 감시하는 장치로, 나의 목표와 우선순위들을 점검하자.

성급하게 결정짓는 습관을 버리고, 나의 결정이 '위대한
힘'의 뜻과 맞을지 생각해보라.

— 브라이언 트레이시 —

어떤 물건이 망가졌을 때, 우리는 새것을 사야겠다는 유혹
에 빠진다. 새로 발명된 제품을 보면서 '이것이 내 인생을 얼마
나 편하게 만들어줄까' 하고 생각한다. 여기서 잠깐, 우리의 생
각 패턴을 바꾸어볼 필요가 있다. 스스로에게 물어보자. 이 망
가진 물건을 고칠 수는 없을까? 이것 대신으로 사용할 게 있을
까? 내가 정말로 이 물건을 유용하게 사용했던가? 세일이라는
이유만으로 스웨터를 또 하나 사야 할까? 지금 필요한 이 도구
를 빌려 쓸 수는 없을까?

그다음으로 나의 느낌에 관심을 기울여보자. 이 물건을 살
필요가 없다는 게 자랑스럽고 안도감까지 느껴지지는 않나? 나
를 위해 이성적이고 올바른 선택을 하고 있는가? 정말로 청소
기를 살 필요가 있다면, 꼭 최고급을 구입해야 할까?

느낌이 말해주는 소리를 알아내는 방법이 있다. 경험을 통
하여 그 방법들을 배워두자. 작은 물건 하나를 사고 곧 후회하
게 되었다면, 그 당시의 느낌을 기억 속에 넣어두었다가 나중
에 참고로 하라. 물건을 사지 않았는데 나중에 진짜 필요하다
는 것을 깨달았다면 그 느낌 또한 기억 속에 담아두라.

## 누가 당신을 사랑하는가?

― 잉그리드 버그만 ―

필요한 경우든 아니든 선물을 고르기 위해 쇼핑하는 게 즐겁다. 지금까지 생일이나 기념일 등을 잊어본 적이 없다. 직장 동료가 승진했을 때도 근사한 선물을 사준다. 친한 친구가 힘든 일을 겪고 있을 때는 관심을 표현하기 위해서 작은 증표를 선물한다. 나의 선물로 인해 상대방이 즐거워하는 게 보기 좋고, 나의 돈을 그들과 나누는 것도 행복하다. 계산은 언제나 내가 한다.

나눠주고 보살펴주고 사려 깊게 행동할 수 있다는 것은 아름다운 자질이다. 하지만 빚에 쪼들리고 있는 상태임에도 선물에 돈을 쏟아붓고 있다면, 내가 진실로 사려는 게 무엇인지 질문해볼 필요가 있다. 내가 선물을 하려는 것인가 아니면 사랑을 사려고 애쓰는 것인가? 물질적으로 제공해주지 않더라도 나의 친구와 가족들이 날 사랑해줄 것이라 믿자. 물질이 아니라도 나에겐 줄 것이 많다. 나의 시간과 관심을 줄 수 있다. 건강하고 밝은 생각들을 전해줄 수도 있다. 내가 사랑하고 또 사랑받고 있다고 확신하라.

> 세상에는 하나의 신이 있다. 하지만 그 신은 천 개의 얼굴
> 을 가졌다.
>
> — 류시화 —

세상의 많은 사람들이 신을 믿는다. 어떤 사람들은 신과 밀접한 관계를 지니며 살아가고, 어떤 사람은 신이 저기 어딘가 세상 밖에 있는 존재라고 믿는다. 신과 아무런 관계가 없다고 믿는 사람도 여전히 많으며, 신이 존재한다는 걸 믿긴 하지만 사랑이나 보호의 역할을 하고 있음을 느끼지 못하기도 한다. 또한 신의 존재를 전혀 믿지 않는 사람도 있다.

어떤 사람들은 신이란 존재에 이름을 붙이지 않는다. 그저 인간보다 더 강하고 더 위대한 힘일 것이라 생각한다. 그것이 우주의 정기나 보이지 않는 에너지일 수도 있을 것이다. 하지만 인간보다 더 위대하고 강력한 힘이 있다는 것을 부인하는 사람은 별로 없다.

신을 부르는 명칭이나 신과의 관계로서 다른 사람을 판단하지 말자. 나에게 힘과 지혜와 사랑을 주고 보호해주는 근원과 나의 관계를 알아보는 데 정신을 집중하자.

**회복도 자신을 소중히 여기는 행위이다.**

— 알렉산더 플레밍 —

규칙적으로 자신을 돌보기 시작하면 그 이전과의 차이를 확인하게 알아차릴 수 있다. 나의 스트레스를 어떤 방법으로 줄여나갈 수 있을지 배워나갈 필요가 있다. 아예 스트레스를 방지하는 방법도 개발해야 한다. 나 자신에게 좋은 기분을 유지하는 것이 중요하다. 긴장되고 불안한 느낌이 들기 시작하면, 해결 방법을 모색해보자. 운동이나 마사지, 뜨거운 목욕이나 낮잠 등 어느 것이든 자신과 어울리는 방법을 찾아보자.

스트레스를 줄이기 위해 최선을 다하면서도 여전히 그걸 처리하는 데 시간과 에너지를 들이고 있다면, 근본적인 원인을 알아볼 필요가 있다. 자신의 행동을 점검해보라. 내가 하는 어떤 행동, 혹은 하지 않는 어떤 행동이 스트레스를 유발하는가? 너무 많은 시간 동안 일에 허덕이고 있지는 않은가? 서랍 속에 지불 예정인 청구서를 채워 넣고 있는가? 해를 끼치는 사람들을 인생에 받아들이지는 않았는가?

스트레스를 치료하는 것뿐만 아니라 방지하는 것까지 목표로 삼아야 한다.

> 어둠으로는 어둠을 몰아낼 수 없다, 빛만이 그 일을 해낼
> 수 있다. 증오로는 증오를 몰아낼 수 없다, 사랑만이 그 일
> 을 해낼 수 있다.
>
> — 마틴 루터 킹 —

스크루지는 외롭고 비참한 늙은이였다. 과거, 현재, 미래의 크리스마스 유령들이 감사해야 할 것들을 직접 보여주기 전까지는 말이다. 감사할 줄 아는 단순한 마음가짐이 심술궂고 비열하고 고집불통이었던 스크루지를 웃음과 자비와 사랑이 넘치는 영혼으로 변모시켰다. 감사에는 그런 힘이 있다. 그 즉시 사람을 변화시킨다.

감사하는 태도는 강력한 힘을 지녔을 뿐 아니라, 그 자체로 재빠른 치유책이며 또한 자유이기도 하다. 이제 내가 해야 할 일이란, 나를 괴롭히는 상황을 생각해보고 그 안에서 약간의 좋은 점을 찾아보고 그 약간의 좋은 점에 대해 인간보다 더 '위대한 힘'에게 감사하기만 하면 된다. 스스로 목록을 만들어보라. 나를 힘들게 만드는 사람들, 장소, 일들을 모두 생각하면서 '위대한 힘'에게 감사하라. 그 목록을 다 작성하기도 전에 사랑과 기쁨의 느낌에 젖어들 것이며, 또한 내 인생의 몫에 환희를 느끼게 될 것이다. 인생이란 그리 나쁘지 않다. 고난이 나에게 가져다준 깊이 있는 인식에 대해 '위대한 힘'에게 감사하자.

> **용서란 구둣발에 짓밟히면서 발산되는 제비꽃 향기와 같다.**
>
> — 마크 트웨인 —

원망이란 오래된 분노이다. 하루 정도 된 원망도 있을 테고, 수십 년간이나 쌓아둔 원망도 있을 것이다. 그 감정은 어딜 가든지 우리를 따라다닌다. 상대방이 했던 일이나 혹은 하지 않았던 일 때문에 그 사람에게 화를 낸다. 이유가 무엇이든 그 분노는 결코 풀리지 않는다. 그 감정에 대해서 말하지 않고 풀어놓지도 않는다. 그런 원망의 단계에 도달했을 때 누구의 잘못인가는 중요치 않다. 우리가 그 부정적인 느낌을 부둥켜안고 있다는 점이 중요하다. 누구의 잘못이었든 간에, 그 감정을 간직함으로써 대가를 치르는 것은 우리 자신이다.

원망은 우리의 발목을 붙잡아 앞으로 전진하지 못하게 만든다. 그 감정을 품고 다니기 위해 에너지를 소모한다. 원망을 풀어내는 데는 용서가 포함되어 있다. 하지만 이 과거의 미운 감정을 어떻게 하면 용서로 만들어갈 수 있을까? 가장 빠르고 효과적인 방법은 원망하는 상대방을 위해 기도하는 것이다. 그들이 밉고 원망스러울수록, 그들을 위해 더 많이 기도하라. 내가 부정적으로 생각했던 모든 사람을 위해 기도하라.

> **현실은 조만간 어떤 방식으로든 알게 될 수밖에 없다.**
>
> — 헨리 제임스 —

지금 빚에 쪼들리고 있는 이유를 당신은 분명히 알고 있다. 배우자가 일하지 않고 빈둥거리거나 도박과 충동적인 소비를 그만두지 않기 때문이다. 그들은 왜 현재의 빚이 자기 책임이라는 걸 알지 못할까? 왜 진실을 인정하지 않는 걸까?

'현실 부정'은 강렬한 감정이다. 사람들은 힘든 현실을 마주하는 게 고통스럽기 때문에 자신을 보호하기 위해 '부정'이라는 감정을 사용한다. 부정하는 단계에 머물러 있는 사람은 절박한 재앙의 징조를 알아차리지도 못한다. 그들의 머릿속에 쉼 없이 현실을 주입시키며 스스로 분노 속에 살아가는 것보다는 차라리, 나 자신이 진실을 받아들이는 편이 낫다. 내 힘으로 다른 사람을 강요할 수 없다는 걸 깨달아야 한다. 다른 사람을 설득하려는 노력은 그만두자. 대신에 나의 기본적인 욕구에 시선을 돌려, 그 욕구들이 무엇인지 알아내는 것이 현명하다. 간단한 진실 한 가지는 내 힘으로 다른 사람을 변화시킬 수 없다는 것이다.

**돈은 거름과 똑같다. 넓게 뿌리면 고약한 냄새가 난다.**

— 헨리 데이비드 소로 —

빚 때문에 숨이 막힐 지경이다. 하루하루 생활비를 대는 것조차 버겁다. 그런데 어떻게 교회나 자선단체에 돈을 내란 말인가?

기꺼이 무언가를 내주고 나면 풍요로운 기분이 든다. 나에게도 다른 사람들을 도와줄 만한 것이 있구나 하는 뿌듯한 느낌이다. 나 자신이 가치 있고 부유한 사람이 된 것 같다. 때로는 이런 느낌만으로도 지탱해나갈 힘이 생긴다. 나의 것을 내주고 풍족함을 느낄 때, 그것이 인생을 순환시킨다. 주는 것이 곧 받는 것이다.

> 선물이란, 내가 갖고 싶지만 내 돈으로 사게 되지는 않는 것이다.
>
> — 안네 프랑크 —

흔히 선물을 할 때 우리는 완벽한 선물을 해주고 싶다. 그리고 그것을 위해 돈을 써야 한다고 생각한다. 대개의 사람들은 필요할 만한 것을 선물하는데, 때때로 그 사람이 진짜 원하는 것을 짐작하기 어려운 경우도 있다.

선물을 준비할 때, 살 수도 없고 포장할 수도 없는 당신만의 특별한 선물을 만들어라. 그것이 대단치 않은 것이라 해도, 받는 사람은 그 아름다움을 느낄 수 있다. 돈을 쓰기는 쉬워도 시간과 노력을 들이는 건 쉽지 않다는 걸 알기 때문이다. 그 선물은 당신이 그만큼 진심으로 신경을 썼다는 의미이기 때문이다.

> **영성은 자기 자신과 다른 사람과 '위대한 힘'과의 관계, 그 관계의 질을 의미한다.**
>
> — 알베르트 슈바이처 —

우리 인간은 몸과 마음과 영혼으로 이루어져 있다. 영혼을 손으로 만져볼 수는 없기 때문에, 정확히 영성이 무엇인지 알기란 힘들다. 우리의 영혼은 신 또는 '위대한 힘'과 접촉하는 우리의 일부분이다. 다른 사람들과 우주의 나머지와 연결되는 일부분이기도 하다. 그것은 우리의 원동력이자 욕망이다. 영혼을 무시하면, 자신이 누구인지 왜 이곳에 존재하는지 알지 못한다.

영성은 세상에 대해서 우리의 영혼이 느끼는 방식이다. 사업파트너를 공평하게 대접해주었는가? 가게 점원에게 친절하게 대하였던가? 이번 주에 부모님께 전화를 드렸는가? 나 자신에게 더 부자가 될 자격이 있다고 믿고 있는가? 오늘 기도했는가? 깊이 생각해보았는가? 자연을 존중했는가?

행동과 생각이 모두 합쳐져서, 자신과 다른 사람과 '위대한 힘'에 대한 우리의 느낌을 만들어낸다. 그 모든 것에 선하고 상냥한 마음을 품으면 우리의 영성은 자동적으로 계발된다.

> 당신 없이 당신을 창조한 그분은 당신 없이 당신을 합리화
> 시키지 않는다.
>
> — 아시시의 성 프란체스코 —

많은 사람들은 자신의 빚에 핑계를 만들어낸다. 특별한 상황이었기 때문에 그 빚은 합당한 거라고 믿는다. 안정된 소득을 갖지 못했다는 점에서 그런 사람들은 배우이자 프리랜스 작가이자 부동산 중개업자이다. 한평생 생활보호 대상자로 지내왔다, 대학 문턱에 가본 적도 없다, 국어를 제대로 할 줄 모른다, 여섯이나 되는 자식이 있다, 고질병에 걸려 있다, 배우자가 노름꾼이다, 직장에서 해고당했다, 전과가 있다 등등 핑계 댈 구실은 얼마든지 있다.

개인마다 빚을 지게 된 이유가 있는 건 사실이다. 하지만 상황이 어쩔 수 없었기 때문에 빚을 지는 것도 괜찮다고 합리화하는 대신, 나의 행동에 책임을 지고 시련에 맞설 수 있는 어른이 되어야 한다. 굳이 나 혼자서 이 모든 일을 감당할 만큼 강하다고 생각할 필요는 없다. 그렇다고 인생에 긍정적인 변화를 이루지 못할 만큼 약한 인간이라고 생각할 필요도 없다.

> **관대함은 지금 주는 것보다 더 많이 주지 못하는 안타까운**
> **마음이다.**
>
> — 테레사 수녀 —

　누군가가 당신에게 관대하게 대해주면, 당신은 마음이 따뜻하고 푸근해지는 걸 느낄 것이다. 괜찮은 사람, 특별한 존재, 운 좋은 사람이 된 듯한 기분이 든다. 관대한 사람과 우연히 마주치거나 그런 사람을 알게 되면 행복하다. 그 의도가 순수할 때, 관대하게 베푸는 사람과 그 아량을 받는 사람은 양쪽 다 행복하다. 모두가 승리를 얻어낸 것 같으며 두 사람 다 기분이 좋아진다.

　하지만 어느 한 쪽의 의도가 순수하지 못할 때 이런 느낌들은 뒤틀려버린다. 남한테 드러내기 위해서 돈과 선물을 주거나 무책임한 사람이 돈을 달라고 손을 내미는 경우, 주고받는 기쁨은 사라지고 만다.

　선한 의도를 지닌 사람에게 돈을 주거나 빌려줄 때, 스스로 노력하지 않는 사람들만 조심한다면, 나 자신뿐 아니라 다른 사람에게도 완벽한 선이 될 수 있다.

> **선택이란 언제나 지불할 만한 여유가 있는 사람들의 특권이었다.**
>
> — 로버트 기요사키 —

사람마다 돈을 쓰고 싶어지는 특별한 물건이나 특별한 장소가 있다. 신발, 수건, 액자처럼 작은 것에서부터 컴퓨터나 낚시 도구 같은 큰 것들까지 특별히 마음이 가는 것이 있을 것이다. 창고를 정리하는 가게, 특이한 쇼핑몰, 털실 가게, 크리스마스 장식품 가게 같은 특별한 환경에 있을 때는 너무 마음이 풀어져버리기도 한다. 사실, 모든 것을 죄다 자제하기란 힘이 든다. 진짜로 뭔가 필요한 게 아니라 그냥 구경하러, 혹은 작은 물건 하나를 사러 나갔는데 꽉 찬 쇼핑 바구니와 텅 빈 주머니를 안고 집으로 돌아오는 경우가 허다하다.

알코올 중독자가 술집에 가지 않는 게 현명한 것처럼, 빚진 사람들은 (충동적인 소비 경향이 없는 사람이라도) 실수하기 쉬운 장소에 가지 않는 것이 현명하다. 쇼핑몰에 가지 않으면 돈 쓸 일도 없다. 경마장에 가지 않으면 내기를 걸 위험도 없다.

**위대한 작업들은 힘이 아니라 인내로 실현된다.**

— 레프 톨스토이 —

우리에겐 저마다 사소하지만 꼭 해야 할 일들이 있다. 슈퍼 마켓이나 시장에 들러야 한다. 백화점, 주유소에 가야 한다. 그 장소에서 해야 할 일들도 잘 알고 있다. 그런데 그런 장소들이 의외로 우리의 현금을 박살내버릴 잠재력을 지니고 있다. 금붕어 먹이를 사기 위해 대형 할인점의 애완동물 코너로 향하다 보면, 그 옆에 있는 크리스마스 장식품들이 자꾸만 시선을 잡아끈다.

더 이상 크리스마스 장식품은 필요치 않으며 포장지도 충분히 있다. 크리스마스 품목은 소비 계획에 포함돼 있지 않다. 다용도실 상자에 이미 가득 채워져 있다는 사실을 당신은 잘 알고 있다.

현혹되기 쉬운 장소에 들러야 할 때면, 사야 할 물건값만 지갑에 챙겨 넣고 들어서는 게 좋다. 다른 데 필요한 돈은 차 안에 숨겨놓아라. 그리고 사고자 했던 물건을 마음속에 기억하라. '난 금붕어 먹이를 사러 왔어. 다른 걸 사면 금붕어는 굶어 죽게 될 거야.'

> 영원의 시계가 끊임없이 중얼거리고 있다고? '영원히'란 절대 없다! '절대'란 영원히 없다!
>
> — 헨리 워즈워스 롱펠로 —

사람들은 한 번 빚을 지면 항상 빚 속에 파묻혀 지낼 거라고 생각하곤 한다. '예스' 아니면 '노'라는 생각만 할 뿐이다. 그런 의식이 지속되면, 언제나 빚에 쪼들리는 느낌에 젖어들 테고 항상 뒤에 처져 있을 것이며 절대 앞으로 전진하지 못할 것이다.

빚은 영원히 지속되지 않는다. 대개의 경우, 넘어져서 긁힌 상처처럼 빚이란 일시적인 것이다. 현재의 빚진 사실을 받아들이고, 여기까지 오게 된 이유를 인정하고, 걸음을 옮겨, 빚에서 빠져나와라. 그걸로 빚의 역사는 끝난다.

**내지 못할 시간은 없다.**

— 이나모리 가즈오 —

기도가 인간보다 더 '위대한 힘'과 대화하는 것이라면, 명상은 '위대한 힘'의 소리에 귀를 기울이는 것이다. 명상하는 방법은 다양하다. 그중 한 가지는, 앉아서 양어깨의 긴장을 풀고 손바닥을 위로 펼치고, '평화' 같은 단어에 정신을 집중하는 것이다. 마음을 비우는 것이 그 목표다. 초보자들에게는 힘들 수도 있지만, 연습을 하면 할수록 더 쉬워진다.

일단 마음이 맑아져 나의 에고를 내보내면 내면의 자신과 만나게 된다. 그러면 문제의 해결책이 저절로 찾아온다.

> 위기에 맞서는 건 어떤 바보라도 할 수 있다. 당신을 지치
> 게 만드는 것은 하루하루의 일상이다.
>
> ― 안톤 체호프 ―

위기에 처했을 때 우리는 스트레스가 치고 올라오는 걸 느
끼게 된다. 아드레날린이 흐르고 심장이 두근대기 시작한다.
그래서 재빨리 움직일 수 있다. 싸우거나 도망치거나를 선택할
수 있다. 인간에게 이런 특색이 있는 데에는 분명한 이유가 있
다. 동굴에서 거주하던 원시인들은 곰과 정면으로 맞닥뜨렸을
때 민첩하게 움직일 필요가 있었다. 현대인들에게도 약탈자를
피해 도망치거나, 위험에 처한 자신이나 사랑하는 사람을 방어
하고, 개를 들이받기 직전에 브레이크를 밟기 위해서 이런 반
응들이 요구된다.

그런데 문제는 많은 사람들이 증가되는 스트레스에 마냥
머물러 있다는 것이다. 그런 상황에 너무 익숙해져버려 알아차
리지도 못하는 사람이 있다. 그것을 정상적인 것으로 생각한
다. 압박을 받게 되면 신체에도 그 영향이 미친다. 결국에는 지
처 쓰러지게 된다. 그 압박감에서 벗어나고, 긴장을 풀어낼 수
있는 방법을 배워야 한다.

> 당신의 돈이 움직이는 방식은 급진적으로 자주 변화할 수
> 있다. 하지만 돈의 출처는 변하지 않는다. 어제나 오늘이
> 나 앞으로도 항상 똑같다.
>
> — 앙드레 코스톨라니 —

사람들은 보통 회사 사장이나, 배우자나 부모님이나 투자
자를 돈의 출처로 규정짓는다. 직장을 잃으면, 배우자나 부모
님을 화나게 하면, 주식 시장이 곤두박질치면 큰 어려움에 처
하게 될 거라고 생각한다. 수입의 근원에 매달려 있는 것이다.
그러므로 그 근원이 없어지면 전보다 더 큰 경제적 어려움에
처하게 될까 봐 두려워한다.

그런 두려움을 신뢰로 바꾸어야 한다. 사람이나 장소나 물
건을 돈의 근원으로 생각지 말고 더 높은 곳, 우주를 바라보자.
신 혹은 인간보다 더 '위대한 힘'이 우리 각자에게 능력을 부여
했다. 그 능력을 사용한다면, 스스로 책임감 있게 행동한다면,
손에 들어오는 돈을 존중하며 귀히 여긴다면, 쌓아놓지만 말고
베푸는 인생을 산다면, 자신의 돈과 인생의 충실한 관리인이
된다면, 당신에게 부족함은 없을 것이다.

넘어졌을 때 눈물을 닦고 웃어보자. 좌절이 찾아올 때 일
어나서 다시 시작하자.

— 로버트 브라우닝 —

모든 사람의 인생에는 언제나 새로운 도전거리가 찾아오
기 마련이다. 그것은 이혼이 될 수도 있고, 사랑하는 사람의 죽
음, 질병, 파산 혹은 빚이 될 수도 있다. 하지만 한 번의 시련으
로 인생이 끝나지는 않는다. 코가 깨질 정도로 엎어졌든 벼랑
끝으로 내몰렸든 간에, 그 시련에 맞서야만 한다. 다시 일어나
서 눈물 대신 웃음으로 되돌아볼 수 있는 지점을 향해 나아가
야 한다.

쓰러져 있을 때는 흔히 좌절과 절망에 휩싸인다. '나에게
왜 이런 일이 생겼을까?' 하고 생각한다. 시간이 지나 그 도전
에 맞서 싸우며 성장하게 되면 그때는 이해할 수 있다. 그곳이
바로 웃을 수 있는 곳, 최소한 미소라도 지을 수 있는 지점이
다. 새로운 시작은 모든 사람이 한두 번 이상 경험하는 인생의
일부이다.

> 위대한 사람이란 물질적인 힘보다 영적인 힘이 더 강하다
> 는 것, 생각이 세상을 지배한다는 것을 아는 사람이다.
>
> — 랠프 왈도 에머슨 —

당신은 지금 요행을 바라며, 요행이 일어나지 않음을 불평
하고, 자신의 경제적 어려움을 다른 사람 탓으로 돌리면서 많
은 에너지를 소비하고 있을지도 모른다. 그것은 단순한 육체
적, 정신적, 감정적인 에너지의 낭비만이 아니다. 당신의 소중
한 영적 에너지가 인생의 부정적인 부분에 헛되이 소비되고 있
다는 게 더 심각한 문제이다.

영적 에너지를 보호할 필요가 있다. 영적 에너지를 안에서
유지하고 성장시켜, 풍족함을 창출하기 위한 연료로 사용해야
한다. 영성의 근본으로 돌아가자. 자신과 다른 사람과 '위대한
힘'과의 관계에서 선을 일구는 데 정신을 집중시키자. 이 세 가
지 기본 측면에 초점을 맞추게 되면, 다른 일들은 저절로 제자
리를 찾아간다. 노력할 필요조차 없다. 당신의 내면에 잠재해
있는 영적 에너지를 보호하고 증가시키기만 하면 된다.

> 믿는 사람이란 확신과 신념이 믿음으로 성숙하고, 믿음이
> 열정적인 직관으로 자라난 사람이다.
>
> — 윌리엄 워즈워스 —

어떻게 해야 할지 모르겠다 싶을 때, 대개의 사람들은 너무
서둘러 행동하거나 아니면 아무것도 하지 않는다. 그 반응이 이
익을 가져다줄 수도 있고 파국을 몰고 올 수도 있다. 지금 자신
이 육감이나 직감으로 반응하는 것인지, 두려움으로 반응하는
것인지, 또는 잘못된 정보에 따르고 있는 것인지조차 알지 못한
채 그저 혼란스러워할 뿐이다. 모든 것을 운에 맡겨 놓는다.

인생을 살아가면서 당면하는 결정들은 즉각적인 해답을
요구하지 않는다. 긴급한 상황이 아닌 한, 보통은 생각해볼 시
간이 있다. 시간을 좀더 달라고 부탁할 수도 있다. 집을 사야
할지 전세로 빌려야 할지, 파산 신청을 해야 할지 견뎌봐야 할
지, 그냥 같이 살아야 할지 이혼해야 할지, 다른 직장으로 옮겨
야 할지 월급을 올려달라고 말해야 할지, 가게 문을 닫아야 할
지 좀더 투자를 해야 할지 등등 결론 내리기 힘든 문제에 부딪
혔을 경우, 혼자서 조용한 시간을 가져보자. 기도하고 명상하
며 귀 기울이자. 우리보다 더 '위대한 힘'에게 앞으로 해야 할
행동에 대해 신호를 보내달라고 부탁하자.

> **어떤 사람은 빗속에서 걷는다. 다른 사람들은 그냥 젖고만 있다.**
>
> — 핸리 밀러 —

선물은 보통 놀라움을 함께 전해준다. 아기자기한 리본이나 포장지 안에 무엇이 숨겨져 있을지 짐작하지 못하기 때문이다.

돌이켜보았을 때, 인생에서 겪은 가장 큰 불행들이 가끔 선물로 생각되는 경우가 있다. 빚의 구렁텅이가 나에게 내려진 저주인 것처럼 느껴졌는데, 막상 밑바닥까지 가보았을 때는 무언가 좋은 점을 발견하고 놀라게 된다. 선물이나 일종의 축복처럼 말이다. 불행을 통해서, 어떤 진실을 알게 되었거나 영원한 우정을 찾아냈을 수도 있고, 자신에게 있었는지조차 몰랐던 감탄스러운 자질을 발견할 수도 있으며 용기의 의미를 알게 되었을 수도 있다. 여전히 악전고투 중이라면, 앞으로 찾아올 놀라움들을 기대해보자.

> 모든 상황은 다섯 가지 미덕을 훈련할 수 있게끔 구성되어
> 있다. 그 미덕들은 진지함, 영혼의 관대함, 성실, 정직, 친
> 절이다.
>
> — 아리스토텔레스 —

가끔 보면 관대함을 거절하도록 훈련받으며 자란 사람들
이 있다. 식사 값을 내주겠다는 사람과 말다툼을 벌이고, 도와
주고자 하는 사람의 돈을 받아들이지 않고, 다른 사람의 집에
서 음식이나 술대접을 받지 않으려 한다. 이런 신념이 강한 문
화적 기반 때문일 수도 있고, 단지 남의 시선을 끌까 봐 두려워
서인 경우도 있다. 남에게 귀찮은 존재가 되고 싶지 않아서일
지도 모른다.

하지만 관대함이란 두 갈래의 길이다. 어떤 사람에게는 도
움을 받는 것이 중요한 것처럼, 다른 사람에게는 자비를 베푸
는 것이 중요한 일이 된다. 또한 대부분은 아량 있는 사람이 되
고 싶어한다. 당신이 진심에서 우러나와 아무 조건 없이 아량
을 베풀었을 때 그것만으로도 기분 좋아진 경험이 있을 것이
다. 아주 근사한 기분이었을 것이다. 그런 감정을 (물론 조건이
붙지 않아야 한다) 다른 사람들에게 전해주지 말아야 할 이유가
있을까? 사실, 관대함은 대개의 경우 베푼 사람에게 돌아오기
마련이다.

> **필요는 필요와 사치를 구별하지 못할 지경까지 사치를 향해 나아가는 경향이 있다.**
>
> — 존 맥스웰 —

빚을 진 상태여서 소비를 억제해야 할 상황이라면, 당신은 어떤 부분을 필요하다고 규정짓고 있는가? 대개의 사람들은 필요와 욕구의 차이점을 잘 구별하지 않는다. 집마다 컴퓨터, 텔레비전, 비디오, 오디오, 전자레인지 등이 기본으로 갖춰져 있고, 갖가지 도구들을 담아 놓은 창고, 옷과 신발로 빽빽이 들어찬 옷장들이 있을 것이다.

한 걸음 물러나서, 나의 우선순위와 가치 기준을 점검해보자. 그리고 육체적, 정신적, 영적, 정서적 필요들을 생각해보라. 예를 들어, 케이블 TV의 영화 채널을 얼마나 자주 시청하는가? 당신이 집에 틀어박혀 있는 성향이라서 극장에 자주 가지 않는다면, 유선방송국에 돈을 지불하는 것이 오히려 돈을 저축하는 방법일 수도 있다. 필요를 충족시키는 것이니 그 비용을 정당화할 수 있다. 하지만 만약 TV로 뉴스밖에 보지 않는다면, 한 달에 한 번 극장에 가거나 비디오를 빌려보는 게 낫다. 소비가 필요에 의한 것인지 욕구에 의한 것인지 분석하자.

> 행복해지고 싶다면, 자신의 기질에 이끌리는 환상을 골라
> 그것을 정열적으로 감싸 안아라.
> — 앨리스터 크롤리 —

대개의 사람들은 어떤 시점에서, 가질 수 없는 것 혹은 가질 수 없다고 생각되는 것들을 원한다. 절약하려 애쓰는 사람이나 적은 월급을 받는 사람이라면, 원하는 것을 살 때 죄책감을 느끼거나 오히려 정반대로 지나치게 정당화하게 된다.

무언가 원하는 것은 좋다. 하지만 일단 멈춰 서서 그 욕구가 나의 우선순위와 가치 기준에 잘 부합되는지 생각해보는 게 중요하다. 만약 그 기준에 맞지 않다면, 소비 계획을 다시 세워라. 그것을 당장 갖고 싶다면 어떻게 해야 할까? 소비 계획의 다른 범주에서 약간씩 금액을 떼어낼 수 있을까, 그게 가능할까를 생각해볼 수 있을 것이다. 그리고 그 욕구가 조금쯤 미룰 수 있는 것이라면, 소비 계획에 추가시켜서 그것을 위해 저축하라. 진짜 원하는 것은 꼭 소유할 수 있다.

> 불리한 조건들은 장애물 경주에서 장애물과 같다. 마음을
> 비우고 뛰어넘으면 말도 같이 따라준다.
>
> — 마이클 조던 —

　인생이 복잡해서 미칠 지경인가? 일, 아이들, 대인 관계, 책임감, 거기다가 빚에 약물 중독에 또 다른 문제들까지, 완전히 아수라장의 한가운데 서 있는 것만 같다. 자신의 느낌을 파악할 수도 없이 며칠을 보낸다. 분명하게 생각할 수조차 없다면 그 모든 일의 뿌리를 어떻게 찾아낼 수 있겠는가?

　괴로운 상황을 적어보고 현재의 느낌에 대해서도 서술해보라. 생각과 느낌들을 종이에 적는 것만으로도 그 짐들이 가벼워질 수 있다. 그 단순한 행동이 마음을 맑게 만들어주며, 당시의 생각들 때문에 초래될 수도 있었던 파괴적인 힘과 긴장을 완화해주기도 한다. 새로운 인식에 도달할 수 있다. 굳이 훌륭한 작가가 될 필요는 없다. 다른 사람에게 보여줄 필요도 없다. 그저 스스로에게 정직하게, 자발적으로 쉬지 않고 매일 글쓰기를 시도해보는 것뿐이다. 노트를 마련해 일기를 쓰자.

**하늘에 떠 있는 달처럼, 영혼도 항상 새로워진다.**

— 로버트 브라우닝 —

하늘의 달처럼 인생도 순환 주기를 지니고 있다. 고통과 성장, 기쁨과 새로운 탄생을 경험한다. 여행을 처음 시작했을 때를 돌이켜보며 얼마나 멀리까지 왔는지 생각해보라. 어제, 한 달 전, 1년 전의 나와 오늘의 내가 얼마나 달라졌는가?

당신은 상당량의 빚을 갚았을지도 모른다. 아니면 아직 돌파구를 찾지 못했을지도 모른다. 하지만 인생의 중요한 부분에서 달성한 일들을 생각해보자. 나 자신과 다른 사람과 나보다 더 '위대한 힘'과의 관계에서 어느 정도까지 발전했는가?

우리는 진화하는 한 부분에 서 있다. 고통과 기쁨도 똑같이 진화한다. 후퇴가 아니라, 앞으로 전진해나가고 있다. 그것만으로도 가치가 있다. 그 사실을 믿자. 그럼 차이를 느낄 수 있을 것이다. 더 새롭고 더 풍요롭게 발전해가는 스스로에게 감사하자.

> **행동이 따르지 않는 말은 중요하지 않다.**
> — 체 게바라 —

빚에서 벗어나고 싶어, 돈이 더 많았으면 좋겠어, 월급이 더 많은 직장을 찾아야 해, 도박은 그만둬야지, 건강에 더 신경 써야지, 그 사람한테 돈 갚아야지, 소비 계획을 세워야지, 가계부를 적어야지…. 당신은 지금 이런 말들을 하고 있을지도 모른다. 하지만 이런 것들과 그 외의 것들 모두 앞으로 언젠가는 하겠다는 뜻일 뿐이다.

새해가 다가오는 지금 이 시점에서, 당신이 해야겠다고 말하는 긍정적인 일들을 실천하기로 다짐하자. 그것이 얼마나 지치는 일이든 얼마나 지겹고 고통스러운 일이든, 밀어붙이자. 스스로 한 약속을 일깨워줄 필요가 있다. 그 내용을 종이에 적어보라. 그 약속을 이행하라. 그렇게 함으로써, 당신이 말하는 그것을 소유할 수도 행동에 옮길 수도 있음을 확인하자. 그럼 기분이 한결 좋아질 것이다. 다른 사람들도 당신을 믿을 만하며 괜찮은 사람이라고 생각할 것이다. 성실해지자.

**겉으로 보기에 연약해 보이는 모든 것이 모두 힘이다.**

— 블레즈 파스칼 —

낙천주의자가 될 만한 가치가 있는 주된 요인은 아마 단지 그편이 더 기분 좋기 때문이다. 얼마나 오래 살든 또는 살아 있는 동안 무슨 일을 하든지 간에, 계속 앞으로 헤엄쳐 나갈 만한 무언가가 있다는 환상을 지속시킨다면 우리는 인생을 더욱 즐길 수 있게 된다. 보람, 희망, 행복을 느끼는 시간은 많아지고 낙담, 걱정, 분노를 느끼는 시간은 줄어들 것이다. 슬픔, 분노, 걱정의 어두컴컴한 눈가리개보다는 희망의 장밋빛 안경을 통해서 세상을 볼 수 있다면 혼란 속에서도 자신의 발판을 찾기가 더 쉽지 않을까? 비록 낙천주의가 환상의 결과라 해도 그것은 바람직한 현실의 왜곡이다.

> 오늘 할 수 있는 일에 전력을 다하라. 그러면 내일은 한 걸음 더 진보한다.
>
> — 아이작 뉴턴 —

문제를 미루면 행복은 멀어진다. 문제 역시 뒤로 미루면 결코 좋지 않다. 오히려 문제가 점점 확대되어간다. 내일 할 수 있는 일을 오늘 할 필요는 없지만, 오늘 할 수 있는 일을 오늘 해두지 않으면 내일은 더욱 할 수 없게 된다.

연애가 특히 그렇다. 연인과의 교제에 한계를 느껴도 좀처럼 헤어지지 못하는 사람이 있는데, 서로 사랑이 아닌 분노를 느끼면서도 헤어지는 결단을 미루고 질질 끌다 보면, 상대방의 분노에 서로 물들어간다.

분노가 마음에 들어오면 외로움이 극도에 달해 차라리 싫어진 사람이라도 곁에 있기를 바라는 현상이 나타난다. 그래서 헤어지는 편이 낫다는 것을 잘 알고 있으나 깊어지는 외로움 때문에 헤어지지 못해 관계는 한층 악화되어간다. 그리고 가족과 직장 동료와의 관계 또한 매끄럽지 못하게 된다. 무의식적으로 초조와 불안을 주변 사람에게 퍼뜨리기 때문이다.

문제 해결을 뒤로 미루면 좋은 일은 전혀 일어나지 않지만 으레 나쁜 일은 일어난다. 즉시 결단하고 실행하자.

끝을 맺기를 처음처럼 하면 실패가 없으리라.

— 노자 —

우리는 모두 실패한다. 그러나 아주 많이, 특별히 위험을 감수하고, 배우는 기술에 대한 새로운 시각을 갖게 되면 그것은 우리를 흥분하게 하고, 도전을 즐기게 할 것이다. 우리는 이러한 도전의 시간들이 우리에게 성공을 향한 여행을 할 수 있는 체력을 길러준다는 사실을 알아야만 한다. 물질적인 부와 삶의 의미, 인생의 보상이라는 것은 모순된 듯 보이는 성공의 필수 단계로서 실패를 몸에 좋은 약으로 받아들이라고 요구한다.

> 행복의 문이 하나 닫히면 다른 문이 열린다. 그러나 우리
> 는 종종 닫힌 문을 멍하니 바라보다가 우리를 향해 열린 문
> 을 보지 못하게 된다.
>
> — 헬렌 켈러 —

가슴 아프고 힘겨운 경험을 해본 사람은 자신의 진짜 마음을 보지 않으려고 안간힘을 쓴다. 상처받기를 원하지 않기 때문에 지나간 마음의 상처 따위는 보고 싶지 않기 때문이다. 하지만 과거에 상처를 받은 시점에 괴로운 현실을 직시하지 않으려고 방어기제를 동원해 자신을 합리화하거나 억압하면, 의식의 표면에서는 고통을 잊을 수가 있지만 마음 깊은 곳에서는 그럴 수가 없다. 깊은 마음은 비참하고 화가 치밀었던 일을 똑똑히 기억하기 때문에 분노와 불안을 쏟아낸다. 그래서 특별한 이유 없이 느닷없이 슬퍼하거나 사소한 일로 우울해지고 고독을 느끼는 비관적인 심리 상태가 되어버린다. 대수롭지 않은 일로 갑자기 화를 벌컥 내기도 한다.

행복 공포증이라고 할 만한 이유 때문에 자기도 모르는 사이에 희망을 버리고 있는 것이다. 내가 가장 소망하는 첫째 희망에 따라 행동하면 자기혐오에 빠지지 않는다. 진심과 첫째 희망이 아닌 행동, 즉 하고 싶지 않을 일을 하기 때문에 자기혐오에 빠지는 것이다. 나의 진심을 똑바로 들여다보고 나의 첫째 희망을 행동에 옮겨라.